节日研究

Festival Studies

第十六辑

主编 王加华

执行主编 季中扬

主办 山东大学

山 东 大 学 出 版 社

图书在版编目(CIP)数据

节日研究.第十六辑/王加华主编.—济南：
山东大学出版社,2020.11
ISBN 978-7-5607-6800-7

Ⅰ.①节… Ⅱ.①王… Ⅲ.①节日-研究-世界
Ⅳ.①K891.1

中国版本图书馆 CIP 数据核字(2020)第 229956 号

责任编辑 郭凯迪
封面设计 牛 钧

出版发行 山东大学出版社
社 址 山东省济南市山大南路 20 号
邮政编码 250100
发行热线 (0531)88363008
经 销 新华书店
印 刷 济南华林彩印有限公司
规 格 720 毫米×1000 毫米 1/16
17.75 印张 273 千字
版 次 2020 年 11 月第 1 版
印 次 2020 年 11 月第 1 次印刷
定 价 86.00 元

感谢南京市文化领军人才发展计划·李中扬人才工作室对本辑的大力支持

《节日研究》编委会

目 录

理论探讨

节俗探赜

田野报告

域外节日

我们的节日·南京

理论探讨

“我们的”：节日与文化认同*

高小康**

摘　要

传统节日体现的是特定文化群体基于集体记忆而形成的“我们”认同。这种认同主体是在历史过程中演化和重构的社会关系，经历了部落、非部落化和当代信息社会的再部落化演变，形成了多元、多重文化基因混植的假晶现象，节日成为多重文化互享的认同关系。传统节日的复兴，意味着当代文化生态环境中构建起了乡土记忆的文化生态壁龛，使得当代社会文化生态环境正在成为多维空间混植的生态壁龛聚合体，构建着各自分立却又可以互动互享的多个“我们”的共同家园。

关键词

“我们的”；传统公共节日；文化认同；假晶现象；生态壁龛

一、他们的节日与“我们的”节日

自古至今，全世界不同文化群体都有不同形式和内容的节日，可以说，节日是一个社会最具有公共性、最能够体现历史感和社会认同的仪式活动。

---

* 本文系教育部哲学社会科学研究重大课题攻关项目“非物质文化遗产美学研究”(18JZD019)的阶段性成果。

** 高小康，汕头大学文学院教授。

21世纪初，联合国教科文组织发起的非物质文化遗产保护活动，在近20年的发展中产生了重大的文化影响，其中一个重要的因素就是这项文化活动的公共化。其中，关于传统节日的保护、重构乃至种种争议，对公众的影响力尤不可忽视。2006年韩国“江陵端午祭”申报人类非物质文化遗产代表作名录，在中国民众中引起很大关注乃至争议就是一个典型的案例。

2001年联合国教科文组织发布了首批“人类口头与非物质文化遗产代表作”名录之后，“非物质文化遗产”这个拗口的名称以及对传统文化多样性的关注和保护开始进入公众的视野。韩国申请列入人类非物质文化遗产代表作名录的“江陵端午祭”，无论与中国传统节日端午节有无联系，按道理说都不影响这个节庆活动作为韩国传统文化的性质和价值。那为什么会引起中国网民关于“端午节所有权”的争议呢？除了一般民众对于联合国教科文组织保护“非遗”公约的观念和代表作名录评选标准的理解问题之外，其实更重要的原因是基于传统节日的集体记忆和社会认同意义而激发的对于传统文化资源所有权——“我们的节日”——的价值想象。

当谈及文化传统时，“我们的”这个概念指的不是一般意义上的所有权归属，而是特定群体的文化认同。对于具有突出公共性的传统节日而言，认同的价值首先在于意义内涵——关于一个节日的起源、功能与传承的叙事，其中蕴含着特定文化群体的身份、历史和世界观及由此而构建出的不同意义的“我们”。

就拿引起巨大争议的端午祭来说，韩国的江陵端午祭当然是韩国的传统文化，但就这个祭祀仪式的起源而言又的确和中国传统的端午节有一定关系。但作为民族文化传统，二者毕竟属于不同的群体并有着各自不同的历史。即使是中国的端午节，起源也有不同说法：祭祀龙祖，驱疫辟邪，凭吊伍子胥，纪念屈原，等等。作为节日活动特色的龙舟显然与龙图腾祭祀有关，以艾叶、菖蒲、雄黄等草药为标志的端午节祭祀所具有的驱疫辟邪功能明显可以看出中国文化早期民间信仰仪式的普遍特征。凭吊伍子胥之说起于江浙一带，衍自春秋末期长江下游楚、吴、越之争的叙事，带着浓厚的家族血缘意识和江浙一带血缘部落的族群认同色彩。

关于端午节起源的一个个不同的故事叙述，如同嵌在中国文化传统堆积深处的一层层不同文化结晶形成的“板岩”①，这些岩层的叠压共生，标志着今天的“我们”所认同的文化传统，其深层是多种文化传统并置共存和相互挤压嵌入而生成的历史传统“假晶”。② 随着端午节作为更多群落公众仪式活动的传播，驱禳疾疫、部落英雄复仇等早期仪式内涵的“我们”认同逐渐淡化。纪念屈原之说最晚出而在后世影响最大，这和屈原因《史记》而成为精英文化传统的代表人物有关。屈原成为文人士大夫的代表，因而也是中国主流文化（精英文化）传统的一个形象表征——这影响了作为文化共同体的“我们”的集体记忆。

加拿大传播学者麦克卢汉在区分早期部落社会与后来的文明社会在传播方式的差别时，将二者区分为“部落化”传播与“非部落化”传播。③ 前者是以口头传播为主、通过多种表达方式和媒介互动介入理解的低清晰度“冷媒介”传播，是传播活动双方共同在场的部落群体活动；后者是在读写文化和印刷术发展的基础上形成的、脱离交流现场的高清晰度“热媒介”传播，接受者基于自己的读写文化水平独立理解传播的信息。这种区分类似于美国社会学家芮德菲尔德提出的乡民社会“小传统”与精英文化“大传统”的区别。④ 端午节故事从不同部落传说到文人士大夫叙事，意味着这个节庆仪式的意义逐渐剥离部落时代的“小传统”现场，而转换为非部落化的“大传统”记忆。

中国现代对屈原的纪念逐渐从历史“大传统”的精英文化意识转向现代作为“想象的共同体”⑤的民族国家“爱国主义”精神，成为“全球分裂”⑥背景下现代民族国家文化精神的一个重要叙述。在这种历史背景下，与韩国“争端午节”的网络事件尽管出于种种误读和误解，却因此呈现出21世纪多元文化和多元媒体影响下的公众情绪表达和认同的特殊方式。

“端午节之争”起初看上去是一场典型的网络民族主义宣泄，其中不乏

① 参见[法]列维·斯特劳斯：《结构人类学》，陆晓禾等译，文化艺术出版社1989年版，第68页。

② 参见[德]奥斯瓦尔德·斯宾格勒：《西方的没落》，齐世荣等译，商务印书馆1963年版，第330页。

③ 参见[加]麦克卢汉：《理解媒介：论人的延伸》，何道宽译，商务印书馆2000年版，第51页。

④ 参见[美]罗伯特·芮德菲尔德：《农民社会与文化——人类学对于文明的一种诠释》，王莹译，中国社会科学出版社2013年版，第95～97页。

⑤ 参见[美]本尼迪克特·安德森：《想象的共同体——民族主义的起源与散布》，吴叡人译，上海人民出版社2016年版。

⑥ 参见[美]斯塔夫里阿诺斯：《全球分裂：第三世界的历史进程》，王红生等译，北京大学出版社2017年版。

偏激和无知的攻击性内容;但就后来的舆情发展来看,中国网民们的热情和关注点更多转向了中国如何申报节日遗产的问题。关于传统节日保护,不仅仅限于网络意见的传播,而且因此产生了对传统节日的仪式形态及其意义的重新发现和公共化建构。以申报"非遗"代表作为焦点,对形形色色传统节日的重新发现、传播、教育和再公共化,成为中国"非遗"保护和弘扬中华传统文化的一个重大事项。可以说,传统记忆和节日仪式经过现代的衰微后,又开始在当代的文化传播环境中通过公共化重构而再生。

传统节日的再生不同于一般意义上的文化遗产保护——不是对过去文化遗存的维护或固化,而是重构与集体记忆相关的社会生活形态。麦克卢汉认为人类的社会交流传播方式的发展演变轨迹,是一个类似黑格尔"否定之否定"的正反合扬弃过程:从早期的"部落化"冷媒介传播到读写时代转向"非部落化"的热媒介,而在电子信息技术时代又转向了新媒介时代的"重新部落化"或再部落化,即社会交往和传播进入"内爆"状态——人际关系变得比过去更加密切而复杂。读写时代所形成的精英与民间、"大传统"与"小传统"的文化区隔等级在信息时代被重组,人们在移动网络和地理空间交织的张力中再度进入了相互影响的"地球村"部落化关系。社会关系进入"再部落化"——多元互享的公共文化认同时代,这是"大传统"与"小传统"交互影响,混生而成为精英与民间并置互动的"更大传统"文化形成发展的时代。①

"我们"正在构建着多元互享的公共文化认同,"我们的节日"成为这个"再部落化"社会对集体记忆的重新建构。

二、从"部落化"到"再部落化"的"我们"

每个文明都有许多公共节日,节日的仪式和狂欢背后都蕴含着特定文明从早期传承下来的群体生命体验和宇宙观意义。

在中国,最重要的公共节日毫无疑问是春节。《礼记·月令》曰:"立春之日,天子亲帅三公、九卿、诸侯、大夫以迎春于东郊。"这个立春节日与农耕

---

① 参见[加]麦克卢汉:《理解媒介:论人的延伸》,何道宽译,译林出版社2011年版,第228页。

文明的生活节律相联系，“以元日祈谷于上帝。乃择元辰，天子亲载耒耜”[①]。从这个节日仪式的内容和进行这项仪式的规模与身份来看，这是个典型的农耕文化仪式。

在大部分西方国家，最重要的节日当然是圣诞节。这个节日和春节似乎完全不同：这是与基督教传播相关的一神论宗教祭祀活动，祭祀的对象不是自然神而是宗教先知。但值得注意的是，这个圣诞节的日期不是根据关于先知的传说或考证认定的耶稣出生日。基督教成为罗马帝国国教后，教廷确定罗马历冬至日为圣诞节，这个基督教节日因此与同在冬至前后的罗马农神节、波斯太阳神节合为一体；基督教的三节关联，即圣诞（12 月 25 日冬至）、元旦（1 月 1 日）、主显节（1 月 6 日）合成新年节庆，圣诞节由此融入了庆祝太阳历冬至所表征的万物复苏之始的节庆祭祀。

中国传统的春节按照《礼记》之记载是在立春之日，比基督教圣诞节要晚一个多月，但从节庆的意义内涵来看都和太阳历季节的起始转换相关。“冬至一阳生”，这个节气是北半球日照时间开始转长的起点，由此产生对春天生机焕发的期待。中国季风气候与地中海气候在冬春之际气温回升时间的差异，使得中国和欧洲形成春天节庆的前后时差，但这个最重要的节日内在的生命节律体验仍然是不同文化的共享传统。

中国的春节、欧洲的圣诞节是特定文明传统中最重要的公共节日。这些节日的重要性实际上是在历史发展中通过群体传承、交流传播生成和延续的，其中融合、混植了不同文化群体的集体记忆和社会表象。列维·斯特劳斯在分析神话的文化结构特征时借用了一个矿物学概念“板岩”，他认为一种文化的内在统一性是在神话叙述深层的固定结构，如同山体深处一层层的结晶板岩组织起来的。[②] 节日是公共仪式化的神话，在叙述的深层是文化群体的记忆结构，对节庆活动的参与和共情就是在唤起心灵深处属于特定文化群体的集体记忆。但文明的发展并非一种文化单性繁殖的进程，不同文化因子的共生和相互影响使得文化形态变得复杂起来。斯宾格勒给这种文化混杂现象起了另外一个矿物学名称“假晶现象”[③]，即不同矿石晶体相

---

① (元)陈澔注，金晓东校点：《礼记·月令》，上海古籍出版社 2016 年版，第 173 页。

② 参见[法]列维·斯特劳斯：《结构人类学》，陆晓禾等译，文化艺术出版社 1989 年版，第 68 页。

③ [德]奥斯瓦尔德·斯宾格勒：《西方的没落》，齐世荣等译，商务印书馆 1963 年版，第 330 页。

互挤压叠加而成多样混生的岩石结构。早期的部落文化在混生过程中成为多种文化的假晶形态。中国的端午节和欧洲的圣诞节都是典型的文化“假晶”：在历史发展过程中，不同文化群落的交流传播形成了节日的仪式形态和内涵意义的混植与衍生。

法国社会学家哈布瓦赫在研究宗教传统的传承时注意到同一社会中的不同群体对历史的不同记忆和阐释。他把基督教派别的不同取向区分为教义取向和神秘取向，把这两种不同取向的差异称为“多少变为成规的传统”和“鲜活的记忆”之间的差异。[①] 在他看来，这两种取向是社会记忆传承的两种不同状态：教义取向是通过精英社会的保存、研究和教育而固化的教义文本及其阐释，神秘取向是基于个人的宗教渴望而被感召生成的神秘体验。按照一般情况下人们对记忆的理解，教义的保存和传承属于社会记忆，而神秘体验是个人的心灵活动，似乎不属于集体记忆；但实际上神秘体验同样是社会性的——群体信仰及其公共仪式所构建的部落化交流现场就是传播神秘体验的典型媒介形态，公共节日仪式同样具有传播交流神秘体验的心灵性层面。

宗教信仰活动以及各种民间文化活动，在最初的部落文化形态向更大空间范围和社会关系传播的过程中，不仅构成多种文化混植的“假晶”构造，而且形成了原始的“部落化”现场传播与“非部落化”的读写媒介传播等不同的传播形态。按照“媒介即信息”的观念，不同的媒介形态意味着不同的内容信息。教义文本与神秘体验的不同生成了文化传承的不同性质，即“成规的”和“鲜活的”。哈布瓦赫对不同传承取向的区分有助于认识传统文化在传承中内涵的演化：在一个大的文化传统中，具体的文化传承历史因为文化群体内在的多元性而形成不同的文化需要和交流传播形态，从而使文化传统形成不同内涵并置、混生的“假晶”形态。比如斯宾格勒在分析俄罗斯文化传统时提出的二元性“假晶现象”：

> 为了了解这一假晶现象的两个代言人和牺牲者，说陀思妥耶夫斯基是农民，托尔斯泰是西方社会的人就够了。他们一个是心灵上绝对离不开土地；另一个是，尽管拼命努力，却永远不能接近它。

---

① 参见[法]莫里斯·哈布瓦赫：《论集体记忆》，毕然等译，上海人民出版社 2002 年版，第 181 页。

托尔斯泰是过去的俄罗斯，陀思妥耶夫斯基是未来的俄罗斯。

陀思妥耶夫斯基是一个圣者，托尔斯泰只是一个革命家。①

他在这里对俄罗斯文化传统中的“假晶现象”进行的分析，类似于哈布瓦赫关于传统的二元性分析，不过他不是将传统分为“成规的”和“鲜活的”，而是分成理性的（革命家）和心灵的（圣者）。我们可以看出，这两种关于文化传统二元性分析的共同点在于：一个共同的历史传统中可能混植着以读写知识文本和理性为核心的主流文化和以乡土生活和神秘的共同体验为内核的部落文化，用美国社会学家芮德菲尔德的二元传统理论表达就是“大传统”和“小传统”②。

传统的公共节日鲜明地体现出文化共同体的认同，而同时是不同文化层次、群体的不同传统混植共生的“假晶现象”，最典型的文化意义混生就是主流文化“大传统”对节日的理性阐释和民间文化关于节日的神秘体验。在现代文明的历史进程中，公共节日的意义通过“大传统”文化的阐释和传播，逐渐脱离“小传统”的神秘体验而走向祛魅——从形态和意义上趋向理性化和成规化。这种现代社会公共节日的理性化和成规化背后是社会认同危机。社会学家吉登斯在描述城市社会的认同时提出，现代社会处于“时空分离”状态，个人从传统的地方场景中被“挖出来”（lifting out）后通过“再联结”③，脱离了传统社会关系而进入现代制度影响下的自我认同：“就其动力，就其侵蚀传统风俗习惯的程度及其全球性的影响而言，现代制度与以前所有形式的社会秩序迥然有别……现代性完全改变了日常社会生活的实质，影响到了我们的经历中最为个人化的那些方面。”④

现代性的祛魅是对民间文化即“小传统”记忆的祓除。祛魅的正当性来自近代理性主义启蒙思潮，特别是历史主义和进化论：“在罗伯茨公司面前，武尔坎又在哪里？在避雷针面前，丘比特又在哪里？在动产信用公司面前，海尔梅斯又在哪里？……阿基里斯能够同火药和铅弹并存吗？或者，《伊利

① ［德］奥斯瓦尔德·斯宾格勒：《西方的没落》，齐世荣等译，商务印书馆 1963 年版，第 338、340 页。

② 参见［美］罗伯特·芮德菲尔德：《农民社会与文化》，王莹译，中国社会科学出版社 2013 年版，第 95～97 页。

③ 参见［英］吉登斯：《现代性与自我认同》，赵旭东等译，三联书店 1998 年版，第 17～19 页。

④ ［英］吉登斯：《现代性与自我认同》，赵旭东等译，三联书店 1998 年版，引论第 1 页。

亚特》能够同活字盘甚至印刷机并存吗？随着印刷机的出现，歌谣、传说和诗神缪斯岂不是必然要绝迹，因而史诗的必要条件岂不是要消失吗？”[①]然而，理性主义和历史主义关于历史进步的总体主义观念忽略了“过去”与文明发展的非线性关系，忽略了在文明的“大传统”底层深埋的“小传统”“板岩”。而这些貌似已经沉没、固化和死亡的“过去”，可能是一种鲜活生命的潜在基因。

18世纪意大利美学家维柯在《新科学》中提出：“在世界的童年时期，人们按本性就是些崇高的诗人。”[②]德国学者赫尔德也说：“一个民族越是粗犷，这就是说，它越是活泼，就越富于创作的自由。”[③]这些不同文化中的学者都在表达一个相似的认识：成熟的文明在发展中所需要的生命活力和创新动力恰恰来自更原始、更淳朴的民间文化。哈布瓦赫把教义成规之外的神秘体验称作“鲜活的记忆”，显然也是注意到了民间传统与主流传统不同的生命活力。

福柯说“19世纪痴迷于历史”，而当代是过去和当下错综复杂地绞在一起的同时性“空间时代”。[④] 就是说，当代正在成为不同时代文化“异托邦”共生的多元空间。麦克卢汉的“再部落化”理论[⑤]则启示了全球化时代社会群体的“部落化”重构。寻根意识到多元文化主义的兴起，意味着“小传统”的复魅——从部落记忆的“过去”到多元空间中重构的“我们”。

美国社会学家萨林斯在谈到新几内亚恩加人如何在现代世界保持自己部落的传统时用了这样一个表述，即“现代性的本土化”。他认为：“最近几个世纪以来，与被西方资本主义的扩张所统一的同时，世界也被土著社会对全球化的不可抗拒力量的适应重新分化了。在某种程度上，全球化的同质性与地方差异性是同步发展的。”[⑥]结合麦克卢汉和萨林斯的观念就可以认识到，当代的社会认同正在从现代社会早期被“挖出来”的自我认同，转向重构集体记忆体验的“再部落化”认同，即“现代性的本土化”。乡土“小传统”

---

① 《马克思恩格斯选集》第2卷，人民出版社1995年版，第28～29页。

② [意]维柯：《新科学》(上)，朱光潜译，商务印书馆1989年版，第115页。

③ [德]赫尔德：《论鄂西安和古代民族歌谣》，伍蠡甫主编：《西方文论选》上卷，上海译文出版社1979年版，第440页。

④ Michel Foucault, “Of Other Spaces”, *Diacritics*, Vol.16, No.1, 1986, pp. 22-27.

⑤ 参见[加]麦克卢汉：《理解媒介：论人的延伸》，何道宽译，译林出版社2011年版，第228页。

⑥ [美]萨林斯：《甜蜜的悲哀》，王铭铭等译，三联书店2000年版，第123页。

通过“我们”的再整合而成为“大传统”——基于“部落化”传播和体验而构建的“鲜活的记忆”传统。

三、“我们”从过去进入世界史

19世纪理性主义历史观有两个基本要点：一是线性历史逻辑，即所有文明和整个宇宙的时间性都服从统一的发展演变逻辑，不会改变方向、停止或逆行，因此可以用一个模式解释预演整个人类文明的发展。二是进化论，即历史发展的趋势是由低级向高级、由简单向复杂，后来的高级形态中包含着前面低级形态的所有丰富性，因此才可以说人体解剖对于猴体解剖而言是一把“钥匙”。

按照这样的线性进化论历史观，“过去”是被“现在”吸收的养料，独立存在的“过去”遗留物是没有价值的甚至有害的存在。半个多世纪前发生的“破四旧”，即消灭“旧思想、旧文化、旧风俗、旧习惯”运动，就认为“过去”的遗留物是应当消灭的“废物”而非有价值的遗产。按照这种观念，除非为了学术研究，从文明发展的价值意义上看“过去”并不属于历史。

然而进入20世纪后的历史和文化研究，对于“过去”的存在及其意义有了不同的看法。意大利哲学家克罗齐有句引起许多争论的名言“一切真历史都是当代史”，从这句陈述本身判断正确与否并没有多大意义，重要的是克罗齐提出了一个属于20世纪的历史观：“他们虽然死了，但将活在我们的记忆中，并将活在后代的记忆中……当生活的发展需要它们时，死历史就会复活，过去史就会再变成现在的。”①这就是说，“一切真历史都是当代史”的真正含义在于“过去”是否会因为生活发展的需要而“成为现在”。这正是哈布瓦赫“鲜活的记忆”所表达的关于“过去”与当下、未来关系的看法：当下的兴趣使“过去”活化，使之真正成为构建文明连续性的历史。

传统公共节日的历史化就是“过去”作为集体记忆在当代社会生活中的活化。节日作为公共活动仪式的传承性在于集体记忆的空间保存。节日活动及其仪式实际上也类似神话，是特定文化中传承的内在结构单位，是空间

① [意]克罗齐：《历史学的理论和实际》，傅任敢译，商务印书馆2009年版，第12页。

化的记忆单位。然而随着历史的发展，不同的文化群落在冲突和交往中形成多元的“假晶”构造，各个文化单元在相互嵌入、混植的“假晶”生成过程中成为新的文化整合体。在这种整合形态中，每个文化传统的原始固定结构如同生物学中的“基因”，在社会生活过程中嵌入、复合和组织，构建起日益丰富多样的文化形态。如作为历史文化的端午节就是这样——不同空间、社群以及历史基因的混植和交互影响，形成了从中国到东亚传承几千年的端午节文化。

西方基督教国家的传统公共节日，不仅圣诞节具有多元文化基因的混植，其他节日同样具有这种特征。如复活节的彩蛋、兔子来自西亚异教节日，圣母玛利亚崇拜则和早期日耳曼人的女性崇拜传统有关等。总的来看，公共节日传统在历史化进程中的基因多元化混植，即斯宾格勒所说的“假晶现象”，可以说是早期部落文化向轴心化文明集合体乃至全球化时代的多样性文明发展的典型历史形态。换句话说，形形色色的“过去”在文化交流冲突、并置和混植过程中构建了集体记忆的叙述，即“历史”。

大航海时代以来的殖民主义和进化论历史观，在解释文化冲突时遵循总体主义的历史逻辑，通过正反合辩证模式来解释历史的对立。在具体文化研究中用涵化、调适模式来解释历史发展从多元走向同一的总体性趋势。而从斯宾格勒的“假晶现象”分析到哈布瓦赫的“成规的/鲜活的”二元对立集体记忆，都突出了不同于19世纪总体主义历史观的多元建构性历史的内在冲突。20世纪末到21世纪初，多元文化主义成为新的主流文化思潮和历史观念，作为“想象的共同体”的民族精神、社群传统成为文化认同的内涵。联合国教科文组织颁布的《保护非物质文化遗产公约》，就是在这种国际性文化思潮影响下产生的。

多元文化主义为每个族群的“过去”进入世界共同的历史提供了观念的正当性，但也产生了新的问题。美国学者亨廷顿在《文明的冲突》中描述当代全球化图景深层的文化隔阂，认为种族、宗教和文化传统的差异形成了不可弥合的“断层线”(fault lines)[①]。他的立场与文化多元主义相对立，但关于

① 参见[美]塞缪尔·亨廷顿:《文明的冲突与世界秩序的重建》，周琪等译，新华出版社1998年版，第228页。

当代世界不同文明具有相互独立乃至冲突的整体认同，这种观点与多元文化主义是相似的。有学者认为，当代多元文化主义的一些主张和政策过分强调族群的整体认同而把个人“边缘化”，似乎个人与特定文化族群的整体认同是当然的。然而实际上在原住民和移民混杂的多元文化社会中，“许多来自移民群体的年轻人正在‘形成连接移民社区和本土社会的链条’”[①]。

这就是说，以传统族群认同为主的多元文化观念，可能与全球化以来多元、多层次、多混植的文化多样性之间存在着差异和矛盾。事实上每个族群的“过去”都在全球化时代经历着各种形态的分化和混植，“假晶”的内在结构远比斯宾格勒的“天启/理智”、哈布瓦赫的“鲜活/成规”、芮德菲尔德的“小传统/大传统”等二元对立状态复杂得多，也比多元文化主义“想象的共同体”认同以及亨廷顿的“文明断层线”混杂得多。用美国社会学家帕克提出的一种社会想象来形容，当代的城市社会共同体就像“由许多彼此接触但不相互渗透的微小世界镶嵌而成的工艺品”[②]，这个近似马赛克的隐喻生动地显示出当代社会结构的内在复杂性及其外显的多样性。当代全球的各种文化群体及其传统，都在通过移民和交流向城市汇聚，城市成为文化马赛克的展示场所。多元文化主义想象的相对独立的他者文化，实际上一直在被马赛克化。帕克在研究世界上典型的都市黑人聚居区哈姆莱时指出：“城市生活的影响十分复杂……在纽约城的发展史上，哈姆莱这个名称的含义，先后经过了荷兰人、爱尔兰人、犹太人和黑人四个阶段……人口分布差异的影响与阶级和种族的影响互相交织。”[③]今天世界上的“我们”无论身处何地，都处在文化差异、冲突和混植、互享的“马赛克”情境之中。这是当代文化，也是从过去的传统情境中“挖出来”的当代人所建构的多样化历史，当代公共节日的文化内涵也因此成为比多元对立更加复杂的马赛克形态。

① 陈国贲：《城市的内在混合性：一项关于多元文化主义的批评》，《江苏社会科学》2005年第3期。

② 陈国贲：《城市的内在混合性：一项关于多元文化主义的批评》，《江苏社会科学》2005年第3期。

③ [美]帕克等：《城市社会学——芝加哥学派城市研究文集》，宋俊岭等译，华夏出版社1987年版，第7～9页。

四、当代节庆与空间重构

公共节日的社会功能不仅在于“我们”的认同，而且在于认同的意义内涵。上古时代的公共节日多源起于岁时祭祀仪式，最初的功能在于祭天和驱疫。中国早期盛行于大部分地区的傩祭仪式就是个典型。“傩”，是中国古代的一种驱疫仪式。早期的大傩是由全部落、全氏族参与的一项公共仪式，到周代始演变为由祭祀官员“方相氏”专门执掌的逐鬼驱疫仪式。如《周礼·夏官·方相氏》所记：“方相氏掌蒙熊皮，黄金四目，玄衣朱裳，执戈扬盾，帅百隶而时傩，以索室驱疫。”汉代以后傩祭受到佛、道等宗教影响，祀神仪式逐渐生活化、社会化、政治化，宗教意识更趋世俗化。祭祀中的表演性和公共参与性逐渐增加，形成傩舞、傩戏等公众表演艺术形式，由驱疫、娱神转向娱人。①

傩祭从驱疫、娱神到娱人的演化，实际上是传统公共节日现代演化的普遍趋势，如各地的形形色色庙会从祭巫、游神到民众游乐、狂欢就是常见的演化现象。这种演化进程的内在根据在于节日主体“我们”的演化：传统节日的主体当然是传统文化的传承者，但也是当代文化生态环境中生成的文化主体。

仍以端午节为例，不仅韩国的江陵端午祭是中国古代端午节传播衍生的韩国文化主体行为，即使在中国，一代代的端午节公共庆祝活动在意义阐释、仪式形态与参与者的身份等方面同样经历着演化的过程。仅以 1949 年至今的 70 多年为例，从 20 世纪 50 年代到 70 年代，传统文化活动主要以散落的形态存在于民间。端午节故事中“屈原说”和“伍子胥说”都还在民间并存，节庆仪式中驱疫的雄黄、艾草和粽子也都在，但在城市中龙舟活动却很少了。从 20 世纪 80 年代到 90 年代，城市化进程和生活方式的转变对传统公共节日冲击很大，同时意识形态中民族国家的意识被强化，端午节的解释以屈原故事为主，民间的节日活动在许多地方几乎只剩下包粽子、吃粽子一项习俗了。

---

① 参见庹修明：《中国傩文化述论》，《民族艺术》1997 年第 1 期。

进入21世纪后，在大的“非遗”保护背景下传统文化进入复兴时期，尤其是关于端午节申遗之争所引起的关注使得传统节日复兴起来，端午节也从只剩下吃粽子转为以龙舟为主的公共节日庆典。端午节划龙舟祭河是上古南方部落社会的习俗，但在当今的端午节龙舟庆典中出现了各种不同文化意味的活动形态。在珠三角一带，特别是广州、东莞等地，镶嵌在都市社区中的“城中村”大都一直保持着传统的端午划龙舟活动：以村为单位，民众集资备几条龙舟，舟上摆设神龛、锣鼓、村旗，敲锣打鼓放鞭炮，沿着河涌划船去其他村，如游神和串门走亲戚一样。两村龙舟相遇，往往竞相比拼锣鼓爆竹声响和划船速度以为乐。这种划龙舟活动被当地人叫作“扒龙舟”或“游龙”，带着以村落为单位的乡土社会认同的遗风。

近几年端午节的复兴，表现为许多城市恢复或者新创的龙舟活动——多采用现代体育竞技的方式和规则举办龙舟竞速大赛。这种水上竞技化的龙舟大赛，显然是现代体育文化的衍生物，似乎难脱“伪民俗”或“民俗主义”的批评之咎。然而如果注意到传统文化在进入历史的过程中不同文化因子混植的“假晶”现象，就可以解释广州的“游龙”和诸多城市新创的龙舟竞技大赛的并置，正是当今端午节文化复兴背后传统社会认同的再生成：这个古老的节日从部落信仰——以图腾神祇为中心表达的部落认同，转向现代城市社会中的公共交流，也就是“再部落化”的“假晶”社会中的现代公众社会认同。龙舟是个古老的集体记忆意象，在不同文化生态中不断重生，也不断衍生出新的公众历史意涵。

2018年国家设立了一个新的节日“中国农民丰收节”。这个节日的设立，与纪念中国改革开放40周年有关，也是一个与国家城乡一体化发展理念相关的公共文化建设举措，当然与许多现代公共节日具有类似的当代文化特征与社会功能属性。但这个节日其实也是一个与传统文化的保护传承相关的节日，从某种意义上来说也属于传统节日意象的一种。中国历史上不同地区、不同民族或社群多有在秋收时节举办庆祝活动的习俗传统，但因为地理、节令和农业生产类型不同而各有不同的节令特征与空间形态。欧洲文化传统中与丰收节庆相似的一个重要节日是五朔节，但不是在秋收季节，而是在夏天夏至前后。按照弗雷泽的研究，这个节庆的主要意义不是表达丰收的喜悦，而是对太阳历夏至节气所蕴含的冬夏交替转换所表达的从死亡到重新复活的生命体验。① 这种关于节令与生活关系的民间仪式性活动所具有的不同形态与意涵，显然与不同文化的生态环境和生活习俗差异有关。

“中国农民丰收节”虽然是个由政府组织设立和举办的当代国家节日，但从这个节日名称中包含的概念“中国农民”和“丰收”来看，节日的文化内涵是由多重集体记忆、想象和当代生活体验叠加聚合生成的意义群。设立这个节日的最直观意义就是通过公共节日的形态演示当代社会的基本空间关系——城市与乡村的关系。进入 21 世纪以来，中国的社会发展趋势和规划始终不离城乡关系：城镇化、新型城镇化、新农村建设、城乡一体化、文化生态保护、全域化发展……这是乡土记忆在当代文化生态中活化的表征。

斯宾格勒把乡土文化描述为“植物性的存在”，而城市的出现是把文明引向从乡村解脱出来的心灵性存在。② 吉登斯在对现代社会与传统乡土社会之间关系变化的研究中指出，现代社会关系是从传统地方性场景中“挖出来”、即抽离化的结果。③ 这种与乡土的解脱或抽离化就意味着城乡关系的剥离以及现代性与传统的断裂。通过解脱、抽离而发展的现代社会形成了城乡社会发展的剪刀差趋势。当今关于城乡关系和社会发展趋势的重新认识，就是试图缩小剪刀差，形成生态平衡的社会发展模式。这种生态理想和发展模式的转换，需要从社会群体共识的层面进行引导。丰收节是对农耕文化作为集体记忆的重构，是在当代多样混植的文化中构建对乡土历史共享、互享与认同的一种努力。

丰收节不同于春节、端午节等具有历史传承的传统节日：这实际上是一个没有传统行为模式记忆的公共文化表演，是在当代空间中植入农耕文化记忆。这种节日如果成为新的文化习俗，意味着在当代文化生态环境中构建起了乡土记忆的文化生态壁龛（ecological niche）。事实上近年来传统文化在现代空间的传播已有很多实践，从“央视春晚年夜饭”到短视频传播“非遗”等传播形态，都是在媒体和移动空间建构不同形态的传统文化生态壁

① 参见［英］詹姆斯·乔治·弗雷泽：《金枝》，徐育新等译，大众文艺出版社 1998 年版，第 459 页。

② 参见［德］奥斯瓦尔德·斯宾格勒：《西方的没落》，齐世荣等译，商务印书馆 2001 年版，第 199 页。

③ 参见［英］吉登斯：《现代性与自我认同》，赵旭东等译，三联书店 1998 年版，第 17～19 页。

龛，使得当代社会文化生态环境正在成为多维空间混植的生态壁龛聚合体。新的公共节日是在这些杂多并置的马赛克空间中，构建各自分立却又可以互动互享的多个“我们”的共同家园。

庆祝与聚集:传统节日文化当代意义的美学阐释*

季中扬**

摘　要

从“文化”“传统”“遗产”等观念出发讨论传统节日的当代意义隐含着“国家视角”,这虽然阐释了传统节日的当代价值,却很难解释传统节日当代传承与振兴的动因究竟何在。从民众需要视角来看,即使在当代社会,民众仍然需要传统节日的庆祝性与聚集性,且这种需要是一种永恒的形而上的需要。节日的庆祝性消弭了人们的时间感,由于失去了时间感,人们获得了一种纯粹的快乐,“日常”由此成为“非常”,普通的时日成为节日。聚集性比庆祝性更为深刻,节日的聚集满足了人们体验众生一体的内在需要。无论是传统节日的庆祝性还是聚集性,就其根本意义而言,都具有审美性。

关键词

传统节日;节日文化;节日美学

在当代社会,传统节日文化的衰落是不争的事实。现代化的“祛魅”涤荡了传统节日赖以维系的习俗,城市化带来的流动性直接影响了节日民俗

---

* 本文系教育部哲学社会科学研究重大课题攻关项目“非物质文化遗产美学研究”(18JZD019)的阶段性成果。

** 季中扬,南京农业大学民俗学研究所教授,“我们的节日”南京工作室首席专家。

的代际传承，极其丰富的日常娱乐使得传统节日几乎完全丧失了吸引力……这些因素早已汇聚成一股不可抗拒的历史潮流。但是，由于“文化”“传统”“遗产”等话语的强力重塑，传统节日似乎又熠熠生辉，让人不得不珍视。21世纪以来，“两办”与中宣部多次发文，试图以国家力量的介入来推动传统节日文化的振兴。[①] 问题是，在当代社会，传统节日还能振兴吗？要回答这个问题，我们有必要先撇开“文化”“传统”“遗产”等观念，换个角度思考传统节日的当代意义。

一、谁的意义？

我们重视传统节日，是因为传统节日有意义。概而言之，对于传统节日意义的阐发，主要有如下两点：

其一，传统节日是民族传统，是祖先留给我们的文化遗产，我们应该珍惜，应该传承下去。这个道理是不言而喻的，问题是，这究竟是谁的遗产？国家的，还是民众的？毫无疑问，应该是民众的。但民众往往并不以为然，绝少有人想着过节是为了保护遗产。有人想当然地认为，通过宣传与教育，可以让民众形成文化自觉。但就多年实践来看，其收效实在甚微。

其二，传统节日有助于建构民众的民族文化认同。高丙中认为：“一个共同体有多大的凝聚力和自信，取决于它有没有足够的认同文化。因此认同文化对于一个民族国家来说是无价之宝。而认同文化几乎都是传统的（或许有老传统、新传统之别）。其中，传统节日民俗是一个主要的部分。”[②] 但认同的建构必须出于主体的内在需要。这种内在需要往往因为遭遇“他者”文化，发生了文化冲突，产生了身份认同危机。人们常说，海外华人街的传统节日气息比国内还要浓郁，究其原因，乃海外华人需要借助传统节日文化建构文化记忆与身份认同，且这种需要是内在的。国内民众显然不会遭遇身份认同的困境，也就根本没有通过传统节日建构记忆与认同的内在需要。

---

① 2010年7月，中宣部中央文明办等七部门印发了《关于深化“我们的节日”主题活动的方案》（文明办〔2010〕8号）；2017年1月，中共中央办公厅、国务院办公厅印发了《关于实施中华优秀传统文化传承发展工程的意见》，要求深入开展“我们的节日”主题活动，实施中国传统节日振兴工程。

② 高丙中：《对节日民俗复兴的文化自觉与社会再生产》，《江西社会科学》2006年第2期。

上述两点对传统节日当代意义的认识隐含着“国家视角”，也就是说，主要是从民族、国家需要的角度，而非从民众需要的角度，来看待传统节日的。传统节日虽然并非在“国家力量”之外，甚至可以说是国家以礼俗文化进行社会治理的一种重要方式，但传统节日毕竟是以民众日常生活形态而存在的，因而民众才是传统节日文化创造、享用、传承的主体。如果我们承认这个民俗学的“常识”，那么从国家视角来探讨传统节日的当代意义虽然有助于人们的认知，却很难解释传统节日文化当代传承与振兴的动因究竟何在。

从民众需要的视角来看，我们也许很容易理解传统节日当代状况的复杂性。首先，人们不再根据农历时间来安排生产生活，作为民众时间制度的传统节日体系已经丧失了现实功能。其次，各种民间信仰、习俗消失了，由此靠习俗维系的传统节日，如二月二、三月三、端午、六月六、七夕、中元、重阳、寒衣节、冬至、腊八、祭灶等，自然衰落得很严重。当然，也有一些节日传承状况良好，如春节、清明节与中秋节，但这三个传统节日有一个共同点，都具有家庭、家族团聚的功能。现代社会流动性日益加强，虽然交通很方便，但家庭成员大团圆的机会并不多，因而以家庭团聚为主题的传统节日就成了民众需要的节日，即使没有国家力量的介入，这些节日在一定时期内还是会传承下去的。

民众的需要可以说是传统节日文化传承与振兴的根本动因。在当代社会，民众仅仅需要维系家庭团聚的节日吗？显然不是。以南京为例，每年元宵前后高淳游子山“晒霉节”[①]都有十余万人参加，东坝端午节龙舟竞渡有两三万观众，乡村庙会也动辄几万人参与。很显然，民众也需要具有“公共性”的传统节日。

我们的调研发现，民众参与这些具有“公共性”的传统节日，大多并非出于民间信仰、习俗的力量，而仅仅是为了“热闹”。比如庙会，很多地方早已没有庙了，但“会”还在继续。如何理解这“热闹”与无庙之“会”呢？这得追问人们究竟为什么需要节日？

---

① 所谓“晒霉节”，源于庙会。当地人说，元宵节登游子山踏青可以晒掉过去一年的晦气，祈求新一年幸福安康。

二、节日的庆祝性

人们究竟为什么需要节日？这可能是一个根本就无法回答的问题。因为我们不可能确切地知道每一个传统节日的历史，比如寒食节，究竟是起于火星祭祀，还是为了哀悼牺牲，抑或因为纪念介子推[①]，有限的史料可能永远不足以真正说清楚这个问题。但是，我们发现，几乎所有的节日都与庆祝有关。我们由此可以推想，人们之所以需要节日，其最根本的原因也许就是为了庆祝。

人们在生产生活中有许多事情值得庆祝，春天来了，秋收了，这对于初民来说，可能是最值得庆祝的。葛兰言认为，《诗经》中很多情歌来自节庆，且“节庆一开始是与初春的复苏相联系的”[②]。与秋收相关的节庆更多。马林诺夫斯基发现，尚处于母系社会阶段的特罗布里恩人就有一年一度的节庆，“在这样的庆祝时节里，村民们会天天跳舞，时间长达一个月或更久”[③]。再如先秦时期的大蜡，《礼记》认为这个节日的宗旨是“合聚万物而索飨之也”[④]，是一个向万物报恩的节日；《周礼》认为，这个节庆的目的在于“以息老物”[⑤]，是一个意味着一段时间终结的过渡礼仪。这些解释诚然有一定道理，但大蜡较为原始的形态无疑不会有这么多观念，也许仅仅就是为了庆祝秋收。

魏晋之后，中国传统节日体系逐渐形成，虽然起因各异，观念形态也失去了朴素性，禁忌增多，仪式越来越丰富，但几乎都有某种庆祝性。且不论过年时的闹花灯、端午节的赛龙舟、中元节的放焰火，还是中秋节的赏月、重阳节的登高、冬至的祭祖、腊八的喝粥，无不含有某种庆祝的意味。

与纷繁复杂的禁忌、仪式相比，庆祝对于节日而言更为本质。庆祝本身

---

① 参见裘锡圭：《寒食与改火——介子推焚死传说研究》，《文史丛稿——上古思想、民俗与古文字学史》，上海远东出版社 2012 年版，第 90～121 页。

② ［法］葛兰言：《古代中国的节庆与歌谣》，赵丙祥、张宏明译，广西师范大学出版社 2005 年版，第 136 页。

③ ［英］马林诺夫斯基：《西太平洋上的航海者——美拉尼西亚新几内亚群岛土著人之事业及冒险活动的报告》，弓秀英译，商务印书馆 2016 年版，第 65 页。

④ （元）陈澔注，金晓东校点：《礼记·郊特牲》，上海古籍出版社 1993 年版，第 298 页。

⑤ （汉）郑玄注，（唐）陆德明音义：《周礼·春官宗伯下》，《四部丛刊》明翻宋岳氏本。

就是一个值得深思的问题。有的庆祝是为了纪念，如端午节的龙舟竞渡，民间叙事认为是为了纪念屈原，也有说是为了纪念伍子胥或曹娥，但问题是，为何会以一种如此闹腾的形式纪念悲剧性人物呢？也许“纪念”只是人们对庆祝的解释，庆祝本身才是最为重要的，因为只有庆祝才能使“日常”成为“非常”，普通的时日成为节日。正如伽达默尔所言，“节日是被庆祝的；节日就是庆祝的日子”①。

庆祝总是意味着喜悦，无论出于什么原因。一方面，喜悦的时候，时间消逝得很快，所以节庆中的人们会觉得时间仿佛消失了。另一方面，恰恰由于失去了时间感，人们才获得了一种纯粹的快乐。在日常生活中，我们会算计时间，安排事务，只有时间被填满了，我们才不会觉得生活无聊。伽达默尔认为，这些被算计好的时间都并非“属己的时间”，只有节日的时间才是“属己的时间”，他说：“使时间停住和延搁，就是庆祝。人们惯常支配时间时的那种计算的、安排的特性，在节庆中由于这种时间的静止状态而被消除了。”②

毫无疑问，无论什么时候，人们都需要真正属于自己的时间，一段让我们不再感觉到时间存在的时间。也就是说，我们永远需要节庆的时间，尤其在现代社会，钟表时刻提示着时间的存在，人们更需要通过节日的庆祝去克服它。

三、节日的聚集性

对于节日来说，聚集比庆祝更为深刻。人们之所以需要节日，就形而上而言，是因为人类内在地需要体验众生一体。节日的聚集性已经表明它有着独特的意义。并非所有的节日都有庆祝性，有的节日人们是沉默的③，但所有的节日都有聚集性，孤独的个人无所谓节日。

---

① ［德］H.G.伽达默尔：《美的现实性——作为游戏、象征、节日的艺术》，张志扬等译，三联书店1991年版，第66页。

② ［德］H.G.伽达默尔：《美的现实性——作为游戏、象征、节日的艺术》，张志扬等译，三联书店1991年版，第70页。

③ 参见［德］H.G.伽达默尔：《美的现实性——作为游戏、象征、节日的艺术》，张志扬等译，三联书店1991年版，第67页。

尼采曾借用希勒诺斯的话说，可怜的浮生都是无常与苦难之子，存在毫无意义。解救之道要么通过日神艺术暂时遮蔽这个真理，要么在酒神节庆中忘却个体，像古希腊人那样，将个体化原理的崩溃化为一种艺术现象。尼采由此发现了古老节庆的聚集性，他描述道："此刻，在世界大同的福音中，每个人感到自己同邻人团结、和解、融洽，甚至融为一体了……人轻歌曼舞，俨然是一更高共同体的成员，他陶然忘步忘言，飘飘然乘风飞飏。他的神态表明他着了魔。"[①]受到尼采的影响，伽达默尔甚至认为，聚集是节日最根本的特性。他说："假如有什么东西同所有的节日经验紧密相联的话，那就是拒绝人与人之间的隔绝状态。"[②]

只有节日的聚集，人们才能获得众生一体的审美体验，因为节日的聚集是一种自发的聚集。自发的聚集不同于被召集，它没有明确的目的，却又仿佛有着某种共同的目的，借用康德的话说，就是"无目的的合目的性"[③]。

葛兰言指出，中国上古时期的节庆是"结合的节庆"，人们"集合到一起重新构造他们与之休戚相关的共同体"。[④] 当代社会，人们尤其需要节日的聚集。社会分工将人们隔绝，互联网技术的发展、虚拟空间、宅文化，加剧了人与人之间的隔绝。人们在内心深处需要节日的聚集。传统节日的聚集是一种不自觉的、惯性的聚集，内在的、习俗的力量可以轻易打破人与人之间的隔离。也许正是出于这个原因，当代民众仍然热衷参与一些具有"公共性"的传统节日。

四、传统节日：作为一种审美活动

无论是传统节日的庆祝还是聚集，就其根本意义而言，都具有审美性。

首先，为了表示庆祝，传统节日离不开民间艺术，它与民间艺术之间有一种共生关系。正如尼采所言，"从前，所有的艺术作品都树立在人类节庆

① [德]尼采：《悲剧的诞生》，《悲剧的诞生：尼采美学文选》，周国平译，三联书店 1986 年版，第 6 页。

② [德]H.G.伽达默尔：《美的现实性——作为游戏、象征、节日的艺术》，张志扬等译，三联书店 1991 年版，第 65 页。

③ 参见[德]康德：《判断力批判》，邓晓芒译，人民出版社 2002 年版，第 72 页。

④ [法]葛兰言：《古代中国的节庆与歌谣》，赵丙祥、张宏明译，广西师范大学出版社 2005 年版，第 161 页。

的长街上，作为纪念崇高而欢乐时刻的丰碑"①。如果说传统节日是民间艺术的载体与土壤，那么民间艺术则是传统节日的主要存在形态。过年时要张贴年画、纸马、对联，挂门笺，挂灯笼，舞龙、舞狮、游灯、扭秧歌、演戏；端午时小孩要带虎头帽，穿五毒肚兜，扣五色索，点红额头，青年人要划龙舟；中元节要放焰火、演戏、放河灯；中秋节有歌舞、赏月……几乎每个传统节日都以民间艺术来装点空间，都有跑驴、高跷、演戏等民间表演。传统节日本身就可以视作一场艺术活动，过节仿佛就是在一个敞景的艺术馆中，或者说是在一个敞景的剧场中，每个人都既是观众又是演员。

其次，庆祝与聚集意味着对日常与有限的审美超越。法国社会学家涂尔干发现，在节日中，"人们会超出自身之外，忘却日常的工作和烦恼。有很多例子可以证明，民众节日常常会陷入放荡无羁，无视许可与禁止之界限"②。弗洛伊德认为："逾越性就是节日的本质所在——人们正是在自由地去做通常不能做的事情时才会产生出节日感的。"③人类学家认为，传统节日是一个"阈限阶段"，在这个特殊的时空中，每一个人都像艺术家一样，脱离了日常的社会结构，具有一种边缘性、反结构性。正如特纳所言，"在情感层面上，没有什么能够像过度的和暂时被允许的违法行为那样，为人们带来极大的满足感"④。在节日中，"人仿佛为了新型的、纯粹的人类关系而再生。暂时不再相互疏远。人回归到了自身，并在人们之中感觉到自己是人"⑤。传统节日之所以具有这种反结构性，根本原因就在于人们仅仅是为了庆祝而聚集。

再次，一次节日的庆祝与聚集就是一个真正完满的人生经验，也就是杜威所谓的"审美活动"。杜威认为，从审美经验角度来看，所谓审美并非来自对特定"作品"的理解，而是一次完满的生活经验。他说："在制作或感知时所体验到的生活的完满程度，形成了是否是美的艺术的区分"，"任何实际的

---

① ［德］尼采：《快乐的知识》，黄明嘉译，中央编译出版社 2007 年版，第 65 页。

② Emile Durkheim, *Die elementaren Formen des religiösen Lebens*, Frankfurt: Suhrkamp, 1981.转引自王霄冰：《节日：一种特殊的公共文化空间》，《河南社会科学》2007 年第 4 期。

③ ［奥］西格蒙德·弗洛伊德：《图腾与禁忌》，赵立玮译，上海人民出版社 2005 年版，第 169 页；［奥］西格蒙德·弗洛伊德：《图腾与禁忌》，文良文化译，中央编译出版社 2005 年版，第 151 页。

④ ［英］维克多·特纳：《仪式过程：结构与反结构》，黄剑波、柳博赟译，中国人民大学出版社 2006 年版，第 179 页。

⑤ ［俄］巴赫金：《拉伯雷研究》，李兆林、夏忠宪等译，河北教育出版社 1998 年版，第 12 页。

活动，假如他们是完整的，并且是在自身冲动的驱动下得到实现的话，都将具有审美性质”。[①] 在传统节庆中，人们的活动出于自身内在的冲动，其经验是完整的，且是独特的、令人难忘的。

总而言之，从审美角度来看，在当代社会，传统节日的庆祝与聚集仍然是民众内心深处的需要，且这种需要并不会与世推移，它可能是一种永恒的形而上的需要。

① [美]杜威：《艺术即经验》，高建平译，商务印书馆2005年版，第27、42页。

春节符号的文化谱系与文化叙事

游红霞*

摘　要

相较于圣诞节等西方节日，中国传统节日的符号塑造有待加强。春节是综合性的民俗文化体系，具有复杂性、多元性的特点；春节符号是一套文化谱系，包括时间、空间、族群、形式结构等多重维度。通过四川阆中塑造天文学家落下闳为“中国年爷爷”春节符号的案例，可以梳理文化谱系与节日符号的密切关联。节日符号背后蕴含着丰富的文化叙事，要通过民俗的语言叙事、仪式行为叙事、景观叙事等载体进行讲述和传播。

关键词

春节符号；文化谱系；文化叙事

一、问题的提出

传统节日是小到一个群体、一个地区，大到一个民族、一个国家的文化标签，对内可凝聚相关族群，建立文化认同，对外则代表着民族国家的精神价值和思想观念。春节是中华民族最为盛大的传统节日，既有除旧迎新、感恩自然、敬天祭祖、喜庆团圆、娱乐游艺等文化共性，又呈现出地方性、民族性的个性特质，应以中华民族多元一体格局的整体视角观照春节文化的源

* 游红霞，华东师范大学社会发展学院民俗学研究所助理研究员。

流、表现形式、传承发展等方面的问题。张士闪提出要“遵循以文化整体观为主要特征的现代民俗学理念,尽快完成对各地年俗的田野调查工作”①,这表明春节是综合性的民俗文化体系,由复杂多样的文化元素构成。欧阳巧林归纳的“节日元素”,包括节日的时间向度、节日符号、节日的主要活动和仪式等不可或缺的成分。② 其中,节日符号具有高度的统摄性和象征性,可囊括节日文化的诸多元素。格尔茨主张将文化概念等同于符号学(semiotic)的概念③,卡西尔也认为人的本质为符号的动物(animal symbolicum)④。符号将抽象的文化予以形象化的表达,以其直观强烈的视觉冲击力释放着文化的内涵和价值,是建立相关族群文化认同的重要载体。然而,我们的很多传统节日却没有提炼出为大众广泛接受的文化符号。田兆元讲道:“相对一些外来的节庆,我们自己的节庆符号的打造与认同确实存在很大的差距”,并且“目前,关于春节符号深入的、体系化的理论研究尚显欠缺,春节符号创意还缺乏足够的文化高度”⑤。例如,圣诞树是圣诞节的核心象征符号,具有民俗信仰的特质,也体现出娱乐性、商业性等特点。⑥ 圣诞老人亦是享有全球知名度的节日符号,无疑很好地表达了圣诞节的文化属性和精神特质,建立了相关族群的文化认同,成功地促使圣诞节成为全球性的节日。中国的春节相较于圣诞节等西方节日而言更加复杂多样,这也使既有的节日符号显现出丰富多元的状态。对此,潘鲁生总结说:“传统春节符号由门神、桃符、春联、年画、窗花、‘福’字、生肖、灯笼、爆竹等构成,色彩以红、黄两色为主”⑦;杨晓燕等归纳的春节文化图形元素,包含幸福、仪式庆典、温暖、喜庆、阖家团圆、万事如意、环境装饰、祈福、辞旧迎新、万家灯火等方面的内容。⑧ 这些符号都能体现春节的文化内涵,但不同的符号之间缺少互动关联,尚未形成一个完整的系统,如此便会分解春节的文化体系,使之不能以整体的面

① 张士闪:《春节:中华民族神圣传统的生活叙事》,《河南社会科学》2010年第1期。

② 参见欧阳巧林:《春节和圣诞节节日元素的对比分析》,《中南民族大学学报》(人文社会科学版)2010年第5期。

③ 参见[美]克利福德·格尔茨:《文化的解释》,韩莉译,译林出版社2008年版,第5页。

④ 参见[德]恩斯特·卡西尔:《人论》,甘阳译,上海译文出版社1985年版,第34页。

⑤ 潘鲁生:《从春节符号谈文化传承与创新》,《山东社会科学》2012年第1期。

⑥ 参见游红霞:《作为仪式美术的圣诞树:多元叙事与节日传承》,《民间文化论坛》2016年第6期。

⑦ 潘鲁生:《从春节符号谈文化传承与创新》,《山东社会科学》2012年第1期。

⑧ 参见杨晓燕、刘肖:《春节文化主题元素提取与衍生设计》,《包装工程》2019年第4期。

貌呈现给大众，进而使春节文化的传播和发展受到限制。

那么，如何建立春节的符号体系呢？对此，田兆元等学者提出的文化谱系观念是很好的研究视角。田兆元认为，（谱系）“从结构上看，是整体性与多元性的视角，从功能上看，是互动性与认同性的视角”①。谭萌也论道：“作为研究方法的民俗谱系首先要求研究者在谱系学的指导下建构谱系，然后对谱系内部各民俗因子的关联进行分析，旨在全面展现民俗交流与互动的生活机制和社会机制。”②谱系建立亲缘与认同的关系，关注文化的整体性、互动性等特质，谱系因文化的传播、需求和认同而形成，因空间与族群交流关系的中断而中断，谱系的续结与扩展是文化发展的前提。基于这样的理论认知，田兆元阐述道：“春节符号由一个符号谱系构成，远非一个单一或者一套视觉符号可以替代。”③春节符号须以春节文化谱系的建立为前提，或者说，春节符号是春节文化谱系的形象化、视觉化表征。

二、春节文化谱系的建立："中国年爷爷"符号的探索

文化谱系是一个综合性的概念，有多重维度，包含时间、空间、相关族群、形式结构等方面的内容。时间谱系是指文化事象的纵向线索，描述了文化的起源与发展的轨迹。应以时间为基本维度，追本溯源，以节日的源头为原点，进行文化谱系建构。中国的传统节日大多是农业文明的产物，反映了人们与自然相处过程中的生产生活智慧。很多节日都与特定的人物有着密切的联系：有的是历史上真实存在的，可被视为推动节日起源的“文化英雄”，如介子推之于寒食节，屈原、伍子胥、曹娥之于端午节；有的则是人们浪漫瑰丽的神话想象，如牛郎织女之于七夕节，嫦娥之于中秋节，等等。有了节日的核心人物，就找到了节日文化谱系的抓手。如田兆元所述：“春节的核心叙事应该是与其关系最为密切的春节发生的人物与神灵的故事。春节的创始者是春节的核心叙事。”④正如圣诞老人之于圣诞节的标志性地位，中

① 田兆元：《论端午节俗与民俗舟船的谱系》，《社会科学家》2016 年第 4 期。
② 谭萌：《作为民俗学方法论的谱系学》，《湖北民族学院学报》（哲学社会科学版）2018 年第 2 期。
③ 田兆元：《中国春节：节庆符号背后的文化叙事》，《文艺报》2019 年 2 月 1 日。
④ 田兆元：《中国春节：节庆符号背后的文化叙事》，《文艺报》2019 年 2 月 1 日。

国的春节也迫切需要一位核心人物来进行学术及现实话语的言说。

什么样的人物创造了春节？春节的核心人物是谁呢？这要从春节的原初意义说起。所谓春节，指的是上一年的结束和新一年的开始，其基本含义是除旧迎新。这便涉及中国人对于自然更替周期的认识了，也就是说，春节作为一个岁时节令，是以历法为基础的。从夏商周到秦朝，每年的第一个月，即元月的日期并不一致：夏朝以孟春的元月为正月，商朝以腊月（十二月）为正月，秦朝以十月为正月，汉朝初期沿用秦历。元月与春节并非同时。真正从历法上规定"元月即春节"，将"迎接新年"与"迎接春天"直接联系、统一起来的人，是汉武帝刘彻和天文学家落下闳。

落下闳（前156～前87），姓落下，名闳，字长公，巴郡阆中（今四川阆中）人。汉武帝元封年间（前110～前105），为了改革历法，征聘天文学家。经同乡谯隆推荐，落下闳由故乡阆中赶到京城长安。他与唐都等合作，精心制成《太初历》。《太初历》优于当时提出的其他17种历法，为汉武帝采纳，于前104年正式颁布实行，并定此年为太初元年。《太初历》确定了"以孟春正月为岁首"的历法制度，即规定春季的第一个月就是新年的第一个月，以正月初一为一年的第一天，使国家历史、政治上的年度与人民生产、生活的年度协调统一起来，并将二十四节气纳入历法。由此可推断，今天意义上的中国统一的春节是从《太初历》的推行开始的。那么《太初历》的制定者落下闳理应成为春节的核心人物。2004年9月16日，经国际天文学联合会小天体提名委员会批准，中国科学院国家天文台将一颗国际永久编号为16757的小行星命名为"落下闳星"。现今，中国老百姓则称落下闳为"春节老人""春节先圣""春节先祖"。汉武帝是推行《太初历》的帝王，则可以被称为"春节先皇"或"春节皇帝"。落下闳的家乡四川阆中，也被冠以"中国春节第一城""中国春节文化之乡"之名。近年来，当地政府为了挖掘春节文化内涵，讲好春节故事，塑造落下闳的身份标签，树立地方文化形象，尝试着将落下闳塑造为"中国年爷爷"的春节符号。

姑且不论"中国年爷爷"的符号是否能得到政界、学界及广大民众的普遍认同，但就春节文化本身而言，至少从源头上找到了谱系建立的重要元素。围绕"中国年爷爷"的核心叙事，可以梳理天文历法、岁时节令的来龙去脉和发展历程，这便可以厘清春节的时间谱系；"中国年爷爷"落下闳的故乡四川阆中可看作春节文化的重要空间，可将春节文化与阆中的地域文化进行深度融合，凸显春节的地方性特质，由此延伸到中华民族的各个地区，直至上升为中华民族多元一体格局的整体层面，并在国际上成为象征中华文化的重要标识。从地方的民俗到区域的民俗，再到国家的民俗、世界的民俗，从横向维度勾勒出春节文化的空间谱系。与此同时，春节文化的族群谱系也得到建立，其包括地方民众、整个中华民族以及海内外华人，甚至热爱中国春节文化、对中国春节文化有强烈认同的各国民众。

从文化自身形式结构的维度看，春节包括复杂多元的文化要素，很多学者提出了不同的分类方法，如田兆元认为可分为春节的视觉系统（年画、春联等）、声音系统（鞭炮、拜年声等）、饮食系统（饺子、年糕等）、行为系统（拜贺、祭祖、团圆饭等）、价值系统（自然与社会的和谐、幸福生活的构建等），等等。[①] 这些都是春节文化不可或缺的表现形式。笔者参考前辈的观点，依据春节文化本身的特质和发展规律，并结合四川阆中塑造落下闳为“中国年爷爷”的案例，将春节文化的形式结构谱系归为岁时文化、吉祥文化、地域文化、家国文化等四个方面。其一，春节是据于天文历法、岁时更替而形成的节日，岁时文化是最为基本的层面。这可将中国的天文科技、历法演进以及二十四节气等相关的文化遗产结合起来，融入春节的岁时文化。其二，春节是自然的，也是人文的。自然因素表现为人们对天时物象周期性变更的认识，人文因素则体现了人们的生产生活智慧，以及除旧迎新、趋吉避害的美好愿望，总的来说是一种吉祥文化。传世至今的春联、年画、爆竹、饺子、年糕等符号，无不体现了吉祥美好的主题。其三，春节是中华民族共同的传统节庆，但必须由具体的地域来承载。各种具有地方特色的春节习俗共同构成中国春节这一宏大的节日体系。以阆中为例，由于独特的地理环境和悠久的人文历史，其孕育出积淀深厚的风水文化、三国文化、门神文化等具有浓烈地方特色的文化类型。在塑造落下闳“中国年爷爷”符号的同时，应将地方文化纳入其中，并辐射到更广博的巴蜀文化，呈现春节文化的地方性特质。文化个性是形成共性的基本要素和前提，只有讲好了“地方的”春节故事，才能进一步书写中华民族的“整体的”春节文化。其四，在凸显春节文化

① 参见田兆元：《中国春节：节庆符号背后的文化叙事》，《文艺报》2019年2月1日。

地方性的基础上，提炼节日的家国情怀和使命担当。春节对于中华民族而言是最为重要的传统节日，阖家团圆、家和万事兴是永恒的主题，届时人们无论“有钱没钱”，都要“回家过年”。一家一户和谐了，国家社会才能安宁。春节文化的精神价值与社会主义核心价值观高度契合，是中华民族屹立于世界民族之林的必要条件。所以，家国文化是春节重要的表现形式，也是立意最高的文化层面。

总之，春节符号是一个文化谱系，包含时间、空间、族群、形式结构等多重维度。通过落下闳作为“中国年爷爷”符号的案例，可以以节日文化的核心人物为基点，进行谱系的建立。谱系是节日符号的依据，节日符号是谱系的形象化、视觉化呈现，两者相得益彰，构成了整体且具有文化个性的节日体系。

三、春节符号谱系的文化叙事

节日符号不单单是一个标志，其背后有着丰富的内涵。瑞士语言学家索绪尔将符号定义为“能指和所指相联结所产生的整体”[①]，“能指”是符号的物质形式，即符号的表象层面；“所指”是符号所指代和表示的意义，即符号形式背后的文化逻辑。节日符号的“能指”部分以图形、颜色等视觉化的元素来呈现，其“所指”部分则需要依托民俗叙事来讲述。

民俗学以研究叙事见长，民俗以叙事为存在的方式，可通过叙事实现民俗文化的传播传承、相关族群的文化认同的建构。“叙事”可被通俗地理解为“讲故事”，以叙事为切口研究相关问题，是民俗学惯常采用的范式。美国学者戴安娜·埃伦·戈德斯坦表示：“学界和公众对于民间话语的认知转变，集中体现在文化的两个领域：叙事和地方性知识”，“要让人们确切地知道，我们领域的专门知识是地方性知识、叙事和表达的文化”。[②] 田兆元强调民俗具有叙事性的重要特征，民俗叙事“绝非仅仅局限于口头和书面文字”，

---

① ［瑞士］费尔迪南·德·索绪尔：《普通语言学教程》，高名凯译，岑麒祥、叶蜚声校，商务印书馆1980年版，第102页。

② ［美］戴安娜·埃伦·戈德斯坦：《民间话语转向：叙事、地方性知识和民俗学的新语境》，李明洁译，李维华校，《民俗研究》2016年第3期。

还包括“仪式行为的叙事，以及物象（图像的、景观的——人造的和自然的）的叙事”①，并提出：“我们应该从春节的语言叙事系统，春节的仪式行为系统，春节的景观系统的整体去考察春节的符号谱系，立体呈现出中国春节的一元多流的特色。”②基于民俗叙事理论，应以特定的人物为中心，进行春节符号的多元叙事，通过叙事阐发节日文化的内涵，传播节日文化品牌，促进相关族群的文化认同。

首先是春节符号的语言叙事。这主要包括书面的记载和口头的讲述。可“说”，可“听”，是民俗文化最基本的叙事载体，保存着族群共同的文化记忆。仍然以四川阆中“中国年爷爷”落下闳的春节符号为例，要收集与之相关的文献记载和民间故事等语言叙事资料。有关落下闳的记录材料见诸于司马迁《史记·历书第四》、班固《汉书·律历志》等史籍，但这些史籍仅仅在言及《太初历》时对其有所提及，均未为其独立作传，民间故事中也少有讲述。相对于西方的圣诞老人，端午节的屈原、伍子胥、曹娥等节日人物，落下闳的语言叙事是非常匮乏的。叙事不足就会导致民众的认知不足，就会严重削弱春节文化的历史价值和精神价值。鉴于此，建议阆中当地政府、学者及各界人士广泛搜寻与落下闳相关的文字记载和口头讲述资料，为其作为“中国年爷爷”的春节符号提供必要的史料依据，并唤起民众的历史记忆。

其次是春节符号的物象叙事。物象叙事是对传统文化的物化凝结，具有可视性、具象性的特征，以直观的视觉冲击力获得受众的认知和认同。物象以具体的实物为表现形式，即索绪尔所说的“能指”部分，呈现文化事象的“所指”。物象叙事可由图像、物品或景观予以表达。事实上，广义的景观就已经包含了图像、物品等内容。景观不仅可供观赏，还可“讲故事”，也就是“景观叙事”。有学者讲道：“对时间、事件、经历和记忆等无形的感知同具体的地点联系起来，由于故事把对地点的体验串联成各种有趣的关系，因而叙事就能提供认知和形成景观的方法。”“景观叙事”就是指“产生于景观和叙事间的相互作用和彼此关系。景观不仅是故事的背景，而且其本身也是一

① 田兆元：《民俗学的学科属性与当代转型》，《文化遗产》2014年第6期。
② 田兆元：《中国春节：节庆符号背后的文化叙事》，《文艺报》2019年2月1日。

种多变而重要的形象和产生故事的过程”。[①] 冯炜论道:“景观叙事这一提法暗示了景观和叙事之间的关系,场所构成了叙事,景观不仅仅是故事发生的场景,而且其自身是一个不断变化的叙事。场所和事件一起产生故事。”[②]景观尤其成为民俗旅游的必要条件,田兆元、程鹏认为,景观“在一定程度上可以固化民俗传统,形成稳定的叙事和文化认同。语言叙事是可以跨越时空的,但是可视性的表演和景观却是相对固化在当地的,是相对不可移动的,这就是民俗旅游发生的前提”[③]。概言之,物象叙事或景观叙事可以讲述过去的事件,将传统推向现代,春节符号需要依托相关的物象景观进行直观的呈现,通过景观叙事发挥春节在当下的功能和价值,树立节日文化形象,建构相关族群的文化认同。

四川阆中现有的落下闳景观主要有两处,其一为市郊的春节文化园,落下闳的塑像手捧“太初历”,底座的浮雕通过“应诏入京”“制定太初历”“造福后世”及成为“春节老人”几个篇章,讲述了落下闳对于天文历法的贡献及与春节的密切关系。春节文化园的配套景观主要有“十二生肖廊”,上书楹联“上上下下男男女女老老少少都添一岁;家家户户说说笑笑欢欢喜喜同过新年”。其二为位于锦屏山观星楼前的落下闳塑像,是一位老者手扶浑天仪的形象。观星楼是为纪念以落下闳为代表的、在阆中出生或生活过的一批古代天文学家、风水大师而建。依托落下闳、袁天罡、李淳风、任氏父子、周家三代等古代天文学家、风水大师的事迹与贡献,表现落下闳的后世影响与传承发展,同时展现阆中作为古代民间天文研究中心之一的地位。这两处景观突出了落下闳在中国天文科技方面的贡献,但均未能体现春节的岁时文化、吉祥文化、地方文化、家国文化等内容。

最后是春节符号的行为叙事。民俗的行为叙事以相关的民俗行为、仪式祭典等方面的活动为载体,是可“做”、可“参与体验”的叙事形式。萧放根据范·根纳普的通过仪式理论,总结出年节通过仪式的三大类别:岁末时空

---

① [美]马修·波泰格、[美]杰米·普灵顿:《前言》,《景观叙事——讲故事的设计实践》,张楠等译,姚雅欣、申祖烈校,中国建筑工业出版社 2015 年版,第 6 页。

② 冯炜:《景观叙事与叙事景观——读〈景观叙事:讲故事的设计实践〉》,《风景园林》2008 年第 2 期。

③ 田兆元、程鹏:《旅游民俗学的学科基础与民俗叙事问题研究》,《赣南师范大学学报》2017 年第 1 期。

净化仪式、过年与阈限期间的仪式及迎接新年仪式。[1] 目前，围绕"中国年爷爷"落下闳的岁时仪式有所欠缺，可以尝试以落下闳为中心，依托正在建设的春节文化博览园、春节庙会等空间场域，让民众践行春节的通过仪式，融入春节的岁时文化、吉祥文化、地方文化、家国文化，使之既有娱乐性、狂欢性的一面，又彰显出强烈的神圣性与肃穆感。在这一张一弛的节奏中，以动态的、立体化的展演方式传播春节民俗，促进传统节日文化的活态传承。

综上，春节符号需要通过语言、物象景观、仪式行为等多重叙事方式进行立体化、综合性的呈现，如此才能体现春节的整体性、复杂性和多样性，否则便会割裂春节的文化谱系，导致春节的碎片化、孤立化。而这并不利于包括春节在内的诸传统节日的传承和发展。

四、结　语

符号对于文化事象而言具有标志性、阐释性、统摄性、传播性及认同性等意义。相较于西方节日，中国传统节日的符号塑造有待加强。春节是综合性的民俗文化体系，具有复杂性、多元性的特点，依照文化谱系的观念，春节符号是一套包括时间、空间、族群、形式结构等多重维度的文化谱系。本文通过四川阆中塑造落下闳为"中国年爷爷"春节符号的案例，整理了以节日核心人物为中心的春节文化谱系。谱系是节日符号的依据和基础，节日符号是谱系的表现形式和传播载体。春节符号的品牌塑造、认同建构等功能需要通过民俗叙事来实现。落下闳作为"中国年爷爷"的春节符号在语言叙事、物象景观叙事、仪式行为叙事等方面都需要突破或加强，还要依靠相关的文化创意产业、媒介叙事等载体进行春节符号的广泛传播，使"中国年爷爷"的春节符号从阆中延伸到巴蜀文化，进而上升为整个中华民族统一的春节符号，最终在世界民族之林成为代表中国形象的文化标识。

① 参见萧放：《春节习俗与岁时通过仪式》，《北京师范大学学报》（社会科学版）2006 年第 6 期。

影像圈：节日影像志创作与传播的另一种可能*

巴胜超　罗雨**

摘　要

节日影像志，"志"是关键，强调的是影像资料的可靠性，所以节日影像志的拍摄、剪辑、传播环节要时刻遵守客观、真实、完整的原则。在节日影像志的拍摄方法上，要实现影像深描，需要先进行深入的田野调查再进行拍摄，应深描文化细节，必要时需要多机位合作拍摄；要关注"人"，而非仅仅关注节日；应明晰主客位视角，尊重"主位"表达，让当地人（文化持有者）发声。在节日影像志的剪辑方法上，可运用"作品白描"概念，用一种朴实无华、简洁、浑然一体的剪辑方法。在节日影像志的传播方法上，"影像圈"理念，一方面能使节日影像志作品得到完善，另一方面能够在封闭的影像空间中，去尝试一种比较开放的影像解读。

关键词

节日影像志；影像深描；作品白描；影像圈

---

* 本文系国家社科基金特别委托项目"中国节日影像志"子课题"景颇族目瑙纵歌"（YXZ2017024）的阶段性成果；"云南省哲学社会科学创新团队：云南传统村落保护与发展研究"（2019CX003）的阶段性成果。

** 巴胜超，昆明理工大学艺术与传媒学院副教授；罗雨，云南外事外语职业学院教师。

一、影像志与节日影像志

影像志，作为一种以影像纪录留存历史的方法，是一个多学科交叉互渗而又偏居一隅的"边缘"领域。从学科归属观之，影像志涉及影视（视觉）人类学、纪录片、视觉文化、影像史学等多学科，是影像与历史交叉互渗的跨学科领域。从创作实践观之，21世纪以来，有"影像志十大代表项目"，诸如《中国节日影像志》与《中国史诗影像志》、"乡村之眼"计划及其他参与式社区影像志、"学者电影"系列影像志、"民间记忆影像计划""家·春秋大学生口述史影像计划"等口述史影像志、"中国记忆"影音文献项目、"中国民族题材纪录片回顾展"与"中国民族影像志摄影展"项目、广西民族博物馆"文化记忆工程"项目、"中国唐卡文化档案"项目、"故乡的路"——中国少数民族摄影师大赛、"隐没地"与"影观达茂"等实验性民族摄影项目[①]，加上2017年开始制作播出的大型纪录片《中国影像方志》[②]，以影像志为题的纪实影像创作，呈现为一种"边缘的狂欢"之态。

以上诸多影像志实践中，2010年年底开始实施的《中国节日影像志》项目，旨在记录中国各民族、各地区的传统节日，以客观反映节日现状为特征，为国家积累节日影像资源，为学术研究与文化传播提供资料基础，传播与发展中国优秀传统文化。[③] 截至2020年2月，已立项172个节日影像志子项目。《中国节日影像志》项目是我国首次系统地对传统节日进行拍摄记录的重大研究项目，也是我国继20世纪50年代至70年代"中国少数民族社会历史科学纪录影片"影像实践后，再次由国家发起的影像文献拍摄行动，是迄今为止国内规模最大、建制最完备、参与者最多的大型影像志工程，产生了百余部纪录片及海量影像素材，是21世纪以来最重要的国家级影像文献工程之一，具有显著的开创新与示范性，其以一种既有学术规范性，又适当彰

---

① 参见朱靖江：《新世纪影像志十大代表项目》，《中国民族》2016年第7期。

② 大型纪录片《中国影像方志》于2016年6月确定为中央电视台重点项目。该项目以全国各地的历代地方志为基础，以现代影视手段和全新的视角，拍摄制作一部传承方志文化、记录当代中国的大型纪录片。《中国影像方志》将以我国行政区划中的县和县级市为拍摄主体，每地1集，每集40分钟，计划摄制2300集以上。

③ 文化和旅游部民族民间文艺发展中心：《"中国节日影像志"项目实施规范》，2015年，第1页。

显创作个性的方式，试图为时代留存中国传统节日影像化历史典籍。[①] 随着《中国节日影像志》项目的实施，节日影像志创作与传播的理论话题亦逐渐兴起。

目前关于节日影像志的实践项目较多，但理论总结较少，且多集中在对某一部节日影像志的点评和创作总结上，完整地记录一部节日影像志从无到有，深入探析节日影像志拍摄、制作、传播等过程的讨论则相对少见。鉴于此，本文将基于景颇族目瑙纵歌节日影像志创作与传播的实践[②]，借鉴“影像圈”的概念，探讨节日影像志创作与传播的另一种可能。

二、影像圈：节日影像志创作与传播的理论框架

（一）节日影像志拍摄：从文字深描到影像深描

节日影像志拍摄，就影视技术过程而言，从设备到操作方法并无特殊之处，遵守的是最基本的影视视听语言规则。但在文化对象层面，节日影像志摄制的节日文化，需要拍摄团队有较深入、全面的田野调研。首先要以文化人类学的文化整体观对节日进行文字深描，然后摄制组要在具体时间、空间的节日实践中将节日的文字深描，用镜头转换为影像深描。同时，“节日影像志不是拍一个完美的、标准的节日，不是去建构一个经典的节日，而拍具体的节日，不拍想象的节日，节日的现状是什么就记录什么，记录此人此时此地此事，记录节日变化的过程”[③]。所以节日影像志的拍摄，在节日对象的选择上，应当尽可能地具体、形象。如果将学术文本的框架、体例移植到节日影像志的节日选择中，势将造成拍摄实践的艰难与影像作品的枯燥乏味。

---

① 参见朱靖江：《新世纪影像志十大代表项目》，《中国民族》2016年第7期。

② 2017年7月我们申报的《景颇族目瑙纵歌》节日影像志立项，2017年11月至2018年11月，创作团队完成了田野调研、实地拍摄、后期剪辑和放映交流四个环节的实践，最终完成纪录片《漫长的舞步》（107分钟）。

③ 内容来自笔者在《中国节日影像志》项目交流会上，对文化和旅游部民族民间文艺发展中心原主任李松的讲话录音。（会议名称：《中国节日影像志》项目交流会；会议时间：2017年7月27日；会议地点：北京会议中心）

具体而言，在确定节日影像志的节日对象时，需要从以下四个方面进行思考。第一，节日本身具有深厚的文化底蕴，有记录与研究价值，尤其是文化价值高但濒危的节日应该作为首要选择。该节日最好是来自民间的传统节日，是祖祖辈辈流传下来的文化遗产，通过影像记录，能够让子孙后代了解当下的节日文化是什么样的，以保存文化记忆。第二，节日地点应该是具体的某个点，比如某个村落或社区。这是影像的特性决定的，一个影像志作品很难把节日在不同时间、不同地区的情况都囊括在内。第三，有特色的小型节日，只有某个村落、几百最多至上千人参加的节日，十分适合用节日影像志来展现。第四，节日影像志制作者要对选择的节日有长期而深入的调查。了解较深，有足够的学术储备和社会经验，避免初次接触节日。因为节日影像志不是一般的纪录片，更强调文献资料价值和信息准确性，所以在选择节日时，应该选择制作者长期关注和研究的节日，在拍摄前就熟练掌握与节日相关的文化背景知识。

确定拍摄对象后，要对所选节日进行文献梳理与整理，文献梳理完成后，接下来就要思考撰写节日影像志的拍摄大纲或计划。思考影片的结构是什么？线索是什么？拍哪些节日内容？拍摄日程是什么？拍摄大纲首先可以帮助拍摄者与被拍摄者进行沟通，使被拍摄者对于节日影像志有大概的了解，促成双方合作拍摄的可能性。其次摄制组也可以根据拍摄大纲，对拍摄的总体方向有所把握，让拍摄工作井然有序，避免“眉毛胡子一把抓”，不至于因枝节过多、涉猎太广而影响了拍摄重心。

具体而言，在制订节日影像志的拍摄大纲时，要注意以下三个问题。第一，在拍摄前，节日影像志制作者只能在充分调查研究的基础上写出粗略的拍摄大纲，拍摄提纲对实际拍摄不具有规定性，只是指导性的，主要在于提示和引导拍摄者去拍摄实际生活中自然发生的事。因为节日影像志必须按照节日现场的实际情况进行拍摄，而节日事件和人物都不受拍摄者支配。第二，实际拍摄时，由于生活有很大的偶发性，摄制组会遇到很多意外事件，因此节日影像志的拍摄，既不能不受拍摄大纲的约束无边无际，又不能限制得过死，要靠摄像师在拍摄大纲提示下临场发挥，即兴抓拍。第三，后期剪辑时，可能会发现拍摄的素材与拍摄大纲存在比较大的差异，不能完全按照拍摄大纲来剪辑，这时就应该根据实际素材重新构思剪辑方案。

确定拍摄对象，梳理文献，撰写拍摄大纲，完成的仅是节日影像志文字深描的前期工作，在实地调研、拍摄中，制作者还需要将文字深描转换为影像深描，以具体、生动、鲜活的影像语言，完成对节日的立体记录。所谓“深描”，即指“深入到行为的表层之下去寻找积累的推论和暗示的层次，以及意义的等级结构……要发掘出可理解的象征含义框架，需要一种特别的着眼点：微观而精确的。深描的特点就是复杂的专门性和情景相关性”①。这种文本研究方法被借用到影像制作上，摄影机所拍摄的镜头当中含有许多可能在文字书写过程中被忽略或难以言说的信息，这些视觉、听觉信息未必需要转化为文字的形式，通过影像的呈现反而更能为观看者所理解或体验，如仪式上的迷狂气氛、谈话者的交流语境等，而这些微妙的信息正是“深描”所寻求的语境关联。②

我们认为，要实现节日影像志的深描，就景颇族目瑙纵歌节日影像志的拍摄来说，有以下经验可供参考。第一，节日影像志需要先进行深入的田野调查再拍摄。调研拍摄团队如果在田野点至少经历过一次节日过程，那么到第二年再去拍摄时，就会清楚地知道节日流程及重要的文化事项。第二，节日影像志的拍摄应深描文化细节，必要时需要多机位合作拍摄。第三，节日影像志要关注“人”，而非仅仅关注节日。节日影像志记录的核心是对大众生活的真实反映。谁的节日？什么人才过这种节日？节日影像志中的人应该是鲜活的、立体的、有血有肉的、有独立思想和人格的个人。第四，节日影像志应该明晰主客位视角，尊重“主位”表达。节日中的“人”仅具有鲜活的形象是不够的，还需要他们表达，尊重“主位”表达，即尊重“当地人观点”，让当地人（文化持有者）发声，而不是学者或制作者代言。

（二）节日影像志剪辑：从影像深描到作品白描

节日影像志的宗旨之一是“为国家积累节日影像资源，为学术研究与文化传播提供资料基础”③，所以在结束拍摄时，节日影像志素材就已经诞生

① ［英］奈杰尔·拉波特、［英］乔安娜·奥弗林：《社会文化人类学的关键概念》，鲍雯妍、张亚辉译，华夏出版社 2005 年版，第 382 页。

② 参见鲍江：《影视人类学季春》，朱靖江主编：《视觉人类学论坛》第 1 辑，知识产权出版社 2015 年版，第 57 页。

③ 文化和旅游部民族民间文艺发展中心：《“中国节日影像志”项目实施规范》，2015 年，第 1 页。

了。素材是零散的，没有章法和结构，时长很长，无法向观众播放，但是作为文献资料，却有极高的价值，丝毫不逊色于经过剪辑的节日影像志纪录片。

经过剪辑的节日影像志纪录片在很大程度上体现了制作者的主观意识，研究者进行学术研究是很有必要观看节日影像志素材的，因为很可能在其中发现一些被制作者抛弃、却对自己的研究很有价值的素材。

节日影像志素材诚然是重要的，但是节日影像志纪录片要想阐述制作者的研究成果，向公众展现节日的魅力，就必须对节日影像志素材进行剪辑加工，我们将之称为“作品白描”。“作品白描”即去繁就简，是一种朴实无华、简洁、浑然一体的剪辑方法。具体而言，组接镜头应用最简单的“切”，声音制作基本采用同期声的形式，字幕制作内容上强调文字的准确性与精练性，形式上切忌单纯玩弄技巧，舍本逐末。

景颇族目瑙纵歌节日影像志，共拍摄了1500多GB(千兆)的视频素材，经过挑选素材剪辑后，成片有9.84GB(千兆)、107分钟。从这巨大的数据差距中可以清楚看到，大量的节日信息其实是在素材中，而不是在成片中。对于节日影像志而言，节日素材和成片是同样重要的，素材是重要的资料，可持续利用，同样的素材还可剪辑出无数版本的成片，也可提供学术研究；而成片是项目团队的一个作品，便于传播交流。

景颇族目瑙纵歌节日影像志成片以时间为逻辑关系，这种按照时间推移进行剪辑的线性结构旨在客观、真实、完整地呈现当地人筹备节日、欢度节日的过程。影片展现了从2018年2月10日(腊月廿五)至2018年3月6日(正月十九)期间发生的与目瑙纵歌有关的事件，并且将节日时间划分为三部分：

节日前：2018年2月10日(腊月廿五)、2018年2月16日(正月初一)、2018年2月21日(正月初六)、2018年2月22日(正月初七)、2018年2月24日至27日(正月初九至正月十二)、2018年2月28日(正月十三)、2018年3月1日(正月十四)起摆日。

节日中：2018年3月2日(正月十五)正摆第一日、2018年3月3日(正月十六)正摆第二日。

节日后：2018年3月4日(正月十七)落摆日。

景颇族目瑙纵歌节日影像志成片有两条线索：一是以董萨、强奘等祭祀成员所进行的节日祭祀活动为线索，二是以相关承办单位组成的17个节日筹备工作小组所进行的活动为线索。这两条线索都以时间渐进展开叙述，旨在把各类节日事项发展过程真实自然地展现给观众。

影片以董萨等祭祀成员看卦选祭品和节日背名人员为开篇，接着以春节期间董萨家人和董萨所在村民小组欢度春节的场景为过渡。春节后，进入节日阶段，节日前以各节日筹备工作小组和董萨等祭祀成员为节日做准备的过程为主，节日中以董萨等祭祀成员进行祭祀活动，以及瑙双、瑙巴等人参与的4场目瑙纵歌狂欢和文艺晚会等欢庆活动过程为高潮，节日后以人物离场和打扫场地落幕。

具体而言，节日影像志的制作原则，我们认为有以下六点：第一，在蒙太奇手法选择上，应以顺序式蒙太奇为主，按照节日时间先后关系剪辑，拒绝使用交叉、重复、倒叙等破坏时空统一性的蒙太奇方法；第二，保证画面信息的完整性，展现丰富的节日文化，不要频繁剪辑，破坏画面信息；第三，尽量选择平视机位，这是为了体现拍摄者与被拍摄者双方的平等关系；第四，尽量不使用特效，选择最简单的转场方式，注重影片的现实感；第五，尽量使用同期声，不使用解说，保证文化持有者充分的主位表达；第六，保证同期声字幕的准确性，不篡改说话人的本意。

（三）节日影像志传播：三个影像圈

目前，有关节日影像志的传播，主要存在三类方式。第一类是参加影展。比如，2018年“文化和自然遗产日非遗影像展”，30部入围影片在全国20余所高校集中放映，其中2部《中国节日影像志》子课题成果影片入围。2015年《中国节日影像志》成果之《献牲》参加芝加哥国际影展。2016年4部《中国节日影像志》子课题成果影片参加广西民族志影展，《魂归何处》荣获主展映单元优秀影片奖，其他影片均获得入围奖，影片被广西民族博物馆收藏。第二类是参加学术会议。比如，2015年和2017年共计9部《中国节日影像志》子课题成果影片获得中国影视人类学学会奖。第三类是参加文化交流活动。比如，2018年《中国节日影像志》子课题成果影片《祈年宏愿》，在肯尼亚莫伊大学孔子学院进行放映交流，这是《中国节日影像志》成果第一次在非洲国家进行交流活动。这三类传播都体现了《中国节日影像志》将学术研究属性放在首位的特点。

我们认为，虽然《中国节日影像志》的初衷不是大众传播，但是基于目前产生的大量成果来看，可能传播更能发挥它应有的价值。具体而言，在尊重被拍摄者隐私的前提下，对于节日影像志的传播原则，有以下三点建议。

第一，被拍摄者应该是第一批观众。节日影像志的内容如果没有得到文化持有者的认可与检验，那影像资料的准确性就无法得到确认。所以节日影像志的制作者应携带成片回到节日拍摄地，与被拍摄者共同观看影片，并从他们的观影反馈与交流中获得更为深入的节日文化信息。

第二，要让节日群体的年轻人观看。节日影像志记录的目的是什么？目的之一就是给后代留下当下节日文化的影像资料，以便他们了解现在的节日文化。所以节日影像志应该通过有效途径，让节日群体的年轻人看到影片。

第三，有选择性地对大众放映。为什么是有选择性呢？因为节日影像志的成果形式不是大众喜闻乐见的形式，而是属于学术型的影像志，与一般的纪录片有所区别。即使要大面积传播，也无法做到，但也不能脱离大众传播，因为大众观影一方面能促使节日文化的传播，促进各民族文化交流和理解，另一方面也促进节日影像志摄制方法的逐步完善。

基于以上传播原则，我们提出节日影像志传播的“影像圈”理念。① 目瑙纵歌有“天堂之舞”“万人之舞”的美称，“影像圈”正是以“万人舞蹈”不断循环的“圈”为启发，在景颇族目瑙纵歌节日影像志结题后，对影片进行“分享人类学”(Shared Anthropology)的放映、拍摄：第一个“影像圈”是将“作品”放映给被拍摄对象观看，并拍摄观看者的反馈；第二个“影像圈”是将“作品”和“被拍摄对象的反馈”放映给景颇族年轻人看，并拍摄观看者的反馈；第三个“影像圈”是将“作品”“被拍摄对象的反馈”“景颇族年轻人的反馈”放映给非景颇族群体看，并拍摄观看者的反馈。最终，形成由制作者、被拍摄对象、观看者三者共同参与建构的四个作品：一是节日影像志“作品”本身，二是“被拍摄对象的反馈”，三是“景颇族年轻人的反馈”，四是“非景颇族群体的

① 感谢邓启耀教授、庄孔韶教授在 2017 年中国民族学学会影视人类学分会年会交流过程中对“影像圈”提出的相关建议。

反馈”，由此构成三个“影像圈”。

1.第一个“影像圈”

当景颇族目瑙纵歌节日影像志结题后，首先把影片放映给被拍摄对象看。一方面，通过被拍摄对象对影片的反馈、讨论，来求证影片记录得是否充分、完整、细致，这是一个查缺补漏的检查过程。另一方面，当现实中的目瑙纵歌呈现在媒介形态中，被拍摄对象面对影像作品时，会呈现出怎样的观赏反馈？他们的关注点在哪里？他们对哪些热衷？对哪些忽略？第一个“影像圈”可以让被拍摄者在观看影片时，对其中的节日信息进行检查与确认，也正好与节日影像志强调影像文献资料的准确性相一致。

2.第二个“影像圈”

当被拍摄对象看过影片后，接下来第二个“影像圈”的放映对象是景颇族年轻人。这出于两方面的考虑：一方面，目瑙纵歌作为景颇族盛大的民族传统节日，集中展示了许多景颇族的文化事项，关系到民族文化的传承与传播，自然应考虑到景颇族年轻人。其中一部分年轻人已经离开了传统的生活空间，在城市工作与生活，用影像的方式记录相对完整的目瑙纵歌，并把影片和“被拍摄对象的反馈”放映给这部分景颇族年轻人看，就是为了进行影像教育和民族文化的传播。另一方面，一部分景颇族年轻人还会亲自参加目瑙纵歌，这部分景颇族年轻人的观影是为了检验影像教育的方式与身体力行参与其中的方式有何不同？二者如何互补？

3.第三个“影像圈”

最后一个“影像圈”面对的是广大的非景颇族群体，在影片跳舞狂欢片段，邀请景颇族人穿戴景颇服饰，从幕后出来带着台下的观众跟着影片一起跳舞。通过这个“影像圈”，我们试图探讨，当一种节日文化以影像的方式进行跨族群、跨地域传播时，不了解该节日文化的其他族群对于节日影像的认知是什么？他们对什么感兴趣？关注什么内容？哪些是他们所看到的？哪些是他们所忽略的？整个节日完整的文化事项是否都被接受了？或者他们看到的只是浅层的、表面的、戏剧性的、娱乐性的这些东西？进而思索探究影像在大众文化传播中，特别是用影像记录少数民族文化进行大众传播的过程中，该如何表现才能发挥影像的作用。最后一个“影像圈”选择非景颇族群体作为放映对象，进行跨族群、跨地域的传播，是考虑到在政治、经济、文化等全球化的当下语境中,促进多种类、多形式的跨文化沟通是打破文化壁垒、消除民族中心主义偏见的重要方式。

三、结 语

节日影像志,“志”是关键,强调的是影像资料的可靠性,所以节日影像志的拍摄、剪辑、传播环节要时刻遵守客观、真实、完整的原则。我们在节日影像志的拍摄方法上借鉴了文化人类学“深描”的概念,认为要实现节日影像志的深描,需要先进行深入的田野调查再拍摄,应深描文化细节,必要时需要多机位合作拍摄,要关注“人”,而非仅仅关注节日,应明晰主客位视角,尊重“主位”表达,让当地人(文化持有者)发声。在节日影像志的剪辑方法上,借鉴中国画的“白描”技法概念,提出“作品白描”概念,用一种朴实无华、简洁、浑然一体的剪辑方法,如实呈现与拍摄者所见的社会现实不存在重大事实差异却有文化隐喻性与视觉象征性的影像世界。在节日影像志的传播方法上,以目瑙纵歌“万人舞蹈”不断循环的“圈”为启发,提出三个“影像圈”概念:第一个“影像圈”是将“作品”放映给被拍摄对象观看,并拍摄观看者的反馈;第二个“影像圈”是将“作品”和“被拍摄对象的反馈”放映给景颇族年轻人看,并拍摄观看者的反馈;第三个“影像圈”是将“作品”“被拍摄对象的反馈”“景颇族年轻人的反馈”放映给非景颇族群体看,并拍摄观看者的反馈。最终,形成由制作者、被拍摄对象、观看者三者共同参与建构的四个作品:一是节日影像志“作品”本身,二是“被拍摄对象的反馈”,三是“景颇族年轻人的反馈”,四是“非景颇族群体的反馈”,并由此构成的三个“影像圈”。

节日影像志传播方法的三个“影像圈”理念,既是对分享人类学文化协商共享理念的借鉴,又有对社区影像中影像教育的使用与检验,还有关于大众传媒对少数民族文化传承与传播功能的探讨。通过三个“影像圈”传播的反馈,一方面节日影像志作品能得到完善,另一方面能够在封闭的影像空间中去尝试一种比较开放的影像解读。节日影像志的出现是时代发展的需求,《中国节日影像志》项目具有显著的开创新与示范性。《中国节日影像志》项目在拍摄和剪辑上一直在不断探讨,但对项目成果的传播还没有成熟的设计,本文提出的“影像圈”传播方法,不失为一种可尝试的方法。

节俗探赜

作为“人间事”的冬至

耿 波[*]

摘 要

冬至作为节日，之所以能在古典时代延续传承，其主要动力是皇家文化的引导与精英文化的推动，而庶民的冬至节在很大程度上是对上层文化模仿的结果。然而，除却皇家文化与精英文化的因素，冬至作为“人间事”，还有三方面的意义：在酷寒中作为人们舒缓身心的活动，作为人们在世间的时间、空间与伦理道德的基础，由“阴阳平衡”观念构成的人们世间活动的模式。在当代，冬至的衰落来自人们“阴阳”观念的淡漠，而其能否复兴也应与“阴阳”观念在当代的传承传播有关。

关键词

冬至；人间事；阴阳；困境

一、皇家与精英引领下的冬至节

冬至是中国节气中最早的“二分二至”之一，具有非同小可的意义。作为中国传统节日，冬至节早在汉代就已设立，有着悠久的历史与深厚的文化意蕴。然而，在现代化进程中，冬至节逐渐衰落，特别是在与之相邻的春节、元旦等节日的挤压之下，失去了原有的显赫地位。

---

* 耿波，中国传媒大学人文学院教授。

在谈论冬至之前,我们先对中国传统节日进行整体性的观照。包括春节、元宵、清明、中元等在内的中国传统节日,首先是作为某种信仰仪式而存在的。根据人类学家的研究,仪式是指人对于精神偶像的信仰活动。从仪式的意义来理解传统节日时,首先要关注的是节日信仰的仪式环节和节俗意象等。其次,再从文化的角度,关注传统节日在形成过程中的文化播迁与互动。在古典时代,传统节日所以能往前推动,其实主要有赖于上述"信仰"和"文化"的力量。

然而,中国传统节日如果没有了"信仰"的支撑,也没有了"文化"的加持,仅仅作为"人间事",那有无动力可言呢?作为"人间事"的传统节日,其实是今天传统节日的现状。在现代化语境下,中国传统节日的文化功能颇难理解。它的最难理解之处在于:在传统节期中,人们"忙活"着过节,但过节本身却不能产生任何意义,因为它已经在很大程度上失去了"信仰"与"文化"的力量与价值。那么在作为"人间事"的意义上,传统节日的动力到底在哪里呢?

就冬至而言,其在每年公历的12月21～23日,太阳在这天达黄经270度,到达一年最南端。此日白昼最短,夜晚最长;这天之后,白日渐长,白昼渐短。因此,冬至作为节气,也在传统意义上被视为一年真正开始的起点,乃至普遍有"冬至大如年"之说。

然而,作为传统节日,冬至在中国古代的推行,动力却在于皇家精英文化。普通庶民过冬至,最初是对皇家文化的效仿,并受到精英文化的推动。《汉书·郊祈志》云:"帝王之事,莫大乎承天之序。承天之序,莫重于郊祈。故圣王尽心极虑,以建其制。"依照传统的君权神授的天命思想,帝王的权力实上承于天。在这样的思想体系中,冬至日所发生的一系列的自然变化,自然会被赋予各种象征意义。特别是战国至两汉之间,随着阴阳五行和谶纬思想的活跃,应在冬至之日祭天的看法逐渐流行。《周礼·春官》云:"以冬日至,致天神人鬼,以夏日至,致地物彪,以国之凶荒,民之丧礼。"因此,冬至作为传统节日,最重要的倡导者其实是皇家,他们正是通过"祭天"的仪式,强化了自己与"天"的联系,借此强化自己的统治。

在皇家"祭天"文化的引领之下,民间在冬至节产生的是"祭祖"文化。冬至之时,君主祭天,百姓祭祖。在不同地区,人们会采用不同的形式祭祀祖先。如在山西一带，人们会准备好牲醴祭祖；在陕西省，各家烹煮猪羊，备好醴酒，祀奉先祖，冬至祀先在北方地区大致如此。而在南方地区，则有将米粉做成团状，用来供奉祖先的习俗。在江浙地区，人们在冬至节用释菜仪纪念先祖先师。“以岁之元日或冬至，太守率乡之士大夫释菜于先圣先师，而后会拜堂上，长幼有序，登降有仪，摈介有数，仿古乡饮礼。”[①]从冬至开始，一直到腊八、小年、春节、元宵，“祭祖”的元素一步步削弱，直到元宵节时，我们才正式在狂欢中告别了对“祖先”的思慕，接着投入未来新生活。

皇家的“祭天”在先，老百姓的“祭祖”在后，两者共同构成了冬至节“尊崇祖先”的传统，因为皇家的祖先就是“天”。有了这样的仪式同构，作为官方统治者的皇家和老百姓之间就形成了密切关系。那么，冬至节的民间祭祀是否还有别的源头，还是仅仅滥觞于皇家“祭天”？这还需要作进一步的考察。

值得注意的是，在冬至传入日本后，冬至节的这种政治特色体现得最明显。一开始，冬至在日本传统文化中占据着显赫的位置；然而，随着日本“大成祭”的出现，冬至节在日本节日中逐渐消失，其主要原因就是冬至节的政治功能逐渐被“大成祭”替代。

二、作为“人间事”的冬至日的意义

在当代，传统节日发生的最大变化并不是自身的变化，而是自身所处环境的变化：封建专制已成历史陈迹，精英文化也在大众文化的冲击下削弱了自身的话语权。现代性社会的最大特征就是消费型、大众型与民主。在这样的背景下，冬至作为传统节日的衰落是可想而知的。有关中国古代冬至的活动内容，史籍如《新唐书·礼乐志》等记载得非常详细。对这些内容作一下归纳，大体包括皇帝接受群臣朝贺、诸州及诸藩呈献贡物、交付有司、设宴会、歌舞作乐等内容。除此之外，与冬至相关，朝廷还有各种特别的岁时活动，考察《新唐书》中高祖、太宗、高宗、中宗、玄宗诸帝的本纪，描述得很清楚。类似的记事散见于历代皇帝的本纪中，集其大略，可以归为八项：前举

① （宋）罗濬、（宋）方万里纂，胡榘修：《宝庆四明志》卷二，宋刻本。

的朝贺和宴会，行南郊祭天之仪，大赦，赐官吏职位与赏物，天下大脯三日（京城五日），免租税，敬老、赐老，褒奖孝子顺孙、节妇义夫。

那么，在失去了皇家文化与精英的引导下，冬至作为“人间事”有没有存在的价值呢？笔者认为，冬至日作为“人间事”，至少有三方面的内涵值得关注。

第一，对于身处北半球的人们而言，在苦寒之期到来之后，要通过节日活动来舒缓身体，调适精神，对过去做出补偿，同时对即将到来的数九寒天做准备。在此意义上，冬至有自己的意义。

一年有四季，春夏秋冬，毫厘不爽。尤其是对大部分地处温带的中国而言，这种春夏秋冬的秩序感就更为强烈。在中国传统节日中，似乎只有端午节是人们为应付大自然的恶劣时节而设置的节日，人们在端午节通过一些祛邪的节日食品、药物和仪式，让人们理解即将到来的炎炎夏日。但在冬季，冬至作为节气，时在公历12月21～23日，这时中国大部分地区已经进入非常寒冷的气候。此时距刚刚逝去的宜人秋季已经过去了好长一段时间，人们慢慢地从劳作的秋日步入冬季，蛰伏差不多三个月之久（每年9～12月）。对于人们而言，与酷寒相比，更难熬的应该是这种冬眠似的孤独、无聊。何况人们通过长期的生活经验知道，这时还不是天地间最寒冷的时候，冬至只是开始，还有更寒冷的季节等着人们。

也就是说，冬至其实正处在一个非常玄妙的时间点，即将从浅寒步入深寒。从人类历史进程来看，人们对寒冷的畏惧是亘古长远的，甚至可以说它是人类生存面对的最大障碍之一。在此意义上，人们通过设置冬至节这样一个“节日”，在此时走出自己的“洞窟”（家庭），通过宴请他人、补充增强力量的食物，强化孝敬老人的道德，也增强自己抵御严寒的能力，这乃是人类适应进化的典型例子。各地至今还保留了许多冬至食俗。如在河南宝丰县，人们会在冬至节出门拜会乡里，朋友间互相馈赠礼物。人们还特意以馄饨为食，即取开辟混沌之意，预示着新一年的好运。在浙江省萧山县，各家杀牲畜祭奠先祖，并用糯米粉面包裹肉馅，作成米丸、米团，赠送给亲朋好友。这种风俗一是预示着团圆，以粉米为丸，取团圆之意。另外一层含义是阳为圆也，食圆物，顺达阳气。还有的地方在冬至之日作赤豆粥，“十一月冬至日作赤豆粥”[①]。这个风俗相传源于共工氏。共工氏有一个不成器的儿子,为众人恶,于冬至日死,后成为厉鬼扰百姓不得安宁。因为其子害怕赤豆,所以人们便用赤豆作粥来避邪。各地冬至饮食风俗不尽相同。在今天,随着人类的进步,人们抵御严寒隆冬的方式越来越丰富,然而人们心理上的“隆冬”依然存在。每到冬天,寒冷总会唤起我们生存处境的艰辛和在世的孤独。因此,冬至在今天依然是需要的,只不过我们用别的方式替代了这种情感慰藉功能。

第二,冬至作为“阳气”返回人间的开端,标志着一年真正的开端,也是人们从事各种人间事务真正的开端。

冬至作为节气,在中国人的节气知识中,被视为“阳气”归来的开端。古人很早就观测到,冬至这天太阳到达最南端,从此之后就逐渐回归到北方。古人根据“天人一体”的观念,认为太阳回归,其实人间也经历着“阳气返回”的过程。人们认为这是人们“死而复生”的过程,因此冬至是值得庆贺的节日。这在先秦以来的古籍中记载甚详,比如《夏小正·十有一月》就提出:“陨麋角。陨。坠也。日冬至,阳气至,始动,诸向生皆蒙蒙符矣。”《太平御览·时序部十三·冬至》引崔寔《四民月令》云:“冬至之日,荐黍羔,先荐玄冥以及祖祢,其进酒尊老及谒贺君师耆老,如正旦。”《淮南子·天文训》则云:“日冬至,则斗北中绳阴气极,阳气萌,故曰冬至为德。”

在西方的基督教文化中,人们以“圣诞节”为一年的真正开端。因为据说在这一天,救世主耶稣降落人世,在救赎的意义上,人间世才真正开始。事实上,我们仔细考察西方的“圣诞节”就可发现,“耶稣复活”跟太阳归来有很大关系。我们知道,西方的圣诞节起初定在公历1月6日,在354年才正式改定在12月25日,此时正是太阳北归的时期(大多数基督教国家是北半球国家)。先秦时期我国即与西方发生过间接的交往,两汉时期中西方的文化交流更趋频繁,而我国早在殷代即已十分重视观测冬至,在冬至要举行一系列的迎降天神、祭飨祖先等富有“神灵复活”意味的活动,这与西方是一致的。

---

① (宋)李昉编纂:《太平御览·时序部十三·冬至》引《荆楚岁时记》,中华书局1959年影印本,第132页。

“阳气”回归的观念，对中国传统社会具有重大影响。从时间上来说，它确定了我们一年的“开端”：冬至归来，夏至远去。如此往复的节日框架，确定了中国人的时间观，奠定了人们立于人间的基本结构。从人间伦理层面来看，“阳气”观的意义更大。在冬至节，人们把“阳气”归来与道德联系在一起。冬至节，天子“祭天”，民间“祭祖”，所以从“天”到“祖”能有这个过渡，关键是人们的“阳气”与人间的“德行”联系起来了。冬至的“阳气发生”，在根本上可以视为中国人伦理观的自然基础。在冬至节，人们不仅“祭祖”，还扩展开来，向师长表达祝福。《太平御览·时序部十三·冬至》引崔寔《四民月令》云：“冬至之日，荐黍羔，先荐玄冥以及祖祢，其进酒尊老及谒贺君师耆老，如正旦。”其中还有一个特殊的习俗，就是为长辈及恩师进献履袜。《太平御览·时序部十三·冬至》引崔浩《女仪》曰：“近古妇人常以冬至日上履袜于舅姑，践长至之义也。”崔骃的《袜铭》探究向长者进献履袜的原因，认为这是一种“助养元气之事”。此俗颇得人们重视。

冬至作为人间事，解决的并不是具体事体。依现在来看，冬至奠定了人世间的时间、空间、伦理的基础，是人们立足大地的根本前提。因此，“冬至大如年”的说法是很有道理的。

第三，冬至节“阳气归来”的说法，不仅从时空的观念层面确定了人间世的基础，而且扩散到对于人们世俗生活的审美化引导。

“阳气”观念是中国人的独创，它本身包含着大自然和众神复活的原始文化观念。在冬至节，人们通过节日仪式、饮食等方面的庆贺，同时欢迎“阳气”的回顾，从而奠定了自己所在人间世的基础。这种“复活”的观念，在世界各民族文化中是普遍性存在，并不为中国的冬至节所独有。然而，冬至节“阳气”观念的奇特之处在于，它并不如基督教文化那样，以“耶稣基督”为绝对正义而将它的对立面称为魔鬼，而是强调“阴阳并存”，由此就形成了中国传统文化中独特的阴阳观念。冬至节，人们庆贺“阳气”的回归，并不因此对“阴”的东西加以排斥，人们庆贺“阳”但保留“阴”的地位，这在冬至节的节日仪式中体现得非常明显。

这种“阴阳平衡”的观念，鲜明地体现在人们的节气轮回观念中。从冬至开始，腊八、小年、春节、元宵、清明、端午，一直到公历6月21～22日，人们认为人间的阳气已全部呈现出来，此时“阴”气开始发动。在寒冷的季节，却有阳气在潜滋暗长中回归，而在炎热的夏季也会有阴气悄然聚集。中华文化传统的核心就是“阴阳平衡”，这种“阴阳平衡”的观念贯彻于中国人行事的各个方面。无论是待人接物，还是文学艺术实践，中国人都讲究“阴阳平衡”，进而产生了传统哲学中最重要的“中”的观念。

“阴阳平衡”的观念，虽然不能从冬至中产生，但可以从“冬至”“夏至”相对而言的角度得出。这其实养成了中国人处事态度的审美性：“冬至”与“夏至”互观的时间维度，使中国人看事情不会从极端着眼，而是从更加广阔的时空维度出发，从而对自己人世间的事情有了新的领悟背景，而传统文化的形式、情感与形而上的态度就在这种背景中产生了。这一切都是从“冬至”节的设立开始的。

三、冬至作为节日与“阴阳”观念的当代问题

讨论至此，我们可以问：冬至节作为人间事，它得以维系的关键是什么？我们认为就是“阳气”归来的观念。冬至的衰落，正在于我们时代“阴阳”观念的丢失。在当代，科学技术的逻辑思维彻底摧毁了人们的“阴阳”观念，并直接导致了冬至节的衰落。因此，冬至作为节日能否在当代复兴，取决于人们能不能认识“阴阳”观念的合理性，以及能否确立新时代的阴阳观。

何为“阴阳”？“阴阳”二字，起源甚早。甲骨文已见“阳”字；金文又有阴阳连用，但大都保持着造字时的原意。大概西周末年以后，阴阳开始被想象为“气”，与风雨晦明一起，被认为是天之六气；一切自然现象正常与否，常从阴阳中去探寻解释。如《国语·周语上》记载，周幽王二年（前780）地震，伯阳父曰：“周将亡矣！夫天地之气，不失其序；若过其序，民乱之也。阳伏而不能出，阴迫而不能烝，于是有地震。今三川实震，是阳失其所而镇阴也。”①这样的记载很多。

周代是中华文明大成的时期。“阴阳”观念并不产生于此时，但正是从周代，人们开始用“阴阳”来解释世界。笔者以为，“阴阳”观念的价值，在于它将世界截然分为“阴”与“阳”两个方面，确立的“人”在这个世界上的存在

① （春秋）左丘明撰，鲍思陶点校：《国语·周语上》，齐鲁书社2005年版，第13页。

意义，其含义相当于海德格尔所说的“真理”。“阴阳”观强调了人世间所有事物存在的尺度问题，就是并不“从事观事”，而是跳出具体的“事”外，从“世界”角度来看待事情，强调了任何事物在“世界”的意义上都有自己的反面，就是具有“辩证”的意义。冬至作为“阳气”归来，其实正是阴阳交接的节点时刻，所以最大限度地在人间事的意义上突出了“世界”的观察向度。

在当代，冬至作为节日的衰落，主要的原因是“阴阳”观念在当代的淡漠，问题在于“阴阳”观念在当代是否有复生的可能？

“阴阳”观比起现代科学观，看上去要简单粗糙得多，但它的真正内涵却又与现代科学观相连。“阴阳”观的内涵，是对我们人间生活真正构成矛盾的要素的关注。在我们日常生活中，“矛盾”很多，但这些“矛盾”构不成真正的冲突，一般都能获得解决。真正的生活悲剧往往是无解的，比如著名古希腊悲剧《俄狄浦斯王》对人的理性的反思，认为恰是我们引以为自豪的理性导致了我们的悲剧。当代生活世界作为消费文化的世界，缺乏无解问题出现的契机，但不缺乏生活中的危机、冲突与真正的困难时刻，其会引导我们进入领悟“世界”的时刻。在这样“矛盾”的世界中，我们对真正困难处境的转机充满了期盼。此时，即使没有人提“阴阳”观，我们其实已经渴望着“矛盾”世界尽快通过“阴阳转换”实现“阴阳平衡”。当“阴阳平衡”真正出现的时候，我们都会欢呼、庆贺。事实上，这样的时刻就是“冬至”所代表的传统思维方式。

天正与人时：冬至时间意象的滋生

袁　瑾*

摘　要

冬至作为二十四节气之一，在传统社会中历来是重要的节气交接点。冬至的命名源于早期人们对时序转化的认知。历史上，人们在实践中建构起冬至时间模型，并使之成为一个意义构成整体。然而，由于社会生活环境、现代媒介方式的变化，对于当代大多数人而言，冬至时间意义的体验日渐淡薄，渐趋转向时间意象的滋生。时间意象的建构有赖于历史上形成的冬至时间意义体验的稳定指向，包括对冬至与新年的认知、阴阳转化与生命的关联以及“数九”游戏的意象等。

关键词

冬至；时间意象；时序转化；文化体验

冬至，作为二十四节气之一，一般在每年的12月21～23日交节。在传统社会中，冬至历来是重要的节气交接点，也是可与新年相媲美的热闹节日，故又有“冬至节”“冬节”之称，民间亦有“冬至大如年”的说法。在漫长的历史发展中，冬至从作为四时之一的仲冬之月发展到周历“天正”的岁首，进而成为充满人文色彩的冬节。冬至的起源很早，兴盛于唐宋，近代以来逐渐衰落。时至今日，冬至在日常生活中已然发挥着季节转换、时序更替的标识作用，但其对社会生活的影响力早已不复“冬节”之名，仅有少数地方依旧保

* 袁瑾，杭州师范大学文化创意学院副教授。

留着冬至祭祖扫墓、阖家团圆等习俗，如南方浙闽等地。然而，人们乐于通过各种媒介接受关于冬至传统的介绍与宣传，并从中获取来自传统文化的滋养，也滋生出关于“冬至”的概念化的认知。虽然这种认知对于实践的影响力尚待仔细调查，但毋庸置疑的是，它对于将冬至重新纳入人们的日常生活序列具有一定的积极意义。这一现象发生的心理基础则是当代人们对于冬至所具有的时间意象，即通过人们主观情感加工的关于冬至的认知，将主观之“意”融入客观之“象”而得以呈现。

在日常生活中，冬至首先是时令转换的标志。时令转换是冬至的自然时间属性，由此也奠定了它基本的时间结构。人们将之标识出来，建立时间模型，安置于时序的循环链上，奉为“天正”，用以规范自己的生活秩序。与此同时，人们以各种实践填充这个时间结构，并产生对时间意义的体验，从而赋予冬至时间结构以社会属性，即为“人时”。然而实践的逻辑与意义常常是不连贯的，对时间的体验并非线性结构中单个时间点，而是混同的、场景化的，亦是前后流畅的。当对时间结构的整体体验与认知成为规则性再现的惯习时，时间的意象由此滋生，人们也就在主观意识中获得了时间绵延与持久的感知。为深入理解冬至时间意象建构的问题，以下将从冬至时间的自然属性标识与社会属性建构两个维度来讨论。

一、标记“天时”：对自然时间的认知

人甫自降生即被置身于时间与空间之中，相较于空间的可感，时间则是一个抽象的概念。对于在尚没有大量人类活动参与阶段发生的自然万物运动而言，它表现出来的自然时间是比较纯粹客观的，亦是有迹可循而能够被把握的。人们对“冬至”的认识也经历了“仲冬之月”向“冬至”的演进过程。

冬至，是“四时”之一，“四时”的划分很早就有了，考古、训诂等多有发现。《尚书·尧典》中有关于唐尧命令羲和“历象日月星辰，敬授人时”的记载。据载，羲和依照昏中四星——鸟、火、虚、昴的出没，对仲春、仲夏、仲秋、仲冬四时进行划分。同时综合物候、日出日落的方位，“以闰月定四时成岁”，测定一个回归年的长度为“三百有六旬有六日”。可见，西周时人们已有了一岁之内四时轮替的观念。不过此时“仲冬”还只是一个粗略的时间

段，“至”的概念尚未明确。论及时长，郑玄说：“《尚书》总举一月。”孙星衍释：“《尚书》总举一月，通朔至晦而言。”①俞正燮《中星郑义》记载：“云总举一月，则冬至前该大雪，后尽小寒，昴为七宿之中，冬至日短昏早，昏时昴未至正南，尧以天象大体言之，谓星为昴。”②

更加清晰的“月”的概念，则有赖于“十二月建”观念的形成。古人以北斗七星斗柄所指方位为“建”，将黄道附近的一周天划分为十二等分，由东向西配以十二地支，十二地支以十二月相配，以此纪月。《淮南子·天文训》：“斗指子则冬至。”又曰：“十一月始建于子，月徙一辰。”③“一辰”为一个月，其书又云：“帝张四维，运之以斗，月徙一辰，复反其所。正月指寅，十二月指丑，一岁而匝，终而复始。”④《逸周书·周月解》：“惟一月既南至……是月斗柄建子。”⑤冬至所在的月称为“建子月”，并没有指明具体的日期。

关于冬至较为准确的测定还要依靠圭表测影，即测量日中正午太阳投射到地面的影子长度。春秋时期，人们就已经掌握比较成熟的测影方法了。现代天文知识告诉我们，冬至这一天，太阳直射南回归线，距离北半球的北回归线最远，由于照射角度偏小，此日北半球物体的影子最长。《周礼·地官·大司徒》云：“日北则景长。”郑司农注：“日北，谓立表处太北，远日也。”⑥在汉代，人们以测量日中之影为冬至正宗。《史记·天官书》载：“冬至短极……要决晷景。”王元启注：“必欲定短极之日为冬至，要必决之于晷景也。”⑦《汉书·天文志》说：“冬至（按：日行）至于牵牛，远极，故晷长……去极远近难知，要以晷景。晷景者，所以知日之南北也。”⑧明代朱载堉《律历融通》对测影之法说得更加详细，云：“且如今日午中晷景极长，则从今日为始，日日验之，凡历三百六十五日而复长，是为冬至。”⑨

自然时间的观测与标记是以自然物的运动为主体的，通过具体的、可感

---

① （清）孙星衍撰，陈抗、盛冬玲点校：《尚书今古文注疏》，中华书局1986年版，第19页。
② （清）俞正燮撰：《癸巳类稿·中星郑义》，商务印书馆1957年版，第114页。
③ （汉）刘安等编著，（汉）高诱注：《淮南子·天文训》，上海古籍出版社1989年版，第30、37页。
④ （汉）刘安等编著，（汉）高诱注：《淮南子·天文训》，上海古籍出版社1989年版，第33页。
⑤ （晋）孔晁注：《逸周书·周月解》，中华书局1985年版，第151页。
⑥ （汉）郑玄注，（唐）贾公彦疏：《周礼注疏》，上海古籍出版社1990年版，第152页。
⑦ （清）王元启撰：《史记三书正讹》卷三，中华书局1985年版，第115页。
⑧ （汉）班固：《汉书·天文志》，中华书局1964年版，第1294页。
⑨ （明）朱载堉撰，刘勇、唐继凯校注：《律历融通校注》卷三，中国文联出版社2006年版，第236页。

知与观察到的自然物或者现象，人们将自己对时间的认知具象化，以时间安排社会生活，并赋予各种活动、现象一种时序感。较之星象、物候、风雨等，立表测影通过观察太阳在黄道平面运动轨迹的位置，确定冬至点与整个回归年的长度，并据此制定历法，此无疑是最准确而可靠的。后来历朝历代的天文律都会将“测影”放在一个相当重要的位置，进而扩展到对二十四个节气日影的长度的分别测量上，并对测量的准确度不断进行修正。

对冬至的完整标识，在观象、测影的基础上又加以物候的综合。《尚书·尧典》中亦有春“孳尾”，夏“希革”，秋“毛毨”，冬“氄毛”的记载。[①] 这是观察鸟兽在不同季节的情况，也是辨别四时转换的方法。又如西汉纬书《易纬通卦验》记载：“冬至之日，立八神，树八尺之表，日中规，其晷之如度者，则岁美，人民和顺。”“冬至广莫风至，兰射干生，麋角解，曷旦不鸣。”郑玄注曰：“四者，群物气至之应也。”[②]气候冷暖变化、动植物的迁徙荣枯、日月星辰的升降起落在冬至节点上被聚集起来，成为此后时间意义与意象衍生的基础。

二、“周正”岁首：关于“新年”的意象

冬至，又称“亚岁”，在历史上是一个相当隆重的节日，可与新年并提。冬至所在之月曾在很长的历史阶段被作“岁末之月”或“岁首之月”。《史记·历书》云：“夏正以正月，殷正以十二月，周正以十一月。”殷商时代，以夏历十二月为岁首，冬至月为岁末。周代，冬至所在的建子月（即夏历十一月）被定为“岁首”，奉为“天正”，并在此前的十月举行年终大祭——大蜡祭。

《周礼·地官·党正》云：“国索鬼神而祭祀，则以礼属民而饮酒于序。”其后郑玄注曰：“国索鬼神而祭祀，谓岁十二月大蜡之时。”祭祀与农业有关，所祭祀之神主要是与农事密切相关的农神、田亩之神、农田设施之神以及对农业有利的昆虫之神等，并祭诸神，“以言岁终人功之成”，表达报答之心，祈求来年保佑丰收。《礼记·杂记》记载子贡观蜡，见举国如狂、恣情欢谑而不解，孔子从“百日之蜡，一日之泽”出发解其惑。民众经年劳累，身心疲惫困顿，

---

① (汉)孔安国传，(唐)孔颖达等正义：《尚书正义》，上海古籍出版社 1990 年版，第 19 页。

② (汉)郑玄注：《易纬通卦验》，中华书局 1991 年版，第 18、19、36 页。

利用蜡祭之机尽情享乐一番自是理所应当，也正应了“一张一弛，文武之道”。

此俗的历史可追溯得更早，《风俗通义》云：“夏曰嘉平，殷曰清祀，周曰大蜡，汉改为腊。”[①]秦初行蜡，后又改名为“嘉平”，汉代恢复“腊”之名。汉武帝颁行《太初历》，使用夏历，并定于每年冬至后第三个戌日举行。“腊者，接也，新故交接，故大祭以报功也。”[②]吏民饮宴、烹羊炰羔、斗酒自劳的欢愉场面与周时一脉相承。当时阴阳五行之说盛行，后世王朝腊日的选择常与五德对应，以附会王朝更替。

在汉代，不仅宫廷要举行腊祭，此日百官还需休息，相互拜贺节日。汉代以后，不论官方民间，冬至都被视为一个特定的节日，并在岁时交替、四时更迭中具有特殊的文化意义。节物、节事都十分热闹。唐代，冬至有“节次周正”之说，是除了元正（春节）以外，唯一放假七天的节日；宋代官府亦在元日、冬至、寒食各放假七天；明代，每年正旦放假五天，冬至放假三天。[③]

南宋时期，江南民间称过冬至为“做节”。《武林旧事》卷三载：“朝廷大朝会庆贺排当，并如元正仪。而都人最重一阳，贺冬车马，皆华整鲜好，五鼓已填拥杂遝于九街；妇人小儿，服饰华炫，往来如云；岳祠、城隍诸庙炷香者尤盛。三日之内，店肆皆罢市，垂帘饮博，谓之‘做节’。”[④]明代有“肥冬瘦年”之说，明代田汝成《西湖游览志余》卷二〇记载：“官府、民间，各相庆贺，一如元日之仪。吴中最盛，故有肥冬瘦年之说。”所谓“肥冬瘦年”，意即当地人将冬至看得比过年还重要，“送馈节仪，及举杯相庆，祭享宗禋”，“凡诸仪文”[⑤]，更有甚于寻常节日。

冬至日前后，江南市民乡人有拜冬习俗，亲朋好友之间多有人情拜访、礼物馈赠。清人顾禄撰《清嘉录》载苏州一地冬至日街市上“妇女小儿，服饰华炫”，往来如云，交相互拜。提篮担盒之人络绎不绝，那装满了各色贺节礼品的礼盒便被称为“冬至盘”。盘内多为吃食糕点、桂花冬酿酒、团子、卤菜

① （汉）应劭著，王利器校注：《风俗通义校注》，中华书局2010年版，第379页。

② （汉）应劭著，王利器校注：《风俗通义校注》，中华书局2010年版，第379页。

③ 《唐六典》卷二“尚书吏部”条载：“内外官吏则有假宁之节，谓元正、冬至各给假七日。”《宋史·职官志三》载：“……元日、冬至、寒食假各七日。”《大明会典·礼部三八·节假》：“凡每岁正旦节，自初一日为始，文武百官放假五日。冬至节，本日为始，放假三日。”

④ （宋）周密：《武林旧事》（插图本），中华书局2007年版，第92页。

⑤ （明）田汝成辑撰，刘雄、尹晓宁点校：《西湖游览志余·熙朝乐事》，上海古籍出版社2018年版，第241页。

等，丰减不一。讲究的人家用的是雕花红漆的食盒，一般人家则担着竹编的盘子。人家之间多赠节物，盘桓周转之间，亦会出现东家收进往西家送出的笑话。南宋颜度有诗云："至节家家讲物仪，迎来送去费心机。脚钱尽处浑闲事，原物多是却再归。"此中自有暗讽之意，但家家迎来送往、车马节仪喧哗不绝之景却描绘得栩栩如生。[①]

民国以来，江南的冬至节俗依旧保留着诸多与年俗相近的内容。清范祖述《杭俗遗风》记十一月冬至时提及，杭州一带民众有冬至开腌菜缸、请灶神、切菜花炒肉片、吃包头鱼等俗例，此均为杭城过年惯例。民国《乌青镇志》记载，乌镇一带称冬至节为"小年夜"，"节之前后，各商店赴乡收账，名'冬节账'；田主下乡收租米"[②]。冬至前一夜，谓"冬至夜"，家人团聚，饮酒吃饭，称为"亚岁冬至宴"，苏州人也称之为"节酒"。冬至宴菜肴的丰盛程度不亚于过年，有钱人家鸡鸭鱼肉、冷盘热炒，应有尽有，热热闹闹；至于穷人家，只能是冷粥冷饭将就一夜。俗谚"有的吃吃一夜，没得吃冻一夜"，"有则冬至夜，无则冻一夜"意即如此。

迎来送往、亲朋盘桓几近年节的节庆气氛和心理感受，随着冬至节的周而复始的度过方式而积淀下来，凝结成人们对这一时间节点特定的体验内容和体验方式。在日常生活的世界中，人们对此认为"理所应当"，这是"生活世界中的人对世界的经验方式及其特征，其特点在于直向性和非反思性"[③]。它不同程度地存在于我们的实践中，但作为共同体生命对某一社会时间意义的体验较为完整地呈现于我们的观念意识中，并凝聚着某种充满情感的期待，由此也就形成了关于冬至的第一层时间意象。

三、阴极阳生：关于"生命"的意象

上古社会人对于自然的依附远胜于今，风雨雷电、鱼虫律动、鸟兽出没都可能对人们劳作、社会生活产生深刻影响。在原始的宗教观念中，人们以为具有规律性的自然节序似乎拥有神秘的力量，能够控制自然荣枯、斗转星

① 参见（清）顾禄撰，来新夏点校：《清嘉录》，中华书局 2008 年版，第 184 页。
② 转引自顾希佳等：《浙江民俗大典》，浙江大学出版社 2018 年版，第 85 页。
③ 刘剑涛：《现象学与日常生活世界》，上海三联书店 2017 年版，第 28 页。

移、万物律动，因此对交节前后自然界的变化也十分关注，并将人世间社会生活中的种种变化与之相联系。

《春秋左传》记载了僖公五年（前655），冬至日僖公“遂登观台以望而书”，举行仪式，是为“礼也”。其时特殊的天象变化被视为上天对统治者的某种提示，因此极受重视。统治者十分重视对节气点上天象的观测与记录，“凡分至启闭，必书云物，为备故也”①，恐有灾荒凶险，早做准备。

随着冬至圭表测影技术的发展，以及由此对回归年计算测量的深入，人们逐渐产生了一种印象，即冬至日“日至南”“影至长”“日至短”，此日后，太阳逐渐往北，似乎又开始走一遍回头路。加之阴阳五行理论的影响，古人认为天地之间阴阳二气运行不殆、生生不息，冬至阴极而阳生，是万物循环的真正始点。因此在黄道平面上确定冬至的位置也就十分重要了。这种特性不仅运用于编年历法的定制，还上升为天道法则。西汉纬书《孝经援神契》曰：“斗指子为冬至。至有三义，一者阴极之至，二者阳气始至，三者日行南至，故谓为至。”②《太平御览·时序部十三》引北齐人杜台卿《玉烛宝典》云：“十一月建子，周之正月，冬至日南极，南影极长。阴阳日月，万物之始，律当黄锺，其管最长，故有履长之贺。”③

阴阳相转、大争之下，人们的行动也需有禁忌，以顺应阳气生长。《周易》曰：“先王以至日闭关，商旅不行，后不省方。”④至日，各家门户关闭，商旅活动停止，诸侯也不忘四处拜会。刘向《五经通义》以阴阳互生来解释：“冬至寝兵鼓，商旅不行，君不听政事。曰冬至阳气萌，阴阳交精，始成万物，气微在下，不可动泄。王者承天理，故率天下静而不扰也。”⑤仲冬之月“阴方盛，阳欲起”，世间多生动荡，是故“君子斋戒，处必掩身，身欲宁。去声色，禁嗜欲，安形性，事欲静，以待阴阳之所定”⑥。

---

① 杨伯峻编著：《春秋左传注》，中华书局2009年版，第302页。

② （清）黄奭辑：《黄氏逸书考》，《续修四库全书》第1209册，上海古籍出版社1996年版，第148页。

③ （宋）李昉编纂，夏剑钦、王巽斋校点：《太平御览·时序部十三·冬至》，河北教育出版社1994年版，第242页。

④ （三国）王弼注，（东晋）韩康伯注：《周易·上经噬嗑传经三》，《四部丛刊》景宋本。

⑤ 转引自（宋）李昉编纂，夏剑钦、王巽斋校点：《太平御览·时序部十三·冬至》，河北教育出版社1994年版，第240页。

⑥ 转引自（宋）李昉编纂，夏剑钦、王巽斋校点：《太平御览·时序部十三·冬至》，河北教育出版社1994年版，第238页。

在阳气始升的冬至，历史上天子要率百官礼敬天神人鬼，愉悦神灵，襄助王事。《周礼·春官》定下了“以冬至日，致天神人鬼”的仪式。《史记·封禅书》引《周官》曰：“冬至日，祀天于南郊，迎长日之至；夏至日，祭地祇。”周代冬至祭天在国都南郊圜丘举行，历代帝王均视之为国之大典，礼仪隆重。

对民众而言，在阴阳交错之时，家族内部的凝聚则是顺利度过新旧交接的时间点的重要保障。冬至祭祀祖先，恰是对家族内部族群关系进行再确认。明清以来，江南各地皆有“设牲醴食馔荐之先祖”的习俗。家中无论贫富，都挂“喜神”像，即先祖遗容，合家或并族祭祀祖先，仪式尤为隆重。绍兴人称冬至祭祖为“做冬至”，在家中团聚宴饮之前，依着长幼次序于祠堂、祖先像前依次叩拜，不过只限于合家祭拜，亲戚之间并不相互拜贺。

台州一带聚族而居的村落，在冬至日要合族祭祖，此谓“祭冬”。祭冬照例在祠堂内举行，祠堂规模不一，但建筑结构一般为面宽三间的大厅，台门朝东，围墙合围，入门是戏台。大厅正中设有供奉祖先牌位的灵座，座前是案桌、拜坛。祠堂由族内各房轮流值守，掌管财物，负责房舍修葺清扫，祭祖仪式等诸般事宜。早在祭冬的前一个月，轮值人家便开始着手准备冬酿酒以及各色新鲜的玩意儿，比如开花的川豆、出头的麦子、新鲜的西瓜等，暗喻来年丰收。冬至日一早，三声炮鸣后，仪式开始，摆供、本家长老入座、三献三祝、祷告天地、演祝寿戏、献羹饭、行敬老礼等循序进行，庄严肃穆。来宾及子孙听从喝礼、左昭右穆、燕序跪拜、隆重虔诚。仪式完毕，合族在祠堂内聚餐，笑语晏晏，热闹非凡。饭后，还要向60岁以上老人献猪肉，此称为“老人肉”，60岁得1斤，长1岁便多加1斤肉，以表敬老。当晚，戏台演戏，连演5～7日不停歇，此时四邻八方“农村男女儿奔空，各自欢心意气同。政学工商各界子，成群结队乐融融”[①]。

冬至又有儿媳叩拜公婆尊长，敬献新鞋新袜，以示孝心的习俗。此日又被称为“履长节”。此俗汉时便有，曹植在《冬至献袜履表》中说：“国家冬至，献履贡袜，以迎福践长。”[②]明人田汝成《西湖游览志余》卷二〇载：“春粢糕以

① 《东关赛会竹枝词》，转引自上海鲁迅纪念馆编：《上海鲁迅研究（2013秋）》，上海社会科学院出版社2013年版，第141页。

② 转引自（宋）李昉编纂，夏剑钦、王巽斋校点：《太平御览·时序部十三·冬至》，河北教育出版社1994年版，第244页。

祀先祖，妇女献鞋袜于尊长，亦古人履长之义也。”[①]及至民国时期记述乌镇地方风情的《乌青镇志》中仍然可以寻到关于献鞋袜的记载，并称此俗“今行之”。在这白日渐长、一阳新生的日子里，晚辈为长辈献上鞋袜，意即图祓厄迎福，保佑老人在新岁之际长寿安康。

阴阳转合的观念作用于人自身，便要顺阳、助阳，调和身体顺应自然，是以此时饮食滋补颇受重视。民谚有“三九补一冬，来年无病痛”，“冬令进补，春来打虎”之说。冬至多食馄饨，《燕京岁时记·冬至》云：“夫馄饨之形有如鸡卵，颇似天地混沌之象，故于冬至日食之。”[②]吃馄饨，便有了打破混沌、阳气上升的意味。江南此时收获新米，有“冬至团子年节糕”之俗。按习俗，家中要磨粉做团子，用肉、菜、豇豆沙、萝卜丝、糖等做馅儿，蒸熟后先祭祖，并馈赠亲友，名曰“冬至团”。杭州萧山一带民众做团子后，还要撒上胡麻，称为“糊口团”，并言“食此团后言语须多吉庆”[③]，亦有喜庆、吉祥的意味。此后有年糕、谢灶团、春朝粉圆、年朝粉圆等，自此“磨声不绝矣”。

冬至滋补当推膏方。大约在清代中后期，冬令膏方在江南一带兴起。江南一带医家深受《黄帝内经》“肾藏精”“秋冬养阴”“藏于精者，春不病温”观念的影响，讲究秋收冬藏对时令的把握。冬季阳气潜藏，须得借膏之黏稠填补肾命，滋肾固精、延年益寿。是以，冬至为膏方进补的重要时间点。同治、光绪时医家钱艺《慎五堂治验录》记载了二十余则膏方医案，其中一则讲张启室崩血如注，冬令服膏方，来年开春体丰而健，甚于壮年。此俗至今仍盛。

人们在建构社会时间序列模型过程中，将冬至置于“天正岁首”的位置；天地二气、阴极阳生则是人们试图对冬至时序更替现象作“本质性”的解释。前者有赖于人们对生活时序的整体感知，后者则更加注重共同体生命与时节更替的调适。古往今来，人们对生命的关注多有相通之处，“阴阳大争”的动荡时刻，族群与个体关系的再次强调，以及衣食住行方面知识经验性的积累，已经成为冬至时间结构中稳定的部分，并与之建立了稳定的指涉关系。

---

① (明)田汝成辑校，刘雄、尹晓宁点校：《西湖游览志余·熙朝乐事》，上海古籍出版社 2018 年版，第 241 页。

② (清)潘荣陛、(清)富察敦崇：《帝京岁纪胜 燕京岁时记》，北京古籍出版社 1981 年版，第 90 页。

③ 顾希佳等：《浙江民俗大典》，浙江大学出版社 2018 年版，第 85 页。

共同体的归属感、生命关联与转化的体验，成为冬至时间意象的第二层，并在主观意识中拥有更加强烈与稳定的情感指向。

四、“数九”游戏：求吉的审美意象

民间的“数九”游戏从冬至开始数。冬至过后，各地便进入了一段最寒冷的日子，这就是人们常说的“进九”，即从此日数起，“至九九八十一天而寒尽”，俗称“连冬起九”。冬至数九，也叫“冬九九”，至第19天到27天称为“三九”，俗谚“冷在三九，热在三伏”，待到九九归一，万物复苏，春日将如约而到。“数九”游戏分为唱“数九歌”与画消寒图两种。在漫长而寒冷的日子里，游戏能够极大地舒缓严冬中焦虑的心情，并时时给予美好的希望。

“数九歌”多录当地民众惯习之物候气象，以记寒暑，因此各地唱词内容也不尽相同。《清嘉录》记载苏州一地歌云：“一九二九，相唤弗出手。三九廿七，篱头吹觱栗。四九三十六，夜眠如露宿。五九四十五，穷汉街头舞。不要舞、不要舞，还有春寒四十五。六九五十四，苍蝇垛屋枚。七九六十三，布衲两肩摊。八九七十二，猫狗躺淌地。九九八十一，穷汉受罪毕。刚要伸脚眠，蚊虫獦蚤出。”①“数九歌”朗朗上口，亲切自然。这数九寒天里，人们对气温颇为关注，又以“九”来预测天气，常谓“头九”主暖，谚云“头九暖，九九寒”；又说“四九”阶段必是多雨雪，云“雨雪连绵四九天”；又传冬至后九日内有雨雪则每九皆是相同；还有“春打六九头”的说法。

还有一项填色游戏，即“九九消寒图”。消寒图的种类不少，常见的是一幅双钩描红书法，上书“亭前垂柳珍重待春风”九个字，皆为繁体，每字九笔，共八十一笔，从冬至开始每天按照笔顺描画一笔，每过“一九”便描完一个字，九九回春即是大功告成，称为“写九”。最雅致的是梅花“画九”。《金陵岁时记》记载：“日冬至画素梅一枝，为瓣八十有一，日染一瓣，尽而九九出，则春深矣，曰《九九消寒图》。”此图又被称为“雅图”。

“九”，至阳之数，寒冬游戏娱乐多以“九”为吉祥，便取此意。又如清末至民国时期，文人雅士有逢“九”相聚的习俗，称为“消寒会”。与会人数必取

---

① （清）顾禄撰，来新夏点校：《清嘉录》，中华书局2008年版，第186页。

"明九"或"暗九"(即九之倍数),所做诗词字画也必应"九"之典故。"九"自带"一阳贺冬"的寓意,游戏重在愉悦身心、放松精神,自然地更偏重于审美的享受,而游离在整个冬至传统文化符号体系核心圈之外。然而从当下的传播来看,游戏的实践大多能够迅速地成为年轻人认知、感受"冬至文化"的方式,并因为其与当代消费文化的契合而被广泛接受。将之作为冬至时间意象整体构成的部分,则又因为与现实生活的某种距离而被赋予古朴、典雅的色彩。

时间是不以人的意志为转移的客观存在,然而它又有赖于人们的体验而被认识到。冬至的命名源于人们对时序转化的认知,"言冬至者,极也,太阴之气上干于阳,太阳之气下极于地,寒气已极,故曰冬至"①。历史上,人们据此完成了对冬至时间模型的建构,并在实践的过程中,使之成为一个意义构成整体。时间意义建构,与人们社会活动的价值与作用直接相关,并通过社会制度、生产生活方式、具体的社会语境的中介获得理解。当下,对一般人而言,冬至更多具有时令标志的作用,传统冬至时间结构中的节庆活动、观念意识等,则因生活方式的隔阂而意义日淡。通过各种现代媒体方式加以"知识化"普及的冬至,由于承载着人们对传统的缅怀、守护传统的文化情怀,而成为与现实生活具有一定距离的审美对象,并在人们的认知中滋生为"时间的意象"。在冬至的叙事中,由文化意义到文化事象的演绎性叙事方式,则进一步强化了"意象"的感情色彩。从生命的体验与人的感知而言,天正、人时与意象共同构筑了冬至的时间属性。

① (宋)李昉编纂,夏剑钦、王巽斋校点:《太平御览·时序部十三·冬至》,河北教育出版社1994年版,第243页。

《齐民要术》与“寒食节”之饮食习俗探究

赵建民　金洪霞*

摘　要

《齐民要术》是中国古代最有影响力的农学著作，其中涉及古代农耕社会“起自耕农，终于醯醢”的系统化的农学知识体系。由于农耕文明社会的生活与季节变化的岁时节俗密切相关，作者贾思勰在书中记载了许多与节日饮食习俗有关的食物制作方法，以及节日的历史渊源等知识。梳理《齐民要术》中与寒食节相关的饮食习俗，有助于我们了解中国6世纪及其以前的社会生活。

关键词

齐民要术；寒食节；饮食习俗

一、《齐民要术》“醴酪”制作的民俗学意义

《齐民要术》是中国历史上一部传承久远、影响极大的农业百科全书。此书为北魏时期山东人贾思勰所撰，全书共十卷，九十二篇。作者自称该书的撰写“起自耕农，终于醯醢”，用今天的话说就是“从田间地头到饮食餐桌”，这是一种完整意义上的农业立国为本的思路。因而，《齐民要术》的闪光之处不仅在于对中国古代农业科学知识的总结，而且具有进步的“民本”

* 赵建民，山东旅游职业学院副教授；金洪霞，山东旅游职业学院副教授。

思想内涵。其中，反映农业社会民众生活方面的食物制作，还涉及许多岁时节俗的内容，包括“醴酪第八十五”等与我国寒食节饮食习俗相关的内容。

从饮食人类学与民俗学的角度来看，《齐民要术》一书中的“醴酪第八十五”，不仅仅记录了1600多年以前我国民间流行的两种“醴酪”食品的制作技艺，而且在该篇中对寒食节历史渊源与饮食习俗进行记录，给我们提供了富有历史文化信息的民俗资料。兹摘录原文如下：

> 煮醴酪：昔介子推怨晋文公赏从亡之劳不及己，乃隐于介休县绵上山中。其门人怜之，悬书于公门。文公寤而求之，不获，乃以火焚山。推遂抱树而死。文公以绵上之地封之，以旌善人。于今介山林木，遥望尽黑，如火烧状，又有抱树之形。世世祠祀，颇有神验。百姓哀之，忌日为之断火，煮醴酪而食之，名曰“寒食”，盖清明节前一日是也。中国流行，遂为常俗。然麦粥自可御暑，不必要在寒食。世有能此粥者，聊复录耳。[①]

不难看出，贾思勰之所以要对“醴酪”的制作技艺进行记录，是因为至少在当时它是寒食节的专用食品，且非常流行。“寒食”其时在民间是一项极为盛行的民俗活动，目的是纪念春秋时期的贤良之士介子推。所谓“中国流行，遂为常俗”就是对当时盛况的真实写照，而“醴酪”作为寒食之必备食品，在当时的重要意义也就不言而喻了。这应该是贾思勰写作该篇的原因所在。正如他在书中所说：“然麦粥自可御暑，不必要在寒食。世有能此粥者，聊复录耳。”因为在寒食和日常民间都流行这种麦粥，所以贾思勰就把它记录下来了。不仅如此，出于寒食节的关系，贾思勰还在《齐民要术》“饼法第八十二”和“飧饭第八十六”等篇中，分别介绍了一种叫作“寒具”的饼食与一种叫作“寒食浆”的食品制作技艺，甚至包括煮寒食浆烧柴火的习俗等。不过，书中介绍的“寒具”和“寒食浆”指的是一类适合凉食、具有降暑散热效果的食品，与寒食节饮食习俗虽有些关系，但并非像“醴酪”一样为寒食节专用。“寒食浆”是在清明节前后制作完成的发酵食品，可供整个春天随时饮食取用。

从《齐民要术》“醴酪”篇的记录中我们可以窥知，至少在魏晋南北朝时

① （北魏）贾思勰著，缪启愉校释：《齐民要术校释》，农业出版社1982年版，第521页。

期的山西一带民间，人们寒食节食用的标志性食物是“醴酪”。而“寒食”的起源，是以山西为主要地区的中原人民，为了纪念春秋时期晋文公的大臣介子推“赐禄不受”而在绵上山中自焚的壮举，便在每年清明节的前一两日，禁烟火而吃冷食，谓之“寒食”，并由此相沿成习，被传承下来。关于介子推的事迹，我国许多典籍都有记载，而寒食节的习俗也被传承至今，只不过清明节与寒食节相距太近，后来人们便习惯上将两节合而为一了。

二、寒食节“煮醴酪而食之”的饮食习俗传承

关于古人在寒食期间进食“醴酪”的习俗，除了《齐民要术》，许多典籍资料有所记录。如与《齐民要术》年代相近的南朝梁人宗懔撰写的《荆楚岁时记》中就记载说：“去冬节一百五日，即有疾风甚雨，谓之寒食。禁火三日，造饧大麦粥。”[①]这“造饧大麦粥”与《齐民要术》中的麦粥是同一种食品，也就是“醴酪”。据此可知，南北朝时在我国南方的荆楚民间，人们在寒食这一天也有“煮醴酪而食之”的习俗。不过，《荆楚岁时记》之寒食吃醴酪的习俗，不是为了纪念介子推，而是因为此时“疾风甚雨，谓之寒食”，所以要“禁火三日”，必须提前煮好大麦粥以备食用。虽然荆楚人寒食“煮醴酪而食之”的意义与我国北方地区不同，但说明寒食的饮食习俗在我国魏晋南北朝时期的南北方民间均广为流行。

关于寒食节“煮醴酪而食之”的饮食习俗源于何时的问题，目前尚没有准确的文字记录。根据《齐民要术》的记录，似乎介子推死后，当地人就开始为之祭祀了，且“世世祠祀，颇有神验”。秦代及其以前的史籍中，虽然对介子推绵上山中自焚的故事有所记录，但并没有关于“祠祀”的文字记载。不过，先秦时，把食物摆在先祖及其他死去的家人的墓前进行“墓祭”的习俗已经非常流行。根据史籍所载，寒食节的习俗至少在汉代已经在黄河中下游的民间蔚然成习，且当时禁火寒食的时间是非常长的。《后汉书·周举传》云：

举稍迁并州刺史。太原一郡，旧俗以介之推焚骸……咸言神灵不

① （晋）宗懔：《荆楚岁时记》，《四库备要》本，中华书局1989年版，第3页。

乐举火，由是士民每冬中辄一月寒食，莫敢烟爨。①

这说明，在两汉时期，寒食禁火的习俗仅限于现在山西的局部地区，是在冬季断火一个月。禁火冷食一个月之久，以致“老小不堪，岁多死者”。是时周举为并州刺史，不忍心为此而无辜死人，于是就把寒食禁火冷食一个月的习俗缩短了时日。到魏武帝时甚至专门为此颁布了一道“禁火”的《明罚令》，其云：

闻太原、上党、西河、雁门冬至后百有五日皆绝火寒食，云为介之推。……北方沍寒之地，老少羸弱，将有不堪之患。令到，人不得寒食。②

但民间的信俗是不可能彻底被改革的，禁火寒食的习俗延续到晋时，始固定为“禁火三日”了。晋人陆翙所撰《邺中记》云：

并州俗以介子推五月五日烧死，世人为其忌，故不举饷食。非也，北方五月五日自作饮食祀神，及作五色新盘相问遗，不为介子推也。寒食三日作醴酪。③

隋唐时期，寒食禁火冷食三天与寒食日吃“醴酪”的习俗一直被沿袭。隋代杜台卿《玉烛宝典》卷二引《邺中记》“寒食又作醴酪”之记载，并作注说：“今世悉作大麦粥，研杏仁为酪，别煮一饧沃之也。”④与《齐民要术》介绍的“杏酪粥”一脉相承。

到了唐代，寒食节得到了官方的认可，开元二十四年(736)制云：

寒食上墓，礼经无文，近代相传，浸以成俗。士庶有不合庙享，何以用展孝思？宜许上墓同拜扫……仍入五礼，永为恒式。⑤

由此看来，隋唐时寒食节仍然保持着吃“醴酪”的习俗。史料记载，当时的都城长安有“每节则专卖一物，遍京辐辏”的食肆，其中就有“张手美家……冬凌粥(寒食)”的制作。⑥ 不过，唐代用于寒食的食品除了“杏仁麦粥”之类，还有寒食饼、寒具等。唐人韦巨源《食谱》记有“酥蜜寒具”和用木范制作的“八

① (南朝宋)范晔撰，(唐)李贤等注：《后汉书·周举传》，中华书局1965年版，第2024页。

② (清)严可均校辑：《全三国文·明罚令》，中华书局1958年版，第1061页。

③ (晋)陆翙撰：《邺中记》，中华书局1985年版，第11页。

④ (隋)杜台卿：《玉烛宝典》，中华书局1985年版，第124页。

⑤ (唐)杜佑撰，王文锦等点校：《通典·上陵》，中华书局1988年版，第1451页。

⑥ (宋)陶谷撰，王子辉等注释：《清异录(饮食部分)》，中国商业出版社1985年版，第29页。

方寒食饼”。[1] 谢讽《食谱》亦有“添酥冷白寒具”等记录。寒食节食用“醴酪”的饮食习俗，在同时期许多文学作品中也有反映，如唐白居易《清明日送韦侍御贬虔州》一诗之“寂寞清明日，萧条司马家。留饧和冷粥，出火煮新茶”[2]句，描述了寒食节唐代从官府之家到民间进食“稠饧”与“麦粥”的民俗风情。

宋代以降，寒食习俗依然盛行，且在保持进食醴酪、麦粥的基础上，又增添了一些新的食品花样，如枣锢、麦糕、乳饼、子推燕之类。“醴酪”的名称也发生了变化，如宋人高承《事物纪原》云：

> 寒食，陆翙《邺中记》曰并州之俗，以冬至后一百五日为介子推断火冷食三日，作干粥食之，中国以为寒食……故俗每寒食前一日谓之炊熟，则以面为蒸饼样团枣附之，名为子推。[3]

显然，作者把“杏仁酪粥”称为“干粥”，它是与“醴酪”相同的食品，此时还增加了“子推饼”等新的寒食食品。宋人孟元老在《东京梦华录》中有类似的记录：

> 清明节，寻常京师以冬至后一百五日为大。寒食前一日谓之“炊熟”，用面造枣锢飞燕，柳条串之，插于门楣，谓之“子推燕”。……寒食第三节，即清明日矣。……自此三日，皆出城上坟，但一百五日最盛。节日市坊卖稠饧、麦糕、乳酪、乳饼之类。[4]

南宋时期，此习俗依然沿袭如前朝，史料多有记录，兹不赘述。

根据史籍资料的记录，寒食节在唐宋年间已经与清明节开始合而为一了。整个节日的时间为 3 天，其活动内容也把纪念介子推与对家人墓祭融为一体，并增加了其他一些与迎春、出游有关的活动内容，节日变得更加丰富多彩。寒食饮食习俗除了沿袭吃“醴酪”“麦粥”一类的食物之外，还增加了如枣锢与子推燕等食品花样，它们除了用于祭祀外，更有迎春的含义。至今，山东民间仍保留着清明节蒸食“面燕”的习俗。

寒食与清明虽然逐渐融为一个节日，但其中的民俗活动与饮食习俗却沿袭不改。不过明清时期，民间在清明、寒食期间进食“杏酪、麦粥”的情形

---

① 转引自（宋）陶谷撰，王子辉等注释：《清异录（饮食部分）》，中国商业出版社 1985 年版，第 9 页。
② （唐）白居易著，顾学颉校点：《白居易集》，中华书局 1999 年版，第 352 页。
③ （宋）高承撰：《事物纪原》，中华书局 1985 年版，第 304 页。
④ （宋）孟元老等撰，周峰点校：《东京梦华录》，文化艺术出版社 1998 年版，第 43 页。

已经逐渐减少，而制作枣锢、面燕、麦糕等食品则越来越普遍，许多地区至今传承不衰。明人高启《清明呈馆中诸公》诗云："新烟著柳禁垣斜，杏酪分香俗共夸。白下有山皆绕郭，清明无客不思家。"[①]可见，明代还有进食杏酪的习俗。及至清代，麦粥之食仅在部分民间有传承，而以面燕、枣锢见多。山东《潍县志稿》云："清明日，多以蜀秫、麦仁及各杂粮煮饭，此殆古者麦饭之遗俗欤。"[②]《岁时荟萃》记载："沂州，三月清明节作面燕插柳于上阴干，预治小儿泄泻。同州，清明前二日寒食为冷面枣锢，上坟拜扫，回则折柳枝插门，以纸钱缚树身且以围其釜曰能避虫蚁。诸城，寒食日断火，取面团如拳大馅之以枣，蒸熟挂当风处阴干，暑月儿童患泻者以为细末蜜调嚷之瘥。"[③]陕西《马邑县志》云："去冬至一百五日为寒食……于是日，携酒脯拜扫先陇，间有蒸面为燕，折新柳枝插之，曰'寒食燕'。"[④]这说明到清朝年间，人们在清明节拜扫祖坟，一般都携带酒肴脯腊及蒸制的面燕、枣锢、麦糕之类，食用杏酪、麦粥的习俗已经少见了，但从寒食专用的"杏仁酪粥"发展而成的"杏仁酪""杏仁茶""杏仁粥"等食品，却成为流行于地方市肆的风味小吃了。

三、《齐民要术》"醴酪"之外的"寒食浆"

值得一提的是，《齐民要术》除了在"醴酪第八十五"中记录介绍了"寒食"节的历史渊源与"醴酪"的食俗意义外，还在"飧饭第八十六"中载录了一种叫作"寒食浆"的食品制作技艺，兹录原文如下：

> 作寒食浆法：以三月中清明前，夜炊饭，鸡向鸣，下熟热饭与甕中，以向满为限。数日后便酢，中饮。因家常炊次，三四日辄以新炊反一碗酘之。每取浆，随多少即新汲冷水添之。讫夏，飧浆并不败而常满，所以为异。以二升，得解水一升，水冷清俊，有殊于凡。[⑤]

显然，这种"寒食浆"是一种应时应季、酸香适中、清凉爽口的好饮品。但根

① （明）高启撰：《高太史大全集》卷一四，《四部丛刊》景明景泰刊本。

② 转引自丁世良、赵放主编：《中国地方志民俗资料汇编·华东卷》，书目文献出版社1995年版，第209页。

③ （清）蒋廷锡等编：《岁时荟萃》第18册，上海文艺出版社1993年版，第40页。

④ 转引自丁世良、赵放主编：《中国地方志民俗资料汇编·华东卷》，书目文献出版社1995年版，第558页。

⑤ （北魏）贾思勰著，缪启愉校释：《齐民要术校释》，农业出版社1982年版，第525页。

据贾思勰对“寒食浆”的制作记述，寒食浆不是寒食节的专用食品，而是在清明节期间制作，聊备春夏两季食用，用于消暑解热的一种冷饮食品，类似于现在南方“酸米汤”“酒酿子”之类的食品。据史料记载，直到明清时期，民间仍有在寒食节制作“寒食浆”的遗风。乾隆年间刻本《博山县志》云：“寒食作水浆饭，经夏不渴。日以凉水沃之，却晨病，解虚劳。”[①]这与贾思勰的记载一脉相承。道光年间刻本《商河县志》也有记载：“去冬至一百五日，即有疾风甚雨，谓之寒食……俗曰‘炊饭’，又曰‘浆水饭’，殆禁火遗义也。”[②]这种具有凉爽利口特点的“寒食浆”，不仅保存时间较长，还具有一定的清热解毒、助于消化等功效，堪称妙品。

更加有趣的是，《齐民要术》还在“种李第三十五”中称，用李子树的枝条烧火来煮“寒食浆”最好：“又法：以煮寒食醴酪火木忝著树枝间，亦良。树多者，故多束枝，以取火焉。”[③]《齐民要术校释》一书作者缪启愉注释说：“木忝，同栝……即进火杖，拨火棒，现在有些地方还保存着‘火木忝’的名称。《说文》：栝，炊灶木，段玉裁注：今俗云‘灶木忝’是也。”[④]笔者认为，李子树的枝条不仅用作烧火棍，更多的是充当柴火。因为枝条多，火力旺且耐烧，这似乎更有说服力。无论如何，《齐民要术》的这条用李子树枝煮“寒食浆”的记录，还是有一定历史资料和民俗学价值，有待进一步研究。

此外，清明节前制作“寒食浆”不是为了寒食节期间食用，而是等到发酵变成了“酸浆”以后，居家常饮，或用来下饭，并且，不断添加饭、水，味道不变，可以吃到夏季。因为放到夏天了，“寒食浆”容易招来小虫子，为此《齐民要术》还记载了一条放止饭瓮、井边招虫的方法：“令夏月饭瓮、井口边无虫法：清明节前二日夜，鸡鸣时，炊黍熟，取釜汤遍洗井口、瓮边地，则无马蚿，百虫不近井、瓮矣。甚是神验。”[⑤]类似的知识介绍，具有较高的食品卫生学和民俗学意义。

---

① 转引自丁世良、赵放主编：《中国地方志民俗资料汇编·华东卷》，书目文献出版社 1995 年版，第 101 页。

② 转引自丁世良、赵放主编：《中国地方志民俗资料汇编·华东卷》，书目文献出版社 1995 年版，第 136 页。

③ （北魏）贾思勰著，缪启愉校释：《齐民要术校释》，农业出版社 1982 年版，第 197 页。

④ （北魏）贾思勰著，缪启愉校释：《齐民要术校释》，农业出版社 1982 年版，第 199 页。

⑤ （北魏）贾思勰著，缪启愉校释：《齐民要术校释》，农业出版社 1982 年版，第 525 页。

四、"醴酪""寒食浆"等食品的时代意义

众所周知，中国的节日民俗是中国传统文化重要的组成部分，丰富了今天非物质文化遗产的内容。饶有趣味的是，中国传统节日，无不与人们的饮食活动密切相关，几乎每一个民族节日都有其特定的标志性食品。我们如果今天抛开民族节日中标志性食品的饮食民俗意义与民族精神内涵，仅仅从时代繁荣昌盛的市场发展与消费需求方面来审视，那么会发现每一个民族节日的特色食品都具有相当大的现代商品学意义。在此方面，已有元宵节的"汤圆"、端午节的"粽子"、中秋节的"月饼"等特色节日食品，被许多商家开发成行销市场的美味食品，成为丰富人们饮食生活的重要内容。

中国传统的寒食节、清明节，经过2000多年的历史积淀与传承发展，形成了许多与节日习俗有关的特色食品。这些特色食品不仅个性鲜明，而且种类繁多，其中有很多具有非常好的开发价值与市场前景，如果能够把这些特色的节日食品从当代中国餐饮市场多元化发展的大背景中推向广大消费者，不仅可以创造无法估量的经济利益，还将丰富人们的日常生活。

现今尚在清明节(寒食)流传的特色食品有不下十几种，其中包括醴酪、杏仁酪、杏仁粥、杏仁茶、子推馍、面燕、枣锢、寒食饼、麦糕、寒具、寒食浆、青精饭、青艾团、清明馃等。其中，杏仁茶历来是北京的传统风味小吃，原名"杏酪"或"杏仁酪"。清初朱彝尊《食宪鸿秘》对清朝年间流行于京城的杏酪制作方法进行了详细记录："杏酪，京师甜杏仁用热水泡，加炉灰一撮，入水，候冷，即捏去皮，用清水漂净，再量入清水，如磨豆腐法带水磨碎。用绢袋榨汁去渣。以汁入锅煮熟，如白糖霜热啖。或量加牛乳亦可。"①清末薛宝辰《素食说略》也记录了对"杏仁酪"的制作方法："糯米浸软，捣极碎，加入去皮苦杏仁若干，同捣细，去渣煮熟，加糖食。"②其风味殊美，价格低廉，遂成为当时一般市民的常食之品。《天桥杂咏》中有对此进行歌咏的句子："清晨市律闹喧哗，润肺生津味亦赊，一碗琼浆真适口，香甜莫比杏仁茶。"③

① (清)朱彝尊，邱庞同注释：《食宪鸿秘》，中国商业出版社1985年版，第14页。

② (清)薛宝辰撰，王子辉注释：《素食说略》，中国商业出版社1984年版，第50页。

③ 蕾梦水等编：《中华竹枝词·一》，北京古籍出版社1997年版，第315页。

子推馍、面燕、枣锢、寒食饼等是在宋明以后发展起来的寒食节日特色食品，属于“礼馍”的范畴，陕西、山西民间则称其为“面花”。目前面燕、枣锢（就是一种表面嵌满大枣的花饽饽）在市场上已有不少制作，但产品的质量与水平还有待提高。其中“子推馍”，又称“老馍馍”，是陕西、山西民间的特色面食品，里面包鸡蛋或红枣，上面有顶子，顶子四周贴面花。面花是面塑的小馍，形状有燕、虫、蛇、兔或文房四宝。圆形的“子推馍”是专给男人们享用的，已婚妇女吃条形的“梭子馍”，未婚姑娘则吃“抓髻馍”，孩子们吃燕、蛇、兔、虎等形状的面花，“大老虎”专给男孩子吃，也最受他们的喜欢。父母用杜梨树枝或细麻线将各种小面花串起来，吊在窑洞顶上或挂到窗框旁边，让孩子们慢慢享用。[①] 风干的子推馍能保存到第二年的清明节。现在，每到春节各种“礼馍”大量制作上市，其已成为馈赠亲友的佳品。

乳酪、乳饼属于乳制品，目前在我国的饮食市场上也发展很快，尤其成为青年、少年儿童不可或缺的一类食品，但制品缺乏民族特色与文化内涵，是一个有待拓展的空间。寒具，是富有特色的一种食品，《齐民要术》叫作“环饼、蝎子”，就是现在人们所称的“馓子”，目前市场上有大量的制作销售，但品种比较单调。根据史料可知，寒具的种类非常多，如“酥蜜寒具”“添酥冷白寒具”等，因此馓子的制作还有相当大的发展余地。青艾团、清明粿等米制清明节日时品，在许多南方古村镇的食肆上都有制作销售，且颇受旅游者的欢迎。

在梳理《齐民要术》中与寒食节食俗有关的内容后发现，这样一部闻名古今中外的农业百科全书，蕴含着丰富的历史信息与文化意义。目前学界关于《齐民要术》的研究虽有大量成果涌现，但对其民俗学意义的解读仍有较大的拓展空间。

① 参见刘琦等编：《麦黍文化研究论文集》，甘肃人民出版社 1993 年版，第 174～181 页。

隋代寒食节的传承与创新

马荣良*

摘　要

在我国寒食节发展史上，隋代起着承前启后的重要作用。较之前代，隋代寒食节的播布范围更广，参与者更众，节俗活动更为丰富多彩，南北两地的节俗文化进一步融合。值得一提的是，在继承前代风俗的基础上，隋代寒食节不断推陈出新，涌现出一些新的风俗习尚，对后世产生了深远影响。不仅如此，隋人还质疑了历代相传的关于寒食节缘起的说法——"介子推说"，并援引儒家经典另赋新说，对后世极具启发意义。

关键词

隋代；寒食节；承前启后

自两汉之际以降，寒食节由最初局限于太原郡的地方性节日逐步向外扩展，其间虽屡遭官方禁断，但禁而不绝，甚至愈演愈烈。南北朝时，寒食节已发展成遍及黄河中下游地区，并逐渐扩散至长江中游荆楚一带的普泛化节日。至唐代，寒食节的地位更是得到空前提高，迎来了其发展史上的高峰。对于由汉至唐这一时期寒食节的发展演变及其风俗习尚，学术界已有

* 马荣良，山东青年政治学院马克思主义学院副教授，山东大学儒学高等研究院博士研究生。

不少研究成果。[①] 相较之下，对隋代寒食节的研究则较为薄弱，目前尚无专文论及。在我国寒食节发展史上，隋代起着承前启后的重要作用。隋代虽然享国不长，仅传二世即亡，但在短短30余年间，经过隋人的传承、创造和参与，寒食节仍获得了长足发展，并对后世产生了深远影响。

一、隋代寒食节的播布范围与参与群体

（一）隋代寒食节的播布范围

众所周知，南北朝时，寒食节已逐渐扩散至大江南北。至隋代，其播布范围更加广泛。开皇九年（589），隋朝平灭偏安东南一隅的陈朝，结束了此前长达几百年的分裂局面，实现南北统一。至隋炀帝大业五年（609），隋朝臻于极盛，"是时天下凡有郡一百九十，县一千二百五十五，户八百九十万有奇"，其疆域"东西九千三百里，南北万四千八百一十五里"[②]，"东、南皆至于海，西至且末，北至五原"[③]。国家的统一、疆域的辽阔，为寒食节在更大范围内的传播创造了客观条件。正如有论者所指出的，在隋代，寒食节在传播上不再受地域的限制，兼之最高统治者对其并不排斥，从而得以空前发展。[④]

"在传统社会，一种民俗事象在地理空间上的播布主要通过三种方式来实现，一是通过相邻地理空间居民的接触、沟通与互动，二是通过官方颁布

---

① 如裘锡圭：《寒食与改火——介子推焚死传说研究》，《中国文化》1990年第1期；庞朴：《寒食考》，《民俗研究》1990年第4期；[法]侯思孟：《中世纪早期的寒食节》，杨玉君译，《民俗曲艺》1996年第100期；陈泳超：《寒食缘起：从地方性到普泛化》，《民俗研究》2008年第2期；张勃：《唐代以前寒食节的传播与变迁——主要基于移民角度的思考》，《温州大学学报》（社会科学版）2012年第6期；安介生：《寒食节缘起与介休乡土地理新论》，《中原文化研究》2016年第1期。此外，刘晓峰《寒食与山西》（《民族艺术》2007年第2期）、景圣琪《"改火说"与唐代寒食诗的兴盛——中国古代民俗与文学关系的个案研究》[《扬州大学学报》（人文社会科学版）2009年第5期]、王剑《寒食节的兴衰——民众审美心理与国家意志的博弈》[《山西师大学报》（社会科学版）2010年第3期]、罗恒宇《从儒家思想的影响看寒食节从汉到唐宋的兴衰》（《宜宾学院学报》2014年第8期）、张小稳《从地区性的哀思到全民性的欢愉——寒食节的诠释史研究》（《民俗研究》2017年第6期））等论文亦有所涉及。

② （宋）司马光编，（元）胡三省注：《资治通鉴・隋纪五》，中华书局1956年版，第5645页。

③ （唐）魏征撰：《隋书・地理志上・序》，中华书局2000年版，第549页。

④ 参见景圣琪：《"改火说"与唐代寒食诗的兴盛——中国古代民俗与文学关系的个案研究》，《扬州大学学报》（人文社会科学版）2009年第5期。

相关政策并加以推行，三是通过人的迁移。”[1]就隋代寒食节而言，其在地理空间上的传播不可避免地会通过第一种方式来进行。此外，隋代统治者虽然没有明确颁布政策推广寒食节，但对其并不排斥甚至予以认可[2]，这对寒食节的播布也颇为有利。值得注意的是，隋代曾有规模不小的人口迁移活动。隋朝建立后，为提高都城长安的文化水平，隋文帝曾下令征“山东义学之士”，将今河北、河南、山东等地有影响的文化人物迁入都城。开皇七年(587)八月，隋文帝征后梁君主入朝，梁主率群臣两百余人，自江陵(今湖北荆州市江陵区)迁入长安。[3] 开皇九年(589)灭陈后，隋朝又强迫陈叔宝与王公、百官及其家属迁往长安，据称“大小在路，五百里累累不绝”，不得不“权分长安士民宅以俟之”。[4] 此外，还有很多平民北迁。据统计，由南方迁出的这些陈国皇室、贵族、百官和士人，主要分布在首都长安及其附近的冯翊(今陕西大荔县)、鄠(今西安鄠邑区)等县，其次分布在洛阳及其附近的颍川(今河南许昌市)、偃师、巩等县。另外，在两京以外的其他北方地区，如河东的蒲州(今山西永济市境)、并州(今太原市境)和河北的相州(今河南安阳市)，也有少量陈国移民。隋炀帝即位后，大力营造东都洛阳，先是“徙豫州(治所在今河南洛阳市)郭下居人以实之”，不久又“徙天下富商大贾数万家于东都”[5]，继而又“括天下周、齐、梁、陈乐家子弟皆为乐户；其六品以下至庶人，有善音乐者，皆直太常……于是四方散乐，大集东京”[6]，还“征天下儒术之士，悉集内史省，相次讲论”[7]。除了上述富商大贾、乐户以及知名文化人物，衣冠士族亦多有迁居东都者。隋炀帝统治后期，北方民众为躲避战乱大量外迁，主要迁往北自淮河、南到岭南的广大南方地区。[8] 隋代人口的大规模迁移，无疑会扩大寒食节的地理分布空间。

① 张勃：《唐代以前寒食节的传播与变迁——主要基于移民角度的思考》，《温州大学学报》(社会科学版)2012年第6期。

② 详见下文，此不赘述。

③ 参见(宋)司马光编，(元)胡三省注：《资治通鉴·陈纪十》，中华书局1956年版，第5491页。

④ 参见(宋)司马光编，(元)胡三省注：《资治通鉴·隋纪一》，中华书局1956年版，第5516页。

⑤ (唐)魏征撰：《隋书·炀帝纪上》，中华书局2000年版，第43～44页。

⑥ (宋)司马光编，(元)胡三省注：《资治通鉴·隋纪四》，中华书局1956年版，第5626页。

⑦ (唐)魏征撰：《隋书·褚辉传》，中华书局2000年版，第1159页。

⑧ 参见葛剑雄主编，吴松弟著：《中国移民史》第3卷，福建人民出版社1997年版，第413～416页。

(二)隋代寒食节的参与群体

随着节日播布空间的扩张及人口的大迁移,寒食节参与者的规模亦逐渐扩大。在隋代,寒食节已成为一个官民共度的节日。在当时形形色色的节日主体中,以最高统治者最为引人瞩目。

两汉魏晋时期,寒食节主要在民间流行。至迟在南北朝时,该节已呈现出向士大夫阶层扩散的趋势。[①] 在南朝梁代,寒食节作为题材已进入诗歌,为少数上层社会人士所关注,如梁褚翔(一说梁简文帝萧纲)《雁门太守行》诗云:"幽州寒食罢,郑国采桑疏。"[②]此外,梁宗懔在《荆楚岁时记》中用充满深情的笔触描述了荆楚一带的寒食节风俗[③],北魏贾思勰《齐民要术》中也有关于黄河中下游地区寒食节的记录[④]。这些均透露出这一时期寒食节对士大夫的渗透和影响。另《太平御览》引《三国典略》云:李岳(按:主要生活在北齐时)官至中散大夫,"尝为门客所说,举钱营生,广收大麦,载赴晋阳,候其寒食,以求高价。清明之日,其车方达……息利既少,乃至贫迫。当世人士莫不笑之"[⑤]。又《太平御览》引《时镜新书》云:齐魏收当寒食饷王元景粥,元景与收书曰:"始知令节,须御麦粥,加之以糖,弥觉香冷。"[⑥]看来齐士大夫中不乏对寒食节颇为熟稔并依俗例过节者。

至隋代,寒食节在民众中仍广为流行,并延续由民间向上层社会蔓延的特点,更是受到了最高统治者的认可。与此前历代官方屡次禁断寒食节不同,隋代统治者对其并不排斥。现存史料文献中未见隋代禁断寒食节的记载,或可为佐证。[⑦] 另据《隋书》等史籍,隋文帝因王劭之奏请,恢复了古代的改火之制,并将其在"尚食内厨及东宫诸主食厨"[⑧]中予以推行。王劭奏表中

① 参见刘杰:《寒食火禁与介子推故事关系考论》,《晋阳学刊》2012 年第 5 期。

② 逯钦立辑校:《先秦汉魏晋南北朝诗》,中华书局 1983 年版,第 1858、1906 页。

③ 参见(梁)宗懔撰,宋金龙校注:《荆楚岁时记》,山西人民出版社 1987 年版,第 33～37 页。

④ 参见(北魏)贾思勰著,缪启愉校释:《齐民要术校释》,中国农业出版社 1982 年版,第 521 页。

⑤ (宋)李昉编纂,夏剑钦校点:《太平御览·百谷部二·麦》,河北教育出版社 1994 年版,第 802、803 页。

⑥ (宋)李昉编纂,夏剑钦校点:《太平御览·饮食部十七·糜粥》,河北教育出版社 1994 年版,第 927 页。

⑦ 参见景圣琪:《"改火说"与唐代寒食诗的兴盛——中国古代民俗与文学关系的个案研究》,《扬州大学学报》(人文社会科学版)2009 年第 5 期。

⑧ (唐)魏征撰:《隋书·王劭传》,中华书局 2000 年版,第 1077 页;(唐)李延寿撰:《北史·王慧龙传》附《王劭传》,中华书局 2000 年版,第 853 页。

虽未明确提及春季何时改火，但由隋代仲春时节寒食禁火三天的事实则不难推知，当时的春季改火应在清明日。考虑到寒食禁火与清明改火的内在联系，清明日在皇宫禁苑改火也就意味着寒食节（禁火）已得到最高统治者的认可。这并非向壁虚构，依据“五德终始”说，隋朝自以为得火德之运，故崇尚赤色。正如隋人崔仲方所言：“晋为金行，后魏为水，周为木。皇家以火承木，得天之统。又圣躬载诞之初，有赤光之瑞，车服旗牲，并宜用赤。”[①]此论深合杨坚心意，其于开皇元年(581)六月下诏规定：“初受天命，赤雀降祥，五德相生，赤为火色。其郊及社庙，依服冕之仪，而朝会之服、旗帜、牺牲，尽令尚赤。戎服以黄。”[②]寒食禁火、灭旧火，清明改火、取新火，其中暗含除旧布新、革故鼎新之意，燃烧的新火更是隋王朝兴盛的象征，或许这才是隋代统治者恢复改火之制、认可寒食节（禁火）的深层次考量。

二、隋代寒食节的节俗

至隋代，寒食节的节俗活动更加丰富多彩。值得一提的是，在继承前代风俗的基础上，隋代寒食节不断推陈出新，涌现出一些新的风俗习尚，进一步增添了节日气氛，丰富了节日文化生活，并对后世产生了深远影响。

（一）隋代寒食节的传统节俗

在禁火寒食（即冷食）、娱乐活动等方面，隋代寒食节大多沿袭前代风俗。

作为寒食节的核心节俗，禁火寒食习俗至迟于两汉之际即已有之。[③] 但在寒食节的早期发展过程中，禁火冷食的时间一直变动不居：两汉之际，时在隆冬，为期五天；至东汉中期，则延长为冬中一个月[④]；到东汉晚期，更是由

① （唐）魏征撰：《隋书·崔仲方传》，中华书局2000年版，第971页。另，开皇六年(586)，崔仲方上书劝杨坚伐陈时亦有类似表述：“楚，祝融之后也，为火正，故复灭陈……皇朝五运相承，感火德而王，国号为隋，与楚同分。”[（唐）魏征撰：《隋书·崔仲方传》，中华书局2000年版，第1077页；（唐）李延寿撰：《北史·崔挺传》附《崔仲方传》，中华书局2000年版，第972页]

② （唐）魏征撰：《隋书·高祖纪》，中华书局2000年版，第10页。

③ 两汉之际，桓谭在《新论·离事篇》中记载：“太原郡民以隆冬不火食五日，虽有疾病缓急，犹不敢犯，为介子推故也。”[（汉）桓谭：《新论》，上海人民出版社1977年版，第47页]

④ 参见（宋）范晔撰，（唐）李贤等注：《后汉书·周举传》，中华书局1999年版，第1367页。

冬季移至“冬至后一百有五日”[①]前后(具体时间不详);西晋时,“太原……至三月清明断火寒食,甚若先后一月”[②];降及南北朝,开始固定在“去冬节一百五日”前后,“禁火三日”[③];若以清明为参照,“盖清明节前一日是也”[④]。隋代寒食节大体上沿袭了这一成例,杜公瞻《荆楚岁时记》注云:“(禁火寒食)‘今则三日而已。’谓冬至后一百四日、一百五日、一百六日也。”“据历合在清明前二日。”[⑤]杜台卿《玉烛宝典》卷二亦云:“今世常于清明节前二日断火。”[⑥]时当仲春二月末,“今寒食准节气是仲春之末,清明是三月之初”[⑦]。

因文献资料所限,汉魏时寒食节的节令饮食已不可考。至迟于西晋时期,寒食节太原民众已有吃黍饭、醴酪之俗。孙楚《祭介子推文》云:“黍饭一盘,醴酪二盂。”[⑧]所谓黍饭即黍米煮成的饭,醴酪是指在粳米粥或大麦粥中加入捣碎了的杏仁。从此以后,直至南北朝,醴酪成为寒食节最具特色的节令食品,深受民众喜爱。据两晋之际陆翙《邺中记》载:“并州之俗,以冬至后百五日,有(当为‘为’)介子推断火,冷食三日,作干粥,是今糗也……又作醴酪。醴者,火粳米或大麦作之。酪,捣杏子人(仁)煮作粥。”[⑨]北魏贾思勰《齐民要术》“煮醴酪”条云:“百姓哀之(指介子推),忌日为之断火,煮醴酪而食之……中国流行,遂为常俗。”[⑩]皆为佐证。南北朝时,人们还喜欢在麦粥中加入饧糖(麦芽糖)一起食用,即所谓饧粥。据前引《时镜新书》载,北齐魏收在寒食节馈赠王元景麦粥,元景与收书曰:“始知令节,须御麦粥,加之以糖,

① (隋)杜台卿撰:《玉烛宝典》卷二引《魏武明罚令》,中华书局 1985 年版,第 121～122 页。

② (隋)虞世南撰,(清)孔广陶校注:《北堂书钞》,清光绪十四年(1888)孔氏三十有三万卷堂刻本;(清)严可均校辑:《全晋文・孙楚〈祭介子推文〉》,中华书局 1958 年版,第 1805 页。

③ (梁)宗懔撰,宋金龙校注:《荆楚岁时记》,山西人民出版社 1987 年版,第 33 页。

④ (北魏)贾思勰著,缪启愉校释:《齐民要术校释》,中国农业出版社 1982 年版,第 521 页。贾思勰所谓“清明节前一日”指寒食节的正日。

⑤ (梁)宗懔撰,宋金龙校注:《荆楚岁时记》,山西人民出版社 1987 年版,第 34、33 页。

⑥ (隋)杜台卿撰:《玉烛宝典》,中华书局 1985 年版,第 122 页。

⑦ (梁)宗懔撰,宋金龙校注:《荆楚岁时记》,山西人民出版社 1987 年版,第 34 页。

⑧ (唐)徐坚等著:《初学记》,中华书局 1962 年版,第 67 页;(宋)李昉编纂,夏剑钦校点:《太平御览・时序部十五・寒食》,河北教育出版社 1994 年版,第 261 页。“黍饭”,《玉烛宝典》注云“或作米饭”,《类说》引作“麦饭”,《全晋文》则作“枣饭”。[(隋)杜台卿:《玉烛宝典》,中华书局 1985 年版,第 124 页;(宋)曾慥编纂,王汝涛校注:《类说校注》(上),福建人民出版社 1996 年版,第 170 页;(清)严可均校辑:《全晋文》,中华书局 1958 年版,第 1805 页]

⑨ (隋)杜台卿:《玉烛宝典》,中华书局 1985 年版,第 124 页。《丛书集成》初编本《邺中记》文字与此大同小异,但“并州之俗”作“邺俗”。[(晋)陆翙撰:《邺中记》,《丛书集成》初编本,中华书局 1985 年版,第 10 页]“火”当为“煮”字之讹。

⑩ (北魏)贾思勰著,缪启愉校释:《齐民要术校释》,中国农业出版社 1982 年版,第 521 页。

弥觉香冷。”[①]南朝梁宗懔《荆楚岁时记》亦云：“禁火三日，造饧、大麦粥。”[②]

隋人因袭旧俗，寒食节也时兴吃麦粥、饧粥等节令食品。隋代文献中不乏记载，如杜台卿《玉烛宝典》云：“今人悉为大麦粥，研杏仁为酪，引饧沃之。”[③]《荆楚岁时记》杜公瞻注云：“孙楚《祭子推文》云：‘黍饭一盘，醴酪二盂。’今寒食有杏酪、麦粥，即其事也。”[④]

据宗懔《荆楚岁时记》，早在南朝梁代时，斗鸡、斗鸡子等娱乐活动就已经流行于荆楚地区。[⑤] 至隋代更为盛行，以城市为甚，“此节（指寒食节）城市尤多斗鸡、斗卵之戏”[⑥]。

此外，始见于北朝的寒食节馈赠之俗[⑦]亦为隋人所沿袭，“古之豪家，食称画卵。今代犹染蓝茜杂色，仍加雕镂。递相饷遗，或置盘俎”[⑧]。每逢寒食节，隋人喜欢把鸡蛋染成“蓝茜杂色”，并加以雕镂，以此作为节日见面时互相赠送的礼物，供食用或作娱乐之用。

另据《魏书》等史籍，太和十六年（492）二月，“罢寒食飨”[⑨]。寒食节北魏皇家曾有祭祀祖先之举，但因其不合礼仪而被孝文帝废止。有论者指出，孝文帝此举针对的是社会上层，至于普通百姓并不在规范之列，如此则意味着民间仍流行寒食节祭祖的活动，这可能是后世风行的寒食上墓习俗之先声。[⑩] 据初唐唐临《冥报记》，隋炀帝大业年间（605～618），“洛下俗，以寒食

① （宋）李昉编纂，夏剑钦校点：《太平御览·饮食部十七·糜粥》，河北教育出版社1994年版，第927页。

② （梁）宗懔撰，宋金龙校注：《荆楚岁时记》，山西人民出版社1987年版，第33页。

③ （唐）徐坚等著：《初学记》，中华书局1962年版，第67页。《玉烛宝典》原文作：“今世悉作大麦粥，研杏仁为酪，别者一锡沃之也。”［（隋）杜台卿：《玉烛宝典》，中华书局1985年版，第124页］

④ （梁）宗懔撰，宋金龙校注：《荆楚岁时记》，山西人民出版社1987年版，第34页。

⑤ 参见（梁）宗懔撰，宋金龙校注：《荆楚岁时记》，山西人民出版社1987年版，第37页。

⑥ （隋）杜台卿：《玉烛宝典》，中华书局1985年版，第127页。

⑦ 据前引《时镜新书》，北齐魏收“当寒食饷王元景粥”，这是目前所知关于寒食节馈赠习俗的最早记载。

⑧ （隋）杜台卿：《玉烛宝典》，中华书局1985年版，第128页。《荆楚岁时记》杜公瞻注亦引此文，见（梁）宗懔撰，宋金龙校注：《荆楚岁时记》，山西人民出版社1987年版，第37页。

⑨ （北齐）魏收撰：《魏书·高祖孝文帝纪》，中华书局2000年版，第114页；（唐）李延寿撰：《北史·高祖孝文帝纪》，中华书局2000年版，第70页。对此，胡三省指出：“魏先以寒食飨祖宗，今以其非礼，罢之。”［（宋）司马光编，（元）胡三省注：《资治通鉴·齐纪三》，中华书局1956年版，第4320页］

⑩ 参见张勃：《唐代以前寒食节的传播与变迁——主要基于移民角度的思考》，《温州大学学报》（社会科学版）2012年第6期。

日持酒食祭墓”[①]，洛阳民间出现的寒食节祭墓之俗显然渊源有自。

（二）隋代寒食节涌现的新风俗

对于前代的寒食节风俗，隋人并非一味陈陈相因，而是不断推陈出新，涌现了归宁、改火等新的风俗习尚，并对后世产生了深远影响。

归宁之俗在我国可谓由来已久，早在周代即已有之。[②] 不过，其时寒食节尚未形成，自然也不存在寒食节归宁之俗。秦汉时期，出嫁女短暂或例行性地回娘家是较为常见的风俗。[③] 这一时期，我国的岁时节日体系（包括寒食节）已初步形成，但节日中出嫁女是否归宁，因史料的匮乏亦难知其详。至魏晋南北朝时，出嫁女始有朔望日归宁的风俗。据《南史·王昙首传》附《王骞传》记载：“（骞）性凝简，慕乐广为人，未尝言人之短。诸女子侄皆嫔王尚主，朔望来归，辎軿填咽，非所欲也，敕岁中不过一再见。”[④]在南齐的士族家庭中，每逢初一、十五出嫁女都要回娘家。因王骞“性凝简”，所以让出嫁的女儿一年回来探望一两次。有论者猜测，这一两次或许是在重大节日期间。[⑤] 即便有此可能，但当时一年中哪些节日出嫁女要归宁，因所见史料有限也难以断定。

目前所知，关于寒食节归宁习俗的最早记载见于《冥报记》。该书记载：“隋大业中……（某洛阳人）早丧父，其母寡，养一男一女，女嫁而母亡，亦十许年矣。寒食日，妹来皈家。”[⑥]至迟于隋炀帝大业年间，洛阳民间已有寒食归宁之俗。自此以降，其流风遗韵代代相传。宋辛弃疾《鹧鸪天·鹅湖归，病起作》一词中“谁家寒食归宁女，笑语柔桑陌上来”[⑦]句描述的是南宋淳熙年间信州（今江西上饶市）妇女回娘家省亲的情形。金元时期，此俗在民间依然流行。对此，金元两代诗人笔下多有描述，如金刘瞻《春郊》诗云：“寒食

---

① （唐）唐临撰，方诗铭辑校：《冥报记》，中华书局1992年版，第60页。释道世《法苑珠林》卷五七引此文，其所引“寒食日，持酒食祭墓”句脱落“洛下俗”三字。[（唐）释道世著，周叔迦、苏晋仁校注：《法苑珠林校注》，中华书局2003年版，第1723页]

② 参见黄国辉：《周代“归宁”礼俗考略》，《晋阳学刊》2008年第4期。

③ 参见贾丽英：《秦汉出嫁女与父母本家关系探析》，《中国史研究》2012年第3期。

④ （唐）李延寿撰：《南史·王昙首传》附《王骞传》，中华书局2000年版，第393页。

⑤ 参见王仁磊：《魏晋南北朝时期出嫁女与本家关系初探》，《云南社会科学》2010年第2期。

⑥ （唐）唐临撰，方诗铭辑校：《冥报记》，中华书局1992年版，第60页。

⑦ 徐汉明校注：《辛弃疾全集校注》（上），华中科技大学出版社2012年版，第437页。

归宁红袖女，外家纸上看蚕生。”[①]元好问《寄女严三首》其一云：“寒食归宁见邻女，举家回首望西山。”[②]又元刘因《寒食道中》诗云：“簪花楚楚归宁女，荷锸纷纷上冢人。”[③]降及清代，此俗仍不绝如缕。明末清初，河南鹿邑县女诗人刘氏有诗题作《寒食归宁途中口占》，叙及寒食节回娘家途中的见闻。其诗云：“烟草连云淡，春风入柳斜。悠悠驱马去，怕踏路旁花。”[④]

改火习俗曾在世界范围内普遍流行，在我国也是古已有之。清人徐颋云：“改火之典，昉于上古，行于三代，迄于汉，废于魏晋以后，复于隋而仍废。”[⑤]汉代以后，此俗一度湮没无闻。至隋代，王劭“以古有钻燧改火之义，近代废绝”，于是上表请变火：“臣谨案《周官》，四时变火，以救时疾。明火不数变，时疾必兴。圣人作法，岂徒然也！在晋时，有以洛阳火渡江者，代代事之，相续不灭，火色变青。”王劭援引《周礼》，指出四时改火的礼仪乃圣人作法，其目的是以防时疫，继而又以晋人故事为例，阐明火若不改则火色变青。于饮食而言，“昔师旷食饭，云是劳薪所爨。晋平公使视之，果然车辋。今温酒及炙肉，用石炭、柴火、竹火、草火、麻荄火，气味各不同”，故而“新火旧火，理应有异”。王劭主张取法先圣，恢复古代的改火之制：“伏愿远遵先圣，于五时取五木以变火”，如此则“用功甚少，救益方大”。他还进一步建议：“纵使百姓习久，未能顿同，尚食内厨及东宫诸主食厨，不可不依古法。”[⑥]其建议被隋文帝采纳，由是清明改火之俗得以恢复，并在宫廷及太子、公主等的府第中推广开来。

受隋代复兴的改火习俗的影响，每逢清明，唐宋宫廷中都要举行钻燧改火的仪式。[⑦] 唐李绰《辇下岁时记》载，唐代长安宫中“至清明，尚食内园官小儿于殿前钻火，先得火者进上，赐帛三匹、金椀一口”[⑧]。随后，皇帝将钻取的

---

① 薛瑞兆、郭明志编纂：《全金诗》第一册，南开大学出版社 1995 年版，第 480 页。

② 薛瑞兆、郭明志编纂：《全金诗》第四册，南开大学出版社 1995 年版，第 180 页。

③ 杨镰主编：《全元诗》第十五册，中华书局 2013 年版，第 153 页。

④ (清)杨淮辑，张中良、申少春校勘：《中州诗钞》，中州古籍出版社 1997 年版，第 670 页；吕友仁主编：《中州文献总录》下册，中州古籍出版社 2002 年版，第 1087 页。

⑤ 刘宝楠撰，高流水点校：《论语正义》引徐颋《改火解》，中华书局 1990 年版，第 702 页。

⑥ 《隋书·王劭传》，第 1077 页；《北史·王慧龙传》附《王劭传》，第 853 页。

⑦ 学界一般认为，唐代之前清明节尚未成为一个独立的节日，而只是寒食节的组成部分。

⑧ 窦怀永等点校：《中华礼藏·礼俗卷·岁时之属》第 1 册，浙江大学出版社 2016 年版，第 547 页。宋代钱易《南部新书》中亦有相关记载，见(宋)钱易撰，尚成校点：《南部新书》，上海古籍出版社编：《宋元笔记小说大观》，上海古籍出版社 2001 年版，第 302～303 页。

榆柳火种赏赐给近侍大臣，以示宠幸。清明钻燧改火、以新火赐近臣遂成惯例，至宋代犹然。蔡绦《铁围山丛谈》云："国朝之制……杂学士以上，遇禁烟节至清明日，则赐新火。"[①]另吴自牧《梦粱录》记载，每值清明，皇帝即命小内侍在阁门用榆木钻火，先进者同唐代旧例一样赐金碗，绢三匹，当日参与的臣僚则颁赐巨烛作为节日的恩赏。[②] 宋敏求《春明退朝录》中亦有类似记载："而唐时惟清明取榆柳火以赐近臣戚里，本朝因之，惟赐辅臣戚里，帅臣、节察、三司使、知开封府、枢密直学士、中使，皆得厚赠，非常赐例也。"[③]不唯宫廷如此，清明日改火之俗在唐宋时期的民间也极为盛行。相关描述在唐宋诗文中可谓俯仰皆是，如"百花如旧日，万井出新烟"，"九天初改火，万井属良辰"，"寒食花开千树雪，清明日出万家烟"，"田舍清明日，家家出火迟"，"清明千万家，处处是年华。榆柳芳辰火，梧桐今日花"，"晓日清明天……千门尚烟火"[④]，"笑看家人竞时节，争持新火照清明"[⑤]，"无花无酒过清明……昨日邻翁乞新火，晓窗分与读书灯"[⑥]。

三、隋代南北两地寒食节俗文化的融合

从永嘉之乱后晋室南渡，迄于隋朝平灭陈朝，在近三百年的南北分裂时期，出于自然环境、文化传统、民族性格以及南北政权鼎立对峙等因素的影响，南北文化差异十分显著。这种文化差异在学术思想、文学艺术、风俗习尚等方面都有体现，在此仅以风俗习尚为例予以说明。

这一时期，在衣着打扮上，北方盛行着靴，南方则流行穿屐；在饮食上，南方喜食稻谷鱼鲜，北方则爱吃菽麦牛羊；南方时兴喝茶，北方则喜饮乳酪。不唯服饰、饮食之俗殊异，举凡交通、婚姻、丧葬等无不如此。与北方喜欢骑

---

① (宋)蔡绦：《铁围山丛谈》，中华书局 1983 年版，第 38 页。

② 参见(宋)吴自牧撰：《梦粱录》，浙江人民出版社 1984 年版，第 11 页。

③ (宋)宋敏求撰：《春明退朝录(外四种)》，上海古籍出版社 2012 年版，第 24 页。

④ 见刘长卿《清明后登城眺望》、史延《清明日赐百僚新火》、王表《清明日登城春望寄大夫使君》、王建《寒食》、杨巨源《清明日后土祠送田彻》、李正封《洛阳清明日雨霁》(中华书局编辑部点校：《全唐诗》，中华书局 1999 年版，第 1498、3189、3194、3390、3723、3891 页)。

⑤ (宋)张耒：《柯山集》，景印文渊阁《四库全书》第 1115 册，台湾商务印书馆 1986 年版，第 168 页。

⑥ (清)厉鹗编：《宋诗纪事》，景印文渊阁《四库全书》第 1484 册，台湾商务印书馆 1986 年版，第 231 页。

马以代步不同，南方则好乘车特别是乘牛车。在南方，无论天子或庶民，婚礼多以“六礼”为基准，按传统方式进行；北方婚礼则“必用青布幔为屋，谓之青庐。于此交拜，迎新妇。夫家百余人挟车，俱呼曰：‘新妇子催出来。’其声不绝，登车乃止……以竹杖打婿为戏，乃有大委顿者”①。在丧俗方面，“江南丧哭，时有哀诉之言耳；山东重丧，则唯呼苍天，期功以下，则唯呼痛深，便是号而不哭”②。至于迎来送往之礼仪，“南人宾至不迎，相见捧手而不揖，送客下席而已。北人迎送并至门，相见则揖”③，从中亦可见南北有别。④

流风所及，南北两地的寒食节风俗自然也存在一定的差异。南北朝时，除了禁火、寒食之俗在南北方都流行之外，其他节俗往往有着南北的分野。比如，祭祀介子推的活动主要盛行于北方黄河中下游地区，而其他各种娱乐活动如斗鸡、镂鸡子、斗鸡子、秋千、打球等，则主要流行于长江中游的荆楚一带。这一时期，寒食节的格调虽然整体上趋于明丽，但在北方仍较为黯淡，缺乏南方的轻松与欢快。⑤

隋朝平灭陈朝之后，实现了地理和政治双重意义上的南北统一。“江、汉英灵，燕、赵奇俊，并该天网之中，俱为大国之宝”⑥，南北文化交融最基本的客观条件业已具备。但是，隋文帝于隋初所实行的一系列思想文化政策，却阻滞至少是延缓了南北文化交流的进程。他极力推行“关中本位政策”，拒绝接受、吸纳山东旧族文化和江左士族文化，对山东旧族和江左士族横加抑制、打击；治国尚权谋而轻薄文化，对文化事业保持冷淡甚至有意抑制的态度，由此区域性的关陇文化的持续发展尚难以保证，更遑论采山东、江左文化之长以达到南北文化的交融。⑦ 隋炀帝继位之后，一改其父排斥山东文化、江左文化的做法，致力于南北文化的大融合。隋炀帝先后采取一系列措施，如将南北方的上层人士以及文化人物迁入都城，开通大运河以沟通南北

---

① （唐）段成式撰，曹中孚校点：《酉阳杂俎》，上海古籍出版社 2012 年版，第 152 页。关于南北婚礼之异，可参见王革非编著：《古代婚姻与女性婚服》，中国经济出版社 2016 年版，第 61～62 页。

② 王利器撰：《颜氏家训集解》，中华书局 1993 年版，第 95 页。

③ 王利器撰：《颜氏家训集解》，中华书局 1993 年版，第 77 页。

④ 参见周耀明等著：《汉族风俗史》第 2 卷《秦汉·魏晋南北朝汉族风俗》，学林出版社 2004 年版，第 237～238 页。

⑤ 参见张勃：《唐代以前寒食节的传播与变迁——主要基于移民角度的思考》，《温州大学学报》（社会科学版）2012 年第 6 期。

⑥ （唐）魏征撰：《隋书·文学传·序》，中华书局 2000 年版，第 1164 页。

⑦ 参见张玉璞：《隋炀帝与南北文化交融》，《北方论丛》2002 年第 3 期。

等，客观上促进了南北文化交流，为南北文化的融合创造了条件。[①]

在此背景下，南北两地的寒食节俗文化得以进一步融合。一方面，在南方，经过改造的寒食节随着北迁的南人（如隋初后梁主率群臣二百余人自江陵迁入长安）回传至北方，使得源自南方的一些节俗活动逐渐在北方扎根流传。[②] 另一方面，随着为数不少的北人的南迁，兼之隋代文化以长安、洛阳两京为中心向外辐射的特性[③]，北方寒食节的一些习俗活动也渐次渗透和影响着南方。透过《玉烛宝典》等隋代文献不难发现，此前流行于南方荆楚一带的斗鸡子、斗鸡等娱乐活动，至隋代已扩散至全国大部分地区，以城市中最为盛行。影响所及，北方寒食节的格调也为之一变，由先前的悲凉暗淡渐趋明丽，节日中亦不乏轻松欢快的气氛。另外，隋代之前主要盛行于北方的一些节令食品，至此也为更多的南方民众所喜爱，吃麦粥、饧粥等冷食逐渐成为南北两地寒食节共同的饮食习尚。

四、隋人关于寒食节起源的新见

在关于寒食节起源的说法中，“介子推说”是提出最早且最为普通民众所信奉的一种。但吊诡的是，该说既对寒食节的发展起着巨大的推动作用，但又阻碍着该节的进一步发展。自两汉之际以降，寒食节之所以屡遭官方改易或禁断，其中一个重要的原因就在于“介子推说”使寒食禁火成为“不经之礼”，从而与历代统治者奉为圭臬的儒家之礼构成了对抗。[④] 如何破解这一矛盾，成为摆在后人面前的一大问题。否定旧说，另立新说，不失为一个好的办法。

---

① 参见杜晓勤：《试论隋炀帝在南北文化交融过程中的作用》，《北京大学学报》（哲学社会科学版）1999 年第 4 期。诚如论者所言，隋代将大批南方地区的上层移民迁到都城地区，为南北文化的重新交汇提供了有利条件，对隋唐文化产生了重大影响，堪称我国古代文化发展史上的一件大事。（葛剑雄主编，吴松弟著：《中国移民史》第 3 卷，福建人民出版社 1997 年版，第 422 页）

② 其实，寒食节风俗回传的历程早在南北朝时就已经开始。[张勃：《唐代以前寒食节的传播与变迁——主要基于移民角度的思考》，《温州大学学报》（社会科学版）2012 年第 6 期]

③ 参见万建中等：《汉族风俗史第三卷：隋唐·五代宋元汉族风俗》，学林出版社 2004 年版，第 5～6 页。

④ 参见景圣琪：《“改火说”与唐代寒食诗的兴盛——中国古代民俗与文学关系的个案研究》，《扬州大学学报》（人文社会科学版）2009 年第 5 期；罗恒宇：《从儒家思想的影响看寒食节从汉到唐宋的兴衰》，《宜宾学院学报》2014 年第 8 期。

隋代人杜台卿明确质疑了“介子推说”：“诸书（按：指《明罚令》《荆楚岁时记》等）皆言冬至百有五日，此（按：指蔡邕《琴操》）独云五月五日，意以为疑。”他还特别指出，介子推“割股被燔之事”在《史记》《左传》等文献中均未见载。[①]

与杜台卿相比，王劭则更进一步。作为太原人，对于家乡长期以来流传的寒食禁火习俗特别是其屡遭禁断的历史，以博学著称的王劭自然不会陌生。[②] 其内心深处必定对故土怀有深情，并由此生发出维护故乡文化风俗的强烈愿望。凭借儒家经典，进而借助皇权的力量为家乡的寒食节正名，恐怕才是王劭上表请求恢复改火旧俗的深层考量。实际上，在其奏表中，寒食禁火与儒家经典《周礼》之间的内在关联已经呼之欲出了。

受叔父杜台卿、王劭的影响[③]，杜公瞻亦对“介子推说”持否定态度：“又周举移书及魏武《明罚令》、陆翙《邺中记》并云寒食断火起于子推……（《琴操》）又云五月五日，与今有异，皆因流俗所传。据《左传》及《史记》，并无介推被焚之事。”与杜台卿只破不立不同的是，杜公瞻则是既有破又有立。他在否定传统“介子推说”的同时，另辟蹊径，别立新说。“《周礼·司烜氏》：‘仲春以木铎修火禁于国中。’注曰：‘为季春将出火也。’今寒食准节气是仲春之末，清明是三月之初，然则禁火盖周之旧制也。”[④]杜公瞻明确指出，寒食节乃起源于周代的禁火旧制。可以说，隋人质疑乃至否定“介子推说”，特别是溯源《周礼》另赋新说，开启了后世探讨寒食节起源的先河。

初唐官方就深受影响，如官修类书《艺文类聚》卷四《岁时中·寒食》罗列前代关于寒食节的记载，居首的便是《周礼·司烜氏》[⑤]，其意不言自明。此外，唐高宗太子李贤在《后汉书·周举传》注中指出：“龙，星，木之位也，春

---

① 参见（隋）杜台卿撰：《玉烛宝典》，中华书局 1985 年版，第 123 页。

② 《隋书·王劭传》云：“（王劭）太原晋阳人也……弱冠，齐尚书仆射魏收辟参开府军事，累迁太子舍人，待诏文林馆。时祖孝徵、魏收、阳休之等尝论古事，有所遗忘，讨阅不能得，因呼劭问之。劭具论所出，取书验之，一无舛误。自是大为时人所许，称其博物。”

③ 杜公瞻深受杜台卿影响，此点自不待言。笔者以为，杜公瞻极可能也受了王劭的影响。王劭上表请求恢复改火之制是在开皇年间，杜公瞻为《荆楚岁时记》作注大约在开皇末大业初。以时间先后而言，杜公瞻受王劭影响的可能性极大。此外，王劭的建议被隋文帝采纳，清明日改火成为宫廷礼仪，对此身为士大夫的杜公瞻应当有所了解。

④ （梁）宗懔撰，宋金龙校注：《荆楚岁时记》，山西人民出版社 1987 年版，第 34 页。

⑤ 参见（唐）欧阳询撰，汪绍楹校：《艺文类聚》，上海古籍出版社 1965 年版，第 62 页。

见东方。心为大火,惧火之盛,故为之禁火。俗传云子推以此日被焚而禁火。”①李贤对俗传的“介子推说”也持否定态度,其观点与《艺文类聚》相类,都将《周礼》视为寒食节的最初源头。②

在此基础上,盛唐统治者进一步“检旧典”③,力图为寒食节的起源寻找更多的经典依据。天宝十年(751)三月,唐玄宗颁布敕令:“《礼》标纳火之禁,《语》有钻燧之文,所以燮理寒燠,节宣气候。自今以后,寒食并禁火三日。”④至此,唐代官方溯源《周礼》《论语》,援引儒家经典,对寒食节的缘起作了新的权威诠释,从而摒弃了传统的“介子推说”⑤,为寒食节在唐代乃至后世的发展兴盛奠定了理论基础。

五、结　语

在我国寒食节的发展史上,隋代起着承前启后的重要作用。隋代虽然享国不长,但在短短30余年间,经过隋人的传承、创造和参与,寒食节仍获得了长足发展。诚如论者所言:“隋朝的统治时间虽然短暂,但它在重建大一统中央集权国家的过程中,所制定的各项制度和形成的风俗习尚,为唐代的政治制度和风俗习尚奠定了基础。”⑥就隋代寒食节而言,其在发展过程中形成的一些新的风俗习尚如改火、归宁等,对唐代乃至后世寒食节产生了深远影响。不仅如此,隋人还质疑乃至否定了历代相传的关于寒食节起源的说法——“介子推说”,并溯源儒家经典另赋新说,对后世也极具启发意义。

---

① (宋)范晔撰,(唐)李贤等注:《后汉书·周举传》,中华书局1999年版,第1367页。

② 参见张小稳:《从地区性的哀思到全民性的欢愉——寒食节的诠释史研究》,《民俗研究》2017年第6期。

③ 后赵石勒曾下诏“尚书其促检旧典定议以闻”,为寒食节寻找经典依据。[(唐)房玄龄等撰:《晋书·石勒载记下》,中华书局2000年版,第1836～1837页]

④ (宋)王溥撰:《唐会要·节日》,中华书局1955年版,第543页。

⑤ 与官方意识形态不同的是,“介子推说”在唐代乃至后世民间仍广为流传。

⑥ 臧嵘、王宏凯:《中国全史·中国隋唐五代习俗史》,人民出版社1994年版,第5页。

国家与礼仪：明嘉靖孔子祀典改制核心问题的辨析*

王红成　张之佐　齐雪**

摘　要

嘉靖革新是历史变革中的一环，孔子祀典改制是嘉靖革新的重要内容。明世宗和张璁推行的孔子祀典改制，既符合明代祖制的精神内涵，又是合乎经典礼义的典型案例。此次改制是符合历史潮流的一次改革，对后世影响极其深远，以至此后300余年都对之尊而不改。

关键词

明世宗；张璁；孔子祀典；祖制

嘉靖时期孔子祀典改革，是张璁推行礼制变革的重要内容之一。关于孔子祀典改革相关问题的研究，现今学界多数学者仍然认同黄进兴的观点：一是世宗对孔子祀典的改革是专制皇权对儒生集团的“道统”进行打压的措施；二是毁弃塑像改用木主的措施具有朝代更替与华夷之辨的意味；三是对

* 本文系国家民委民族研究项目“明清时期甘肃书院与民族地区文化教育发展研究”(2019-GMD-042)的阶段性成果。

** 王红成，河西学院历史文化与旅游学院副教授；张之佐，西北师范大学历史文化学院副研究员；齐雪，河西学院学科建设与研究生工作处。

从祀孔庙诸儒的调整体现了嘉靖时期理学地位（主要指王学）的上升。① 并以此为基础加以延伸，纠结于孔子祀典的改革是否属于尊孔行为，或是否为提高皇帝地位、树立英主形象的措施。② 目前学者从学术史等角度对此问题进行讨论，自然有其合理的一面，但对孔子祀典改革的政治意蕴的研究，由于研究取向不同，并未多做讨论。张璁对孔子祀典的更正，毕竟属于朝廷政治革新的重要内容之一，而非单纯的学术行为，若仅从这一层面进行解读，将其与当时的政治革新割裂开来而孤立地看待，则无法形成客观、全面的认知。所以，本文将嘉靖时期孔子祀典改革置于政治革新之中加以考量，探讨张璁对孔子祀典进行改革的原因、目的、条件等内容，以及对后世所起的典范性作用。

一、变易与不易：变革中如何做到“遵祖制”

明嘉靖九年（1530）推行的孔子祀典改革，是明世宗和阁臣张璁共同推动的一次礼制变革，是当时朝廷礼典改革的重要组成部分。但这次改革引起了不少人的反对，这些反对者中不乏政治投机分子，他们的目的与张璁不同，他们怕一旦推行相关的改革措施，会危及自身的既得利益，这是他们反对改革最重要的原因。但是，这一目的又不能明言，只能借助维护祖制的名义对改革加以阻挠。张璁深明此中道理，是以于推行孔子祀典改革之前，就提醒世宗，自唐宋以降，孔子祀典便已溷乱，历经数百年，世人习惯了旧俗，

① 参见黄进兴：《道统与治统之间：从明嘉靖九年（1530）孔庙改制论皇权与祭祀礼仪》；黄进兴：《优入圣域：权力、信仰与正当性》，中华书局 2010 年版，第 107～137 页；黄进兴：《象征的扩张：孔庙祀典与帝国礼制》，《“中央研究院”历史语言研究所集刊》2015 年第 3 期；黄进兴：《毁像与圣师祭》，《圣贤与圣徒》，北京大学出版社 2005 年版，第 237～246 页；黄进兴：《学术与信仰：论孔庙从祀制与儒家道统意识》，《优入圣域：权力、信仰与正当性》，中华书局 2010 年版，第 185～260 页。关于毁像用主措施的讨论，赵克生也认同黄进兴的说法。（赵克生：《明嘉靖时期国家祭礼改制》，社会科学文献出版社 2006 年版，第 182～184 页；赵克生：《试论明代孔庙祀典的升降》，《江西社会科学》2004 年第 6 期；赵克生：《明、蒙冲突与祭礼之变》，《中国边疆史地研究》2004 年第 2 期）

② 参见朱鸿林：《国家与礼仪：元明二代祀孔典礼的仪节变化》，《中山大学学报》（社会科学版）1999 年第 5 期；张立文：《论张璁的“大礼议”与改革思想》，《浙江大学学报》2002 年第 4 期；胡凡：《嘉靖传》，人民出版社 2004 年版，第 120～126 页；李媛：《塑像与木主：明朝祭孔形象的变迁及其原因》，《史学月刊》2011 年第 8 期；林延清：《嘉靖皇帝大传》，辽宁教育出版社 1993 年版，第 97 页；[美]牟复礼等编：《剑桥中国明代史（1368～1644 年）》，杨品泉等译，社会科学出版社 1992 年版，第 498 页；董喜宁：《孔庙孔像考》，《孔子研究》2011 年第 4 期；董喜宁：《孔子谥号演变考》，《湖南大学学报》（社会科学版）2010 年第 3 期。

如果对其改革，必然引来很多人的反对。又说：“但谥号并服章二条，所关尤大，臣悉人情溺于故习，必肆加讪毁。伏乞皇上丕显文谟，主张斯道，断然行之。然后能一洗千载之陋习，为万世之令典也。”①张璁指出，想要彻底解决数百年的流弊，便不能碍于舆论压力，必须雷厉风行，强力、有效地推行改革措施，当不当革“惟在皇上见决而已”②。随后，张璁伺修纂《祀仪成典》之机，于同年十月呈上《议孔子祀典》疏，主要针对谥号、章服、乐舞笾豆、配享与从祀体系等五方面，提出相关的改革建议和可行性措施。他说：“孔子宜称先圣先师，不称王。祀宇宜称庙，不称殿。祀宜用木主，其塑像宜毁。笾豆用十，乐用六佾。配位公侯伯之号宜削，止称先贤先儒。其从祀申党、公伯寮、秦冉等十二人宜罢，林放、蘧瑗等六人宜各祀于其乡，后苍、王通、欧阳修、胡瑗、蔡元定宜从祀。”③张璁提出，应改称孔子为“先圣先师”，不称文宣王；祭祀之所称庙，不称殿；祭祀用木主，不用孔子塑像；笾豆各十、乐用六佾，不用笾、豆各十二、乐用八佾之数，以及配享与从祀体系更革的相关规定。世宗采纳了他的建议，于是命礼部会翰林诸臣商讨此议题。

张璁的这个提议受到了一些朝臣的反对。翰林院编修徐阶指出，天子用王礼祭祀孔子，通行已久，骤然革去，恐怕士人“妄加臆度，以为陛下夺孔子王爵，易惑难晓”④。况且，朝廷祭祀孔子的庙制，降天子一等，笾、豆与乐舞应与天子礼相同。如果将笾豆各改为十、乐舞为六佾，无异于与诸侯礼相当，再废去孔子王号，“将复司寇之旧，夷宫杀乐，以应礼文，恐妨太祖之初制矣”⑤。最后一句话点出了问题的要害，即孔子祀典能不能更改，或怎么改，最根本的依据是祖制。徐阶正是利用了这一点，将孔子祀典改制扣上了一个妄改祖制的帽子，试图阻挠孔子祀典改制的推行。在徐阶之后，监察御史黎贯也反对孔子祀典改制，他说：“臣等伏思，尊莫尊于天地，亦莫尊于父师。

---

① (明)朱厚熜、(明)张孚敬撰：《谕对录·谕张元辅·看进胙两宫奏》，《四库全书存目丛书·史部》第57册，齐鲁书社1996年版，第301页。

② (明)朱厚熜、(明)张孚敬撰：《谕对录·谕张元辅·论欧韩等从祀可否》，《四库全书存目丛书·史部》第57册，齐鲁书社1996年版，第304页。

③ (清)张廷玉：《明史·礼志四·吉礼四·先师孔子条》，中华书局1974年版，第1298页。

④ (明)徐学聚撰：《国朝典汇·文庙》，《四库全书存目丛书·史部》第266册，齐鲁书社1996年版，第8页。

⑤ (明)徐学聚撰：《国朝典汇·文庙》，《四库全书存目丛书·史部》第266册，齐鲁书社1996年版，第8页。

陛下举行敬天、尊亲之礼，可谓极盛，无可加矣。至于孔子，则疑其王号为僭，而欲去之。昔太王、王季未尝为王也，周公成文、武之德，追王之，天下未尝以为僭。我圣祖登极之初，即追尊德祖、懿祖、熙祖、仁祖为皇帝，是亦周公推本之意，而不以位论也。”[①]又说：“圣祖初正祀典，天下岳渎诸神皆去其号，惟先师孔子如故，良有深意存焉。”[②]黎贯用太祖推尊先祖作为例子，以此说明太祖有尊孔子为王的意思。但他对孔子祀典的讨论，只是一种掩饰，其真实意图是借对孔子“王”号的褫夺，来指斥在“大礼议”中追尊未曾为皇帝的兴献王为“皇帝”号的不合理。他又提出，如果孔子只称先师，即使减乐舞为六佾、笾豆各为十，同样属于僭越朝廷典制。不过，黎贯的这一说法则是对孔子祀典改制的无端指责。因为明太祖初定天下之时，命天下通祀孔子于各府县学校，而不允许于佛教、道教的寺院、道观中祭祀，并且于南京国子监废止孔子塑像，改用木主，笾豆各为十、乐舞用六佾，对孔子尊崇已经到了无以复加的地步。对前代所追谥孔子的王号，也是存而不用，与废弃无异。至于笾豆与乐舞之数，明初，太祖更定孔子祀典，已用乐舞六佾、笾豆各十，后世皆遵守此制；至宪宗时，始增孔子祀典乐舞八佾、笾豆各十二，升为大祀，与祭天之礼并尊；宪宗将孔子祀典提至与祭天之礼同等的地位，已经违背了祖制，败坏了朝廷的礼法；而世宗依据太祖起初所定之制度，恢复笾、豆各为十、乐舞为六佾，属于对前朝错误的纠正行为，并未僭越朝廷典制。

黎贯阻挠改革失败之后，礼科给事中王汝梅又提出祖制不可变的观点，以此反对孔子祀典改革。他说：“我祖宗成法，列圣世守百六十余年于兹矣。总使少不如古，循而行之，亦不为过。”[③]王汝梅指出，孔子王号、章服等均是明代的“祖宗成法”，且已经为历代皇帝行用百余年，并无什么不妥，只需遵而行之即可，不必有所改动。其实，黎贯也好，王汝梅也罢，他们贯彻始终的态度就是厌恶改制，反对改革，这才是问题的关键所在。对此，张璁以祖制为利器，对黎贯等人进行了彻底的反驳。因为祖制是推行孔子祀典改革的

① （明）徐学聚撰：《国朝典汇·文庙》，《四库全书存目丛书·史部》第266册，齐鲁书社1996年版，第9页。

② 《明世宗实录》卷一一九“嘉靖九年十一月九日”条，“中央研究院”历史语言研究所，1962年，第2829页。

③ 《明世宗实录》卷一一九“嘉靖九年十一月九日”条，“中央研究院”历史语言研究所，1962年，第2833页。

法律依据，所以能不能改革或如何改革，都必须围绕祖制来阐释并解决相关问题。对《祖训》中关于孔子祀典内容的记载，张璁解释说："夫胡元祀神，渎礼极矣，名之不正甚矣。圣祖一切革去，独存孔子祀典者，实以孔子明先王之道，为天下师也。曰'为天下师'，圣祖实尊之以师也，非以王号也。《祖训》'凡传制遣官、代祀历代帝王、孔子庙'，于帝王则直曰'帝王'，于孔子则直曰'孔子'，故凡祭祀遣命，俱称先师孔子，实未尝有以王号称之者也。"[①]如果太祖称孔子为王，必定以王称之，或列其于帝王庙中，而《祖训》中将帝王庙与孔子庙区分得很明显，加之太祖称孔子"为天下师"，足见太祖并未有称孔子为王的意思。又说："洪武二十年，礼部奉请如前代故事，立武学，仍祀太公，建武成王庙。圣祖曰：'太公，周之臣，封诸侯，若以王祀之，则与周天子并矣，加之非号，必不享也。太公之祀，止宜从祀帝王庙。'遂命去王号，罢其旧庙。观此，则孔子专庙祀之，实圣祖尊之以师之故，其不王孔子之意亦自可见矣。"[②]张璁又将孔子庙与武成王庙相比较，姜太公本为周臣，爵位仅为诸侯，不宜用王礼祭祀，所以太祖革去王号，从祀帝王庙；相反，孔子也为周臣，太祖却单独立庙祭祀，足见太祖不以孔子为王。换句话说，如果太祖以孔子为王，同样会以其"加之非号"，罢黜其庙，从祀帝王庙；太祖并未如此处理，便说明太祖只用"先师"之名看待孔子。张璁始终围绕祖制进行论证，极力阐释祖制所体现的太祖对孔子尊称的内容。他的解释是符合《祖训》本意的，也点中了问题的要害。将明太祖与宋代诸帝各自对孔子的称谓做一比较，便可看出其中端倪。在宋代，除了孔庙神位书为"文宣王"外，宋代诸帝也直称孔子为文宣王，称释奠孔子为释奠文宣王，称孔庙为文宣王庙。[③]至明初，除了孔庙神位书为文宣王外，太祖在其他方面则只称先师孔子，而绝不称文宣王，这与宋代诸帝绝不相同。也就是说，太祖对前代追封孔子为"文宣王"的尊号，仅是沿而不用。在此基础上，便不难理解祖制中孔子谥号的问题了。

关于孔子祀典当否更正，双方据理力争，互不相让。值得注意的是，双

① (明)张璁，张宪文校注：《张璁集》，上海社会科学院出版社2003年版，第194页。

② (明)张璁，张宪文校注：《张璁集》，上海社会科学院出版社2003年版，第194～195页。

③ 参见(元)脱脱等撰：《宋史·高宗本纪五》《宋史·高宗本纪六》《宋史·颜衎传》，中华书局1977年版，第530、546、9255页。

方争论的焦点之一，并不是孔子祀典的改革是否符合古礼和历代故事，而在于是否遵循祖制。对于徐阶等人来讲，祖制是万古不变的，孔子祀典改制意味着对祖制的更易，这是他们不愿认可的。但世变时移，法久弊生，不可不对祖制加以改良，以确保它的可持续性。张璁深悉此中道理，并指出孔子祀典改革并未违背祖制的宗旨，只是更革不合时宜的弊病仍属对祖制的遵循。世宗又援引朱熹的话，阐发此意。他说："孔子曰'三年无改于父之道'，朱子释之曰：祖父所行之事，不但三年，虽万世亦不可改也。小有可变，岂可待之三年。夫成法固不可改，其于一切事务未免法久弊生，不可不因时制宜，至于事关纲常者，又不可不急于正也。"[①]所谓尊祖制，并不是指对此不得有丝毫更改，而是有"不易""变易"两层含义："不易"是指祖制之要旨，"变易"是指不合时宜的弊端，两者有独立的空间，不能合并来看。对孔子祀典的改制，只是更正不合时宜的流弊，归根到底，仍是尊祖制。其实，正如田澍所言："'祖宗之法'能不能变，这不是简单的肯定或否定的选择，也不是检验革新与否唯一的或主要的标准。在封闭的中国古代宗法社会中，否定祖宗之法，不仅无益于变革，反而会将变革引向毁灭。作为明智的革新者绝不会选择这一途径。革新是要实实在在并切实有效地解决现实问题，而解决现实问题并非一定要否定祖宗之法。"[②]张璁很清楚这个道理，所以并没有选择固守或否定祖制，而是对之进行有限度的改革。

二、潜流与潮流：政策选择的机遇

任何一种潮流，在它发生之前，在很长的历史中，都属于一种潜在的"洪流"。这个伏流一旦与可以借助的突发事件相遇，便会很快与之相交融，瞬间逆袭成为一个时代的主流。孔子祀典经过千百年的流衍，弊病愈来愈多，这是它改革的基本前提。在明代，自宋濂开始，不断有人提出改革孔子祀典，但最终没能够实现。唯独嘉靖时能够推行，自然有其得天独厚的条件。究其原因，不外乎当时政治革新的需要，这与流弊甚多的孔子祀典相交融，

① （明）朱厚熜：《御制正孔子祀典申记》，沈节甫：《纪录汇编》，全国图书馆文献缩微复制中心，1994年，第62页。

② 田澍：《论明代大礼议中的革新思想》，《中国社会科学院研究生院学报》1999年第1期。

一跃成为整个时代的潮流。这个潮流的切入点，不会直指政治革新，而是孔子祀典自身存在的弊病。张璁很清楚这一点，在《议孔子祀典疏》中，他分别从谥号、章服、配享等方面，阐述了孔子祀典存在的问题，并提出了相应的解决措施，这就有力地回应了朝臣对于孔子祀典改制的质疑。

世宗也循着张璁奏疏重申孔子祀典不合礼制之处。他说："朕惟孔子享于堂，而使亲附食于两庑，神灵诚有大不悦者，岂为安乎？夫尊亲如是，其尊天又可知也。所有十二笾豆、牲用熟，此逼拟大祀，理决无疑者，当更正以尊天也。"[①]世宗指出孔子祀典存在的不合"礼"之处体现在两个方面：一是祭祀孔子仪制的僭越。明代朝廷祀典中，"天、地至尊，次则宗庙，又次则社稷"[②]，孔子仅为人鬼，地位低于社稷，所用笾豆、牺牲之数与祭天礼同等，有违名分礼秩。所以，必须更正孔子祀典，以突出"天"的至尊地位。世宗、张璁君臣二人虽然声称目的是"尊天"，实际上却是尊太祖。在祭天祀典中，太祖处于配享位置，而孔子仪制却与天同等，明显高于太祖的地位，无形中降低了祖制的权威性，这与他们独尊"皇祖初建之制"的想法相违背。二是父子伦序的错乱。因为孔庙配位次序的颠倒，孔子与颜回、曾子等四配身为人子，享食于堂上；叔梁纥与颜路、曾皙等为人父，却从祀两庑之中，处于附属地位。父子关系为"三纲五常"的核心，孔庙配位却父子尊卑颠倒，有违伦序纲常，必须加以更正。张璁的主张是，在孔庙（原大成殿）后，另立启圣祠，祭祀叔梁纥，以曾皙、颜路、孔鲤、孟孙氏为配享。经礼部议后，成为定制。

张璁对孔庙配享系统的改革，共有两个效用：一是提升了"父"的地位，二是纠正了错误的父子伦序关系。不过，张璁的目的并非仅局限于此。世宗由外藩入继大统，杨廷和等人认为世宗只有为孝宗后，放弃与兴献王的父子关系，他的皇权才具有正当性。张璁反对杨廷和等人的观点，以《祖训》《遗诏》为最主要依据，强调纲常伦序中父子关系的重要性。最后，世宗否定了杨廷和等人的主张，采纳张璁的建议，保持了原来的血缘身份。但当时"统嗣合一"观念根深蒂固，在文人集团中具有广泛的社会基础。张璁必须

① （明）朱厚熜、（明）张孚敬撰：《谕对录·谕张元辅·议启圣公祀典》，《四库全书存目丛书·史部》第57册，齐鲁书社1996年版，第298页。

② 《明世宗实录》卷一〇九"嘉靖九年正月二十九日"条，"中央研究院"历史语言研究所，1962年，第2579页。

论证世宗保持与兴献王父子关系的正确性，来说服这些人，以免世宗“陷入道德困境”①。也就是说，“大礼议”仅解决了世宗能不能更换父母与追尊生父母何称等问题，并没有从理论上予以论证。张璁对孔庙配享体系的改革，则突出了“父”的地位，强调父子关系在纲常伦序中的重要性，这就为“大礼议”中未解决的问题提供了坚实的理论依据。过去认为对孔子祀典的改制与“大礼议”没有直接联系的说法，无疑是错误的，二者之间是密不可分的，可以说前者是后者的延续。

有学者以张璁关于孔子祀典的改革不尽合古礼为由，对之加以批评。实际上，这种看法是不正确的。《礼记·礼运》载：“礼虽先王未之有，可以义起也。”②这里的“义”，是便宜、适宜的意思，是说任何时代的礼都不能拘泥于古礼的繁文缛节，而要随时而异，应结合礼意与当世的实际境况，对古礼做适当损益。所以，没有永不变的礼法，没有永恒的典制，任何礼制都要与当时的政治、社会实际相适应，与当时的朝廷政策相符合，并以之为去取。礼制的制定或改革，不能空谈理论，或纠结于无休止的争论，变革者必须具备务实的态度，制定的措施也一定要服务当时的现实。因此，在裁断“大礼议”某一方是否合礼，以及孔子祀典改革是否当行的问题上，不能机械地套用古礼的具体条文，若以为一切不可更改，则不符合儒家研究礼学的基本态度。《礼记·礼器》载：“礼，时为大。”③礼是致用之学。所谓致用，并不是简单地将《三礼》条文完全不变地施诸当世，而是必须对之有所更张，如此才能契合制礼的原则。礼的用意在于“安上治民”，当世变时移之后，礼乐典制也必当趋时而变。朱熹也说：“有圣人者作，必将因今之礼而裁酌其中，取其简易易晓而可行，必不至复取古人繁缛之礼而施之于今也。古礼如此零碎繁冗，今岂可行，亦且得随时裁损尔。”④由此可知，如果想推行礼制，绝不可于古礼拘泥不变，而应在不失礼意的前提下，顺时而变。张璁关于孔子祀典的改革，便是符合朱熹所谓“随时裁损”原则的最好案例，既是符合当时历史实际的

① 杜洪涛：《再论嘉靖大礼议——以张延龄案为线索》，《北京师范大学学报》（社会科学版）2013年第4期。

② （清）孙希旦，沈啸寰、王星贤点校：《礼记集解·礼运第九之二》，中华书局1989年版，第618页。

③ （清）孙希旦，沈啸寰、王星贤点校：《礼记集解·礼器第十之一》，中华书局1989年版，第627页。

④ （宋）朱熹，黎靖德、郑明等点校：《朱子语类·论考礼纲领》，《朱子全书》第十七册，上海古籍出版社、安徽教育出版社2002年版，第2877～2878页。

改革，又是当时政治需求的重要体现，同时是合乎礼意的变革，可谓一举多得。可以说，这些要素都是孔子祀典改制的基本前提，正因如此，才促成了孔子祀典改制的成功。

嘉靖革新是历史变革中的一环，孔子祀典改制是嘉靖革新的重要内容。张璁通过对孔子祀典的改革，将“皇祖初建之制”提到独尊的地位，这既是政治革新的一部分，又为政治革新提供理论依据。世宗也明确提出，政治革新的依据无他，“且以我皇祖之命直断之”[①]。在“大礼议”中，张璁以《祖训》为据，指出只有太祖才具有皇位授予权，世宗即皇帝位的理论依据即天下乃“祖宗之天下”，而不是孝宗或武宗的私人恩赐。又，孔子祀典改制的焦点，是能否改变祖制。所以，从“大礼议”发生到孔子祀典改制的争论中可以看出：明代经历了由“二祖之制”到独尊“皇祖之制”[②]，再由独尊“皇祖之制”到能否更改“皇祖之制”的转变。这种转变反映了正德到嘉靖时期的政治走向，即从因循旧制向政治革新的转化。只有承认这个前提，才能对世宗更正孔子祀典有较客观的认知。

三、当下与后世：异代之后的遵从

孔子祭祀本是阙里孔氏祭祀祖先孔子的私家行为，这种情况至东汉时开始发生转变。从东汉开始，朝廷不仅命地方官在郡、县、道的学校举行对孔子的祭祀，而且设置了职官专掌孔子祭祀的责任，这就使孔子祭祀成为朝廷祀典的一部分，正式被将纳入国家祭祀体系之中。[③] 不过，此时孔子祀典并没有形成相对固定的制度，朝廷也未出台律令来明确孔子祀典的相关祀仪，直至唐代初年仍是如此，甚至有“圣孔师颜”与“圣周师孔”的论争。这种情况在唐开元年间发生了变化，尤其是《开元礼》的制定，明确了孔子祀典的仪制典则，孔庙祭礼的执行有了明确的法律依据，这标志着孔子祀典的最终形成。宋元两代基本沿用唐制，仅加孔子谥号为“大成至圣文宣王”，其他如

① (明)朱厚熜、(明)张孚敬撰：《谕对录·谕张元辅·论欧韩等从祀可否》，《四库全书存目丛书·史部》第57册，齐鲁书社1996年版，第304页。

② 参见田澍：《嘉靖革新研究中的几个问题》，《西北师大学报》(社会科学版)2002年第5期。

③ 参见柳银珠：《国尚师位——历史中的儒家释奠礼》，宗教文化出版社2013年版，第7～9页。

服天子衮冕，旒用十二，笾、豆各用十，乐舞用六佾，追封颜回为公、闵子骞等为侯、曾子等为伯等内容，并未有更革。自明洪武至嘉靖九年(1530)之前，除了从祀体系有所调整外，其他方面基本承袭了前代制度。

孔子祀典是明代朝廷祭祀体系中的重要内容之一。明嘉靖九年是孔子祀典的革新期和重塑期，这一年张璁从谥号、笾豆、乐舞、章服、配享与从祀体系等方面，提出了关于孔子祀典的各项改制措施。世宗与张璁君臣同心勠力，以极为务实的态度，依据实际形势的变化，制定了一系列针砭时弊的政策，将不合时宜的条规予以更正，以适应新形势的需求，这就使孔子祀典的改制有很强的延展性和持续性，也是革新成果持续发挥效力的必要条件；同时，令反对者难以否定孔子祀典改制的成果，避免了“人亡政息”的现象，如此孔子祀典改制的成果对后世才能有深远的影响。这次改制不仅把历代遗留的积弊基本清除，而且满足了当时政治、社会上的需求，可以说是一场非常成功的改革，具有继往开来的重要作用。隆庆以后诸朝，只是对从祀孔庙的诸儒有所调整，其他诸项则具有很强的稳定性，直至明亡都遵循的是嘉靖时革新后的制度，未有任何变动，可以说与之是一脉相通的。

到了清代，当时的统治者起初并非全部承袭明代的制度，而是经历了一个从初创到完备，再到对嘉靖革新后祀典的反复及终成定制的过程。这变化过程所体现的是，清代历朝皇帝对明代孔子祭祀典制既效法又有所反对的复杂态度。清代统治者对孔子的祭祀，是从崇祯九年(1636)(即皇太极崇德元年)开始的，此时尚未入关，却已尝试效仿明制在盛京(今沈阳)建立孔庙。但当时的祭祀仪制还不够完备，仅规定以颜回、曾子、子思、孟子为配享，每年春、秋仲月上丁日遣官致祭，除此以外，并未制定其他的内容，甚至没有孔子尊号。这虽是照搬明朝廷的祭祀典制，但与明朝廷非常完备的祀典相比，无疑太过简略，甚至称不上“祀典”二字。究其原因，或许与当时的政治环境有关系。他们尚处在与明朝廷关系紧张、冲突，甚至战役频发阶段，确实无暇对文化事业有所建树，只得草草建立孔庙，以示对孔子及其学说的尊崇。这种情况在清世祖定鼎中原之后有所改观，随着局势渐趋稳定，社会渐趋安宁，朝廷对国内的文化政策也进行了适当调整，这才稍有空余精力建设官方的祭祀典制，更全面地效法明代制度。定都北京之后，他们效仿明代旧制于京师国子监建立先师庙、启圣祠，遣官祭祀孔庙用三献之礼，乐用六奏，甚至孔庙建筑程式也沿用前朝。至康熙年间，清圣祖又进一步完善了孔子祀典奏乐。关于孔子祀典所奏之乐，早在世祖初创孔子祀典时，即已依明制有所运用，到这时才正式订正乐曲名，并颁《中和韶乐》于太学，使孔子祭祀乐章渐趋完备。清代的孔子祀典自初建以来，经历三朝皇帝的努力，通过效法明代制度来建立与之相并立的典制，已取得一定成效。不过，这种模仿明代典制的做法，在确定孔子尊号时出现了反复，原本制定孔子尊号为"大成至圣文宣先师"。但这一称号既不是用元代的"大成至圣文宣王"，也不是用嘉靖革新后的"至圣先师"，而是将两称号各取一半拼凑而成，因此显得不伦不类，最后经朝臣提议，恢复了嘉靖时革新后的尊号。

这种通过"照搬照抄"来建立孔子祀典的方式，到了清世宗、高宗的时候发生了一些变化，主要是他们不仅仅满足于单纯的效仿明代典制，更想在此基础上有所突破，试图构建一些清代孔子祀典独有的内容。之所以有如此的改变，主要是因为在前几代皇帝的努力之下，清代孔子祀典已初具规模，具有了进一步拓展的空间。另外，礼制是政治的一种外化形式，清朝政权稳定后，对明代的政治持否定的态度，至于朝廷祀典建设，却"照搬照抄"明代的礼制，不免与政治上的措施产生了巨大反差。所以，自清世宗开始，逐渐有了要突破明代典制规范的想法。因此，其在即位不久，便制定了两项措施：一是恢复了明代皇帝亲诣太学孔庙致祭之礼，二是追封自叔梁纥以上五代为王爵。前者仍属于对明代典制的继承，后者属于清代的独创。不过，清世宗在孔子祀典方面的创建，只是在嘉靖革新后的祀典之外，另添加一项新的内容，尚不属于对明代典制的推翻。至乾隆年间，较清世宗时的措施有所推进，在恢复了明代皇帝亲诣太学孔庙的三献之礼的同时，挑出明代典制在孔庙门、额和礼器方面存在的不足，并指出这些都是明代张璁的"陋议"，"非所以肃观瞻明折中也"[①]，于是以此为由，将先师庙大门题额称"先师庙"，正殿改称"大成殿"，二门改称"大成门"。又依据阙里孔庙所藏的东汉牺、象诸尊，择选内务府所藏周范铜鼎、尊、卣等十件礼器，颁赐予太学孔庙为祭祀之用，尽撤明代木、瓷等材质的礼器，但这一措施只在京师太学孔庙中实行，未推行到全国各府县。需要指出的是，清世宗、高宗竭力创建新的典制，试图

① （清）高宗敕撰：《清朝通典·礼·第八》，《万有文库》第二集，商务印书馆1935年版，第2312页。

剔除明嘉靖时孔子祀典改制的痕迹，并认为当时孔庙诸门书额，或“沿袭明代旧文”，或“向沿明张璁陋议”，最终也只是更改了庙额文字，对于先师庙之名却丝毫未及。也就是说，清世宗、高宗两朝对嘉靖时所改典制的异议，并没有触及孔子谥号、乐舞与笾、豆之数等典制的主体部分，也未脱嘉靖革新后的祀典的窠臼，这体现出嘉靖九年(1530)孔子祀典改制的影响之深之远，这是问题的关键所在。嘉庆以后诸朝，依然遵循乾隆朝的制度，突破明嘉靖革新典制的努力，也只得到此为止了。这就说明了明嘉靖九年革新后的孔子祀典对后世影响的深远，乃至数百年都对之遵而不改。

节庆演艺与村落变迁

——以河北涉县原曲村为例

颜　伟*

摘　要

原曲村位于太行山东麓，历史遗存众多。北宋时期，用于节庆祈福和演艺的固定仪式场所建立，“灵验”事迹推动仪式场所不断更新完善，周期性与临时性的节日构成了村落的节庆生态，包含农业生产重要的时间节点、临时性祈雨禳灾以及村落神灵的诞辰日等。祭礼与节庆演艺是否丰洁关乎未来生活是否富足，故节庆日往往是危机与闹热两种心理并存。节庆演艺时间表的确定是村社制度建设不断成熟的举措，并且肃正的祭礼与闹热的演出分别诠释了节庆活动中村落社会纵向等级和横向平等两种秩序，节庆演艺在村落社会变迁中起到了关键作用。

关键词

民间信仰；村社；戏曲演艺；节庆

一、灵验的神庙——节庆仪式场所的变迁

原曲村处在太行山东麓，隶属邯郸涉县固新镇，临近清漳河，东西两侧

* 颜伟，山东艺术学院戏曲学院讲师。

临山，处在河谷地带，村落呈带状布局。原曲古村落结构基本保留了原貌，古遗迹及相关资料遗存较完整。2016 年被列为“中国传统村落”，2019 年入选“第七批中国历史文化名村”。原曲村内外曾有三寺、九庙、十八堂[①]，与太行山地区大多数村落相同，各种神灵在村落汇聚，司掌着民众生产、生活的方方面面，同时与村落各类节庆活动结合在一起，神庙成为村落集体进行节庆祭礼与演艺活动的最主要空间。

在信仰动力中，灵验往往占有很大比重，尤其在面对关乎聚落生存发展的大事件（如旱涝、蝗灾）时，神灵的“偶然”效验会使民众欣喜若狂，并不断将各色供品（并非只有牺牲、瓜果，乐舞、戏曲同样是敬献给神灵的精神供品）敬呈神灵，修庙塑像、赛神演艺，以庆贺危机的远去。在这样的动力驱使下，村落节庆仪式场所被不断塑造。明嘉靖四十四年（1565），《重修府君龙王庙记》较为详细地叙述了原曲村府君龙王庙沿革状况，庙宇在宋代建立之初为崔府君庙，供奉唐代崔珏。伴随着崔珏的屡次灵验，崔府君信仰在太行山地区较广泛地传播开来，祠宇多有建迹。面对水旱危机，村落于龙神前偶然祷雨获得灵验亦给予民众精神慰藉，这也是崔府君庙由单一行祠走向多神供奉的原因，原曲村的节庆活动由此也变得丰富起来。固定性的农业生产节点与神灵诞辰日以及不确定的祈雨祈晴日互相穿插，构成原曲村历史上的集体节庆场景。原曲村遗存古今碑刻文献 25 通，其中 16 通来自府君龙王庙。我们根据这些碑刻史书，结合方志，编制出原曲村节庆场所变迁的历史时间表：

宋咸平四年（1001）：原曲村西南高地创立崔府君庙正殿三间，村落有了基本的节庆仪式场所。[②]

宋末（1120～1127）：村落于龙神前祷雨获应，崔府君庙内塑龙神像，为二神共祀，并兴建东西两廊，仪式场所得到扩大。

金大定年间（1161～1189）：府君龙王仪式场所建门屋，初具院落规模。

元统三年（1335）：府君龙王仪式场所重修，建筑、祀神等“皆仍旧贯”。

---

① 原曲村现在尚存清泉寺、静音寺、三圣寺、府君龙王庙、财神庙、马王庙、河神庙、佛堂、老君堂、观音堂、三官堂、奶奶堂、家福堂、真武阁、娲皇阁等。

② 《嘉靖涉县志》之“古绩”条载：“涉与滏阳为邻邑，滏阳为王立祠，涉县民亦尝赴祠祈祷。为山川邃远，苦于跋涉之劳，县人刘海等议而立庙以便香火，创立于宋咸平四年。”

明成化年间(1465～1487):府君龙王仪式场所正殿扩为五楹。

明正德年间(1506～1521):村落创修北阁真武阁。

明嘉靖三十五年(1556):创修东阁娲皇阁。

明嘉靖四十四年(1565):府君龙王仪式场所重修,墁墙垣、修梁架,筑台建榭墁戏楼,即献殿,陈乐舞于此,节庆演艺活动有了固定场所。立碑,称"府君龙王庙"。[①]

明万历年间(1573～1619):创修南阁,至此村落基本格局形成。

明崇祯元年(1628):府君龙王仪式场所重修廊房,起建乐楼,为节庆演艺提供专门场所,原来的献殿不再用作表演场所,立碑,称"大庙"和"龙神庙"。[②]

清康熙二十八年(1689):置买神器(鼓),修笼架(神架)。

清康熙四十年(1701):补修庙宇献殿、戏楼,立碑,称"总祠"和"大庙"[③],有山西汾州府、平阳府以及河北磁州彭城镇客商捐款。

清康熙四十六年(1707):新添各样神器。

清康熙四十八年(1709):村社卖柏树,得钱打神辇一座,补修神驾一座,又往潞安府买大伞一柄,大铜锣二面。康熙年间,村社陆续购买村落节庆仪式各项用具,到此基本完备。

清乾隆元年(1736):为行路方便,填塞府君龙王仪式场所中的"双锁桥"。

清乾隆二十一年(1756):献殿增隔扇、益围屏,立碑,称"总祠"。[④] 献殿增加围屏之后,不再四面透空,开十二门,逐月次开闭,节庆象征功能增强。

清乾隆二十二年(1757):村社进行土地丈量和普查,编制地亩账,明确订立《奉祀神明规例》,明确规定村落各项节庆进行的时间、方式、地亩钱收取及其优免条件等。

清乾隆四十八年(1783):六月大旱,村人认为是乾隆元年填塞双锁桥所致,恢复双锁桥旧制,今存。

---

① 嘉靖四十四年(1565)《重修府君府君龙王庙记》,姚思敬撰文,秦翰篆额,申梧、陈简书丹,笏首方趺,高 217 厘米,宽 93 厘米,厚 25 厘米,存庙宇献殿前。

② 崇祯元年(1628)《本村大庙重修廊房起建乐楼碑记》,姚鸿儒撰文,笏首方趺,高 182 厘米,宽 84 厘米,存庙宇西厢房前廊北墙。

③ 康熙四十年(1701)《重修总祠大庙碑志》,李日明、赵凌云书丹,笏首方趺,高 209 厘米,宽 68 厘米,厚 24 厘米,碑存庙宇献殿前。

④ 乾隆二十一年(1756)《重修总祠碑记》,秦晋文撰文并书丹,笏首方趺,高 240 厘米,宽 84 厘米,碑存正殿前廊西墙。

清嘉庆八年(1803):重修神器黄伞。南、北伞社共同参与。

清道光二十一年(1841):修村内道路。

清道光二十九年(1849):村社订立《社事献戏规矩章程》,详细规定村落节庆演艺时间、祭祀用品、人员分工等事项。立碑,碑额称"执事有恪""额定规模"。①

清同治七年(1868):村中赌博盛行,村社禁赌,订立抓赌奖惩细则。

清光绪二十三年(1897):涉县知县发布公告,禁止牲畜践踏禾苗。

民国二年至三年(1913～1914):重修戏台,本村有多处商号捐资。

民国四年(1915):重修村内道路。

原曲村仪式场所及各类节庆活动历宋金元明清以及民国时期,显现出较为完整的变迁史。原曲村何时形成聚落不得而知,从咸平四年(1001)创修崔府君庙起,已走过近千年历史。古人立社而聚居,仪式、节庆与村落生活密不可分。在府君庙创建之前,原曲就应当存在较为简易的仪式场所,并在此进行节庆的祝祷、祈福与娱乐活动。宋末、金中期和元后期,仪式场所均得到了良好发展。明正德到万历时期,原曲村陆续修建了村落周边的阁门,用以村落防御。仪式场所内陆续新建台榭、乐楼,用以村落节庆祭礼演艺,而这个时期通过原曲的道路也已经完备,村落格局在这一时期内得到完善,村落边界变得具体、清晰,也为村落集体性的节庆活动提供了必要条件。清代康乾盛世,原曲村的村落祭礼仪式发展极盛,康熙时期多频次购买了祈雨仪式以及节庆活动所需神器。乾隆二十一年(1756)重修仪式场所之后,村社丈量了地亩,订立了节庆祭礼演艺规例,并明确了钱粮的具体征缴方式,使得民众拥有更加公平的参与村落节庆祭礼与演艺的权益。道光时,村社再次将这些规章细化和明确化。与清王朝的逐步衰落同步,同治以后的原曲也在诸多细节中体现出混乱,仪式场所没有得到很好的修缮,原定的节庆献演周期很可能也变得无序,各种社会矛盾和问题凸显,赌博和践踏禾苗等事情频发,村社和县政府都不得不颁行各种禁令以维护乡村社会的稳定和秩序,而村落祭礼仪式和节庆演出同时走入低谷。

① 道光二十九年(1849)《合乡公议社事献戏规矩章程永不许增减碑志》,额题"执事有恪"碑阴"额定规模",笏首方趺,撰文书丹者不详,高 142 厘米,宽 58 厘米,碑存西厢房前廊南墙。

二、节庆中的神与人——以祭礼演艺为媒介的交往

原曲村民们世代在清漳河冲积而成的河谷平原上劳作，稻田俨然，自古有“太行江南”之誉。太行山地区的村落都有在春秋两次隆重致祭社神的传统，即春祈秋报，这是农业社会中最重要的节庆日，往往伴随着村落集体性的祭祀庆典活动。社神原为土地神，然在太行山地区的村落中，“泛社神”的情形比比皆是，往往村落最为灵验、香火最旺或者规模最大、祀神最全的庙宇会被当作社庙，而主神亦被看作社神。太行山地区相对干旱少雨，雩祭传统历史悠久，太行西麓的上党地区有着众多古老的雩祭传说和神灵事迹；在太行山东麓的原曲村及其周围的村落，龙神信仰则普遍存在。参照前述原曲村历史时间表，府君龙王庙的献殿石柱上留存了清代康熙至嘉庆朝的数则刻字，围绕重要建筑的维修、祈雨各项道具的筹办、祈雨成败的经验总结等诸多要素展开，时间跨越了近百年。其间伴随着不可计数的祈雨和谢神，无论是前者还是后者，其集体的参与性和闹热性使其成为原曲村节庆传统的重要组成部分。

“灵验”动力的驱使与节庆演艺的需要使乡民对这座仪式场所注入了更多物质上的增益与精神上的归属感，而任何对于“灵验”状态的破坏似乎都是不被允许的。乾隆元年（1736）双锁桥的改建，虽是一件再普通不过的建修事宜，但在村众看来却是乾隆四十八年（1783）六月祷雨不应，最终形成大旱的直接原因。最终，村社重立双锁桥以复古制，随后竟甘霖普降，百谷告登。灵验与失灵之间往往存在多样的解释，古代人们有这样一种思维，即神灵处在灵验的状态之中时，会将既有的各种附属于神灵的东西，如合礼的建筑样式、丰盛的祭祀供品、严谨的节庆周期等视为神灵效验的必要因素。故对有可能打破灵验状态的任何改动都应慎重，踵事增华、革故鼎新固然是好，可灾厄一旦到来，人们往往会反推并归咎于这些更改。[①] 此外，人们在节

① 山西晋城市泽州县南石店村在明嘉靖年间发生的事件与此相似：村落东面有观音堂一座，后因倾圮，村社民众将其移动建造在村中，而紧接着村落发生的“蚕田匪获，头畜匪安，人民虚耗，饥而散于四方”的悲惨境遇竟与这次移建联系起来。最终还是由村社原址兴建，竟又恢复了风调雨顺、农蚕丰收的美好场景。而诸如此类的事件，尚有许多。参见嘉靖二十年（1541）《创建玄天上帝神殿记》，现存晋城市城区北石店镇南石店村玄帝庙。

庆时间选择神庙祭礼演艺，也是一种危机意识的体现。人们在节庆日中总会自然而然地怀着危机心理，为神灵献上丰洁的牺牲酒馔，并虔诚拜祷，呈现美妙的演出。因为只有如此才会让神灵赐福降祥，而一旦有行为可能破坏或亵渎丰洁的供献，这种期望便会大打折扣。春祈秋报、虔诚的祈雨活动、神灵的诞辰纪念等都是这些危机心理的载体，因而节庆演艺的狂欢多了一层面对危机、解决危机的功利心理。

伴随着神灵的不断效验，其演艺建筑的创建以及维修也不断开展起来。总体来看，原曲村仪式场所节庆演艺空间的建构呈现出“殿—台—榭—楼”的空间序列，并且自宋末至明中后期逐渐完善。

有殿无台，似非规制。率乡众筑石为台，然榭未之有也。迨二十七年秦子仲、□□保曰：有台无榭，岂其可乎？遂建榭一座。[①]（明嘉靖碑刻）

然而居民繁庶，至于祈报之日，蚁聚蜂集，或杂于两阶之上，或混迹于献殿之中，致各执事往来之不便，使司乐舞音律之不鸣，即神明宁有不恫焉者乎。适有本年香社首左思谏等，同心合力，创建乐楼三间。[②]（明崇祯创建乐楼碑）

明嘉靖年间，村社首领们认为在节庆祈报之日，如果“有殿无台，似非规制”，故而“筑石为台”，是为露台，在露台承接节庆演艺职能。嘉靖二十七年(1548)后，首领们认为有台而无榭，会使演艺不避风雨，是为不妥，遂在露台之上四角立柱，建榭一座，这样西面透空的台榭就成为原曲村进行仪式及节庆演艺的固定场所。乐楼的创建则是在崇祯元年(1628)，虽然已有献殿，但仍无法满足祭礼需要，故村民们为乐楼缺失而感到苦恼。乐楼的创建对节庆日士民入庙杂沓的情形有所改观，并且使祭拜与演艺活动各自有了独立的专门场所。在庙宇新建乐楼后，献殿也因其仪式职能的转化而在形制上发生了改变：“所尤贵者献殿，旁边增以阁扇，当报赛而倍觉其庄严；益以围屏，临祈祷而愈征其赫濯。”[③]献殿增加隔扇围屏后，每面开三门，四面总计十

① 嘉靖四十四年(1565)《重修府君龙王庙记》，姚思敬撰文，秦翰篆额，申梧、陈简书丹，笏首方趺，高217厘米，宽93厘米，厚25厘米，存庙宇献殿前。

② 崇祯元年(1628)《本村大庙重修廊房起建乐楼碑记》，姚鸿儒撰文，笏首方趺，高182厘米，宽84厘米，存庙宇西厢房前廊北墙。

③ 乾隆二十一年(1756)《重修总祠碑记》，秦晋文撰文并书丹，笏首方趺，高240厘米，宽84厘米，碑存正殿前廊西墙。

二门，按月份逐次开闭，已与原来的透空台榭不同，其节庆的象征意义得到增强，而观演视角的消失意味着其不再承担节庆演出的功能。

乾隆二十一年（1756）碑刻中言："建献殿以为昭事之地，建乐楼以为妥佑之台。"[①]"昭事"是祭祀，是秩序礼仪；而"妥佑"就是安妥，是护佑众生。香首、主祭、社首们作为祭礼代理人于台、榭之上祭拜，所以神灵—代理人—社众组成一组纵向的尊卑秩序；乐楼之上，优伶逞伎，观者当中，神灵、代理人、普通民众获得的是平等的娱乐观感，这就是横向的平等秩序。神灵有殿，殿前有台（露台），台上有榭（献殿），榭前有楼（乐楼）的空间结构实际上体现了两种秩序在同一仪式场所中相交而取得平衡。两种秩序又致力于两种社会理想的实现，即祭礼的理想可以概括为明尊卑，知长幼；而演艺的最高境界可以称之为"神人以和"，无论神灵、地方精英还是普通民众，在节庆的狂欢氛围内，都可获得平等的愉悦观感。

三、从钱粮到权力——节庆演艺对村落社会的建构

村落大事，需要每一位村民承担义务，如果拒绝，那么后果有时会很严重。社内的相关规约会使村社对不履行社内义务的村民进行处罚，严重者甚至开除出社。[②]

与国家自上而下的模式不同，在乡村社会自治体系中，文化作为工具十分重要，尤其那些关乎民众个体生产、生存的物质和精神需求的文化更容易被普遍接受，并吸引民众参与其中，付出金钱与劳动的施舍。民众为节庆演艺文化而"消费"，村社也因"靡费"的收取而掌握村落一定的经济支配权。原曲村在明嘉靖、崇祯年间仍以布施为大宗，自愿施舍钱、银、实物（包括米、豆、树、砖瓦、石柱等）或劳务（工匠）。乾隆二十二年（1757）碑文中曾记载：

① 乾隆二十一年（1756）《重修总祠碑记》，秦晋文撰文并书丹，笏首方趺，高 240 厘米，宽 84 厘米，碑存正殿前廊西墙。

② 道光七年（1827）《塔题掌村禁约碑》记载："社人等兹因每逢三、六月牛马王圣诞之辰，献戏酬神，化费资财，社内难以应酬，所因村中贫富不等，人心不一，今立社内规范约束：凡有圣前迎神赛社，献戏酬报圣恩，大小供养，化费钱财至期算明，社首鸣金各户人等，庙内钱数须要齐备，倘有众姓不遵社规条约，如违者，每一日罚钱一百文，三日为止。尚有不遵社规即出各条，永不许入社。"碑存塔题掌村玉皇庙。

“凡俎豆俳优之糜费固比户征收，由来久矣。”[①]可见入清以后很长一段时间内，村社的筹资多依靠按户征收，特别的是罗列施主中亦包含女善人若干，或是女性善士群体的自发捐施行为，并且不局限于钱、银等货币。崇祯年间的资财筹措中女善人就施舍了五斗米豆以助庙事。村社通过按户出钱的方式来维持节庆活动，提供节庆活动需要的经费。户钱的征收既是社首等人权力的具体体现，也是村民获得社内资格的方式，更是村落能够维系成为一个共同体的标志。

乾隆二十一年(1756)，村社主持了府君龙王庙的大型修缮。或许这次大规模的筹资兴建，使得村民对于“比户征收”的模式不尽满意，因而矛盾凸显。在以土地作为农村财富重要象征的村落中间，按户征收节庆演艺经费存在多寡不均的弊端，于是催生了以地亩征缴的新方式。村社在沿门抄录地亩数的同时，组织村社维首们执尺司算，记注簿籍，此可谓村落土地的一次较大规模的核实工作[②]，并对往后的经费征缴提供准确依据。村社同时议定了对部分组织和参与村落节庆祭礼事宜的特殊群体以减免征收的具体规则。如条例规定了香首可以免缴地亩钱财，而对专司祭礼所用的鼓社等村落演艺人员则分别发给一定数量的报酬，对于其应承担的地亩摊派则不予免除。村庙修缮费用征收方式从按户征收到按地亩征收的转变，与清代前期在华北地区进行的税收改革或许存在一定关系，但它又是村社根据村落具体情形而做出的征资方案的调试，村落之间或者一村之内的不同公共事件，其征资方式亦有差别，表现出多样性。一般情况下，村社征资都会遵循均平、节用、积储的宗旨，均平意味着社事公平，不致矛盾激化；节用体现着支出有度，管理规范；积储则是村社在村落年景欠佳情况下的社事调节。

资金管理的制度化既包括制度化征收，也包括制度化支出。明嘉靖至崇祯年间的支出情况并未详细列出，当然也没有提到相应的支出标准。从庙中碑文看，自康熙年间起，村社在收支两方面皆具详刻石，对于神器购置、修理，社产折资，匠役饮馔工费，修缮所用社资及结余等方面表述得比较详细。在订立以地亩收钱的制度后，还详明了奉祀神明规例，以此明确乡民义

① 乾隆二十二年(1757)《新立地亩碑记》，姚滏撰文并书丹，高164厘米，宽70厘米，碑存正殿前廊东墙壁。

② 乾隆二十二年(1757)《新立地亩碑记》记明，核实后的地亩总数为58顷18亩1分。

务、社首职责以及各项优免条件，供后世遵从：

合乡公议奉祀神明规例开列于左，各处堂庙致祭尽数随年，总祠庙香老、主祭十家社首承膺，约夏秋二季征收地亩钱，内除给两千文以偿供献之费。计开各□：

合乡并回地庄地亩总数共计五十八顷一十八亩一分，外有后山旧地亩五十六亩半。

议明：东券香首四人其地亩随年俱免。

鼓社二道秋夏二季除给钱一千六百文，地亩不免。

鎗社八人秋夏二季除给钱二百四十文，地亩不免。

招高、令旗、阴阳止于秋香免地亩五亩，其余一概不免。

戏饭在厨所遗神祠并□□□□谢收地亩人公用积习秋香□供之，□□□□□饭二次□□一免。[①]

村社之所以要将社资明细开列，规则条例言明，其动机在于进一步推进村社在村落集体事务上的权威和掌控能力。而可以将其议明并刊刻在石，以为遵从，则又表明村社已经实际具备了相应的组织能力，不仅可以遵守既有规则，还可以制定规则，并要求社众加以遵守。

无论是出钱还是出力，我们从大量的碑刻资财题名中都看到了乡民们的踊跃与热情，原曲村社在征资以及支出方面的细化与成熟也反映出村社权力的强化。从钱粮到权力，节庆演艺在村落社会建构中起到了催化剂作用。以神灵祈报和戏曲演出为表现形式的节庆祭礼演艺是古代乡村社会、经济体系建构和运转的重要因素之一。但需要正视的是，这些名目繁多的筹资方式和节庆演艺的靡费往往带有强制性，曾给民众生活带来不小的负担。

四、节庆周期与制度建设——村落的节庆理想

村落祭祀仪式周期的制定以及节庆演艺的规则包括物品采买标准、戏曲班社预定、剧场演艺规范等，这些都需要村社来完成，故预先出台可供村

① 乾隆二十二年（1757）《新立地亩碑记》，姚湰撰文并书丹，高 164 厘米，宽 70 厘米，碑存正殿前廊东墙壁。

社全体常年遵守的规则条例就显得十分必要。乾隆二十二年(1757),就在原曲村社全面测量村众地亩,实行节庆经费按亩摊派的同时,村落各色神灵的祭祀及节庆献戏日期也被昌明在《地亩碑记》"碑阴·规例"之中,如下所示:

圣神祭期

玉皇大帝正月初九日

三官圣帝正月十五日

河伯尊神正月十六日

太上老君二月十五日

白衣观音二月十九日

玄天上帝三月初三日

雷音古佛四月初八日

土地尊神四月十五日

天仙圣母四月十八日

马鸣王神六月廿三日

三皇圣祖九月初四日

献戏日期

晋王老爷四月十六日献戏

孤隐尊神清明日献戏

龙天土地二月初二日献戏

关圣帝君五月十三日献戏[①]

这些神灵祭期以及献戏日程几乎覆盖整年,它首先体现出人们对于信仰功利性的追求,具体表现在一种全神的观念。无论儒释道,也不论人格神还是自然神,凡有功于人者,皆可崇祀。正月是新年的第一个月,玉皇、三官的崇祀更多意义上是一种对新年的祈福。河伯崇祀与原曲村所在自然环境有关,漳河流经原曲,灌溉良田使原曲盛产水稻,有"太行江南"之誉,所以对于河神的崇祀关系到一年的收成,亦可作为对新年的祈福。二月间对龙天土

① 乾隆二十二年(1757)《新立地亩碑记》,姚滏撰文并书丹,高164厘米,宽70厘米,碑存正殿前廊东墙壁。

地以及土地尊神的崇祀是社祭的承续和延伸，亦包含对丰收的愿景，可谓春祈。白衣观音、天仙圣母当与求子生育有关，人丁兴旺也是家族繁茂的重要保证。佛、道崇祀，体现着人们对于生命苦痛烦恼的不同解脱方式，可以各取所需。重生也必然重死，要在清明日为孤隐尊神专门演戏，又体现着人们对祖先的敬畏，并使无祀之恶鬼得到祭祀，不至于对祖先构成威胁。关帝的崇祀极盛，其效用又可谓无所不包。对马鸣王的崇祀缘于人们尤其是客商群体对行路保障的期待。而九月初四的三皇圣祖的祭祀则更多意义上是在秋收后对于古代圣贤的尊崇与感恩，此又有秋报的内涵。由此，原曲村社对圣神祭期的制度性规定，将生与死的生命周期涵盖其中，将对生存趋吉避凶的意念融入，又将农业生产的春祈秋报囊括其内。一方面，村社对献戏日期有所选择，集中在二月至五月，惊蛰、清明这两个重要的农事节令也包含在内，这一时期需要充足的雨水保障农作物生长，所以对于龙天土地以及关帝的献戏，往往又带有祈求雨泽的目的；另一方面，农忙时节农事繁重，适时的戏曲演出也会起到调节农业生产生活的作用。

道光二十九年(1849)，原曲村社刊立《合乡公议社事献戏规矩章程永不许增减碑志》，又一次对各个节庆日的时间、规模、采买物品数量及标准进行了规范：

正月十五日献戏三辰

二月初二日献戏四辰

四月初四日献戏四辰

五月十三日献戏三辰

秋香献戏三辰

八月初二日献戏三辰[①]

六个献戏日期，共二十日，包括春祈、秋报、元宵节、文殊菩萨诞辰、关帝诞辰(或称关帝磨刀日)等节庆时间点，并设置收掌二人，负责账目银钱管理支出；总催买办一人，负责物品采买；管库贴厨一人，负责物品管理以及厨房饮食；后宫上香一人，负责在会期上香事宜。其中在正月十五设置上香二人，应是正月十五的进香活动更盛的缘故，并在正月十五设管台二人，五月十三

① 道光二十九年(1849)《合乡公议社事献戏规矩章程永不许增减碑志》，额题“执事有恪”碑阴“额定规模”，笏首方趺，撰文书丹者不详，高 142 厘米，宽 58 厘米，碑存西厢房前廊南墙。

设管台一人，应为管理戏台之意，保障戏曲顺利演出，观演秩序良好。村落保证要负责管理庙宇库中物品，包括神器以及其他庙宇公产。对于演戏戏价，则没有规定具体数目，应依戏班等级以及村社经济状况等情况随时斟酌，秉公办理。但章程对演戏中村社应承担的事项进行了规定："戏来，上庙吃饭，三天算账，不许赴(付)少分文，回，地方请谢。"①这样对戏班演职人员的食宿、付给报酬都有了明文保障，而戏班演出结束后，村社会进行适当答谢，也体现出村社对戏曲艺人的认可与尊重。

五、结　论

原曲村仪式场所的变迁动力来自在民众对神灵的"灵验"期待中，在获得灵验满足的祈求、效验、感恩的循环中，仪式场所得到不断发展，戏曲演出以精神供品的身份被村社首领纳入村落节庆祭礼之中。神灵、社首以及民众在仪式场所空间中通过节庆演艺而获得深度交往，祭礼职能的分工体现在建筑空间的纵向序列中是肃正且秩序井然的；通过社费摊派和戏曲演出而获得的平等的演艺参与权力则体现了村落横向的交往模式，神灵、社首、普通民众分享同一种节日娱乐文化。在纵横之间，村落内部秩序变得清晰而亲切。节庆祭礼以及戏曲消费是古代乡村最主要的集体支出项目，也是村落社会组织取得权力并行使权力的媒介和途径之一。村社在节庆祭礼与戏曲演出制度化上的举措，既是村社不断走向成熟的标志，也促成了清代民间节庆戏曲演出的繁盛景象。

① 道光二十九年(1849)《合乡公议社事献戏规矩章程永不许增减碑志》，额题"执事有恪"碑阴"额定规模"，笏首方趺，撰文书丹者不详，高142厘米，宽58厘米，碑存西厢房前廊南墙。

“春节”与“新年”的分与合

黄景春*

摘　要

古代以立春为春节，以农历元旦为新年；民国初年推行西历后，以西历元旦为新年，以传统新年为春节。两种历法并用引发了节日表述方面的变化，产生一些常用但不确切的说法，也是无奈之下的选择。春节、新年由分而合，是历法改革的结果。官方与民间对西历和农历、元旦和春节的不同态度，经历了较长时间的调适。当今两种历法都在中国社会生活中发挥着重要作用，西历也在逐渐融入民众生活习俗。但是，传统新年改称春节造成的误导仍需警惕，以防过多迎春的成分侵蚀过年习俗。

关键词

立春；春节；新年；西历民俗化

春节原指立春，新年指农历元旦（即正月初一），二者原本不同。民国初年推行西历，而民间仍使用农历，两个历法并行，就出现了两个新年。为了区分两个新年，元旦被用于西历新年，春节被用于农历新年。然而，用春节指称新年后，新年原本的兆始意义被弱化，迎春、颂春的意涵被放大，这对我国新年民俗起到一定的扭曲作用。改历到底给我们的节日带来了什么？春节和立春究竟是什么关系？如何让过年活动少受春节这个名称的误导？现在是时候讨论这些问题了。

---

* 黄景春，上海大学文学院教授。

一、春节，从立春到新年

春节，传统上指立春。民国以后，它被挪用，以指称传统新年。窥其由来，却是民国初年政府推行西历（又称阳历、公历）的举措之一。

辛亥革命后，孙中山于1912年1月1日在南京就任中华民国临时大总统，并宣布："中华民国改用阳历，以黄帝纪元四千六百零九年十一月十三日，为中华民国元年元旦。"[①]次日孙中山又下令于"阳历正月十五日，补祝新年"[②]。他不但把传统新年的"元旦"给了阳历新年，还称阳历1月为"正月"，改用新历而弃用旧历的意愿十分坚定。

袁世凯继任临时大总统以后，民国进入北洋政府时期。袁世凯发布公告："现在共和政体业经成立，自应改用阳历，以示大同。"[③]表明继续推行阳历的决心。该年12月20日，在下一个阳历新年即将到来之际，北洋政府通告全国，"自正月初一日起至初三日止停办三日"[④]，宣布阳历年政府机关停止办公3天。这里仍把阳历1月称作"正月"，并把阳历年当作传统新年来过。

1914年1月24日，内务部总长朱启钤提交《四时节假呈》："我国旧俗，每于四时令节，游观祈献，比户同风，固由作息之常情，亦关人民之生计……即应明白规定，俾有率徇。拟请定阴历元旦为春节，端午为夏节，中秋为秋节，冬至为冬节。凡我国民均得休息，在公人员亦准给假一日。"[⑤]袁世凯次日即予以批准。此文件把春节与夏节、秋节、冬节并列，只放假一天，没有照顾到这个节日作为传统新年的重要性。1914年1月26日是中国第一个新式春节（甲寅新年）。农历新年被称作春节，即从1914年开始。虽然孙中山和其他

---

① 孙中山：《临时大总统改历改元通电（一九一二年一月二日）》，广东省社会科学院历史研究室、中国社会科学院近代史研究所中华民国史研究室、中山大学历史系孙中山研究室合编：《孙中山全集》第二卷，中华书局2006年版，第5页。

② 孙中山：《临时大总统改历改元通电（一九一二年一月二日）》，广东省社会科学院历史研究室、中国社会科学院近代史研究所中华民国史研究室、中山大学历史系孙中山研究室合编：《孙中山全集》第二卷，中华书局2006年版，第5页。

③ 《北京袁总统电》，《申报》1912年2月21日，第3版。

④ 《国务院通电》，《申报》1912年12月21日，第2版。

⑤ 朱启钤：《蠖园文存·定四季假呈》，贵州省文史研究馆编：《民国贵州文献大系》第三辑上册，贵州人民出版社2015年版，第40页。

反袁人士曾反对这个称呼变更，却无法阻挡用春节指代传统新年的流行，因为在两套历法、两个新年并行的情况下，用“春节”指代传统新年，可以避开过年、新年、元旦等歧义语词；但是，它忽视了立春原本是春节的历史传统。春节从立春转变为农历新年以后，立春无法再使用春节这个名称了。

新中国成立前夕，中国人民政治协商会议第一届全体会议通过了“公历纪年法”，秉承民国业已形成的“传统”，将公历 1 月 1 日定为“元旦”，将农历正月初一定为“春节”，并尊重民间习俗，规定春节放假 3 天。在国家的主导下，元旦和西历新年、春节和农历新年分别绑定。经过长期沿用，当今很多人已经习惯了这样的绑定。进而，元旦所在的公历 1 月被称作“元月”，农历新年所在的一月被称作“正月”。这些语词逐渐具备了固定的指称，各司其职，避免了新旧历并用造成的相关表述的含混不清。

春节与新年由分到合，是中国与西方文明对接的过程中在历法制度上的一种调适，是中国近代化的过程中出现的时间制度的新变化。

二、双历并用衍生的问题

民国元年(1912)以后，我国有中西两套历法。这两套历法，各有各的新年。年的开端和结尾不同，年的长度也不同。据笔者对 1801 到 2018 年时段内所做的统计，农历新年在西历上最早出现在 1 月 20 日，最晚出现在 2 月 20 日；农历每年 354±1 天(无闰月)或 384±1 天(有闰月)。西历从 1 月 1 日(元旦)开始，到 12 月 31 日结束，每年 365 天(平年)或 366 天(闰年)。

中西历法的年度具有不完全吻合性。西历年与农历年的吻合度每年都有所不同，如 2014 年与对应的甲午年的吻合度是 78.4%[有 30 天(占 8.2%)属于癸巳年，甲午年的后 49 天(占 13.4%)落在 2015 年]。2015 年与对应的乙未年的吻合度是 76.2%，2016 年与对应的丙申年的吻合度为 82.2%，2017 年与对应的丁酉年的吻合度是 80%。(见图 1)

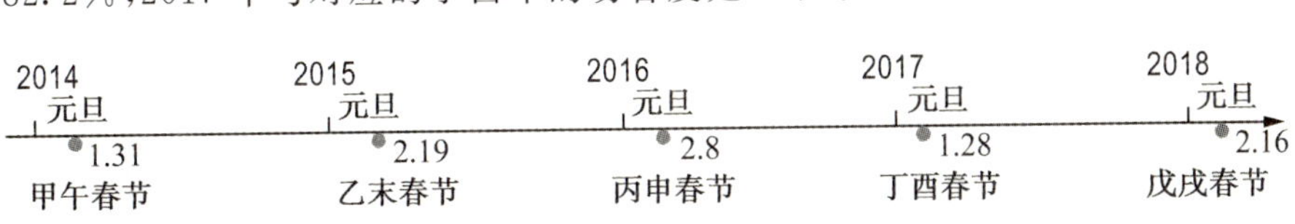

图 1　2014～2018 年西历年、农历年起止对照

正因为存在这种不完全吻合性，在表述西历年和对应的农历年时，就不能把两者等同起来，也不能用西历年替换农历年。诸如常见的“2017 年是丁酉年”，或直接用“丁酉年”标注“2017 年”[即 2017 年(丁酉)]，在表述上是错误的。再如“2017 年正月初二”“2017 年春节”“2017 年闰六月”等，表述也是错误的。准确的说法应是“丁酉年春节”“丁酉年闰六月”。农历年的节日、节气都不能用西历表达。我们常见的一些说法，如“2017 年元宵节”“2017 年端午节”“2017 年中秋节”等也都是有问题的，应该用农历的干支接节日名。甚至像“2017 年立春”这样的说法也不准确，因为二十四节气是农历的组成部分，用西历来表达同样是不合适的。农历、西历并用，很多人不知不觉中用西历年度指称农历年，用西历定位农历节日，造成了很多混淆，产生了一些不准确的说法。我们对这些不准确的说法习焉不察，已误用了很多年。

问题是，当今社会通行西历，对农历年既无帝号纪元和国家纪元，人们早已不熟悉干支纪年，生肖仅用于记属相，如何称说某个具体的农历年确实成了问题。前面举例说 2017 年都应该改成丁酉年，但今天又有几人知道这个农历年是丁酉年呢？所以，最简单的方法就是用西历年跟农历年对应，看似不严谨、不准确的借用，实则是无奈之中的选择。

三、农历新年与立春相合

虽然中西两套历法的起点、终点和单个年的长度都是不对等的，但如果求一个长时段的平均值，两种年的平均长度又是相同的。笔者对 1901 年到 2017 年间的农历年做过统计，这 117 个农历年共 42731 天，年均 365.222 日；西历年共 42734 天，年均 365.248 天。两套历法的年均日数与回归年的日数(365.242)都很接近。

如果进一步加长统计的时段，农历年的平均长度与回归年的平均长度会更加接近。这种趋同有其内在必然性。农历的月份是由月相确定的，一个朔望月 29.5306 天，一年 12 个月共 354.3672 天。农历的月份不考虑太阳在黄道上的位置，也不体现季节变化。这样的年与太阳回归年相差约 11 天。如果不加闰月来调节，经过 17 年后，同一个农历月份就寒暑易位、春秋颠倒了。我国回历(即伊斯兰教历)就属于这种纯阴历。但是，我国是农业国，农历必须反映四季变化，才能满足民众的需要。于是，农历设定了闰月调节年的长度。中国农历年的长度归根结底是由二十四节气确定的。二十四节气可区分为“节气”和“中气”。一年有12个节气，12个中气。如果某个月份没有中气，这个月份就是闰月。《汉书·律历志》谓：“朔不得中，是谓闰月。”①这个闰月规则使用2000多年了。它的上个月是几月，就称这个月为闰几月，沿用上个月的干支为纪。

二十四节气是纯粹的阳历，它考察太阳在黄道上的运行周期，西历考察地球绕太阳公转的周期。两者的表达方式不同，反映的都是太阳、地球的位置关系，二者推算的依据是相同的。农历新年很少出现在立春这一天（1901年至2017年间，只出现5次，占4.27%），大多数情况下，不是在立春前若干天，就是在立春后若干天。但是，长时段统计的平均值，农历新年却恰好坐落在立春这一天。从农历的角度来说，正月初一是新年的开始；从二十四节气的角度来说，立春是一年的开始。传统上立春是春节，袁世凯却把新年改为春节。这两个不同的春节，由于二十四节气对农历年的内在决定作用，从统计学的角度来看，又是处在同一天的。

两个“春节”，表象上相分，本质上相合。在这种“不谋而合”的背后，是中国传统历法编制中的卓越智慧。2016年“中国二十四节气”被列入联合国教科文组织人类非物质文化遗产代表作名录，在项目申报时，申报书上的副标题是“中国人通过观察太阳周年运动而形成的时间知识体系及其实践”。这个副标题很好地揭示了二十四节气的历法特征及其对中国人生产生活的指导作用。

四、官方的元旦和民间的新年

中国西历、农历并用以后，有两个历法就有两个新年，“新年”的所指就含混了。为了区分二者，民国初年开始把西历新年称作元旦，把农历新年称作春节。春节与夏节、秋节、冬节并立，是作为“四时令节”之一而设定的。2000多年来至关重要的过大年被降格为四季节日的一个，其中包含着对传

① （东汉）班固：《汉书·律历志》，中华书局1999年版，第851页。

统新年的轻视态度。当然，其他三个节后来很少提及，民间也没有几个人知道了，唯有春节借新年之威而普及开来，成为农历新年的代名词。但是，改名之后，元旦、春节这两个名称都出现了问题。

传统新年被称作元旦、元日、元辰，是包含着多种祭祀仪式和情感表达的极其特别的日子。这天的言语、行止被认为预示一年的走向，所以禁忌很多，相应的口彩也很多。可是，元旦转让给西历新年之后，对于绝大多数中国人来说，它并不具备宗教、情感内涵，也没有肇始、预示的意义。传统大年初一为岁之元、月之元、日之元，故称“三元之日”①。可是，在农村地区，很多人对西历“元旦”没有感觉，辞旧迎新的意义并不存在。国家依据西历编制日程，但在宗教民俗生活中，西历还游离在生活节律之外，反倒是被称作“春节”的农历新年，仍被视作三元伊始，仍是一个辞旧迎新的日子。它被剥夺了元旦之名，却没有丧失元旦的固有内涵，各种宗教、民俗、交际、娱乐等活动还在这段时间内进行。也正因如此，农历新年改名春节后，仍不断遭到追求革新的政府官员和社会精英人士的打压。

政府官员和社会精英人士打压春节的同时，还不断提倡过元旦。譬如，1925年元旦《大公报》刊文描述：过元旦只有几面国旗飘扬在政府机关与学校门前而已，景象冷冷清清，全没有农历年的热闹。作者感叹“阴历之不易革除”之后，提出了推行西历、贬斥农历、限制农历新年的四条建议：第一，政府只颁发阳历，不准人民印制阴阳合璧的月份牌；第二，让商家按照阳历三节和月终、十五结算；第三，将阴历节气、节日等刊载于阳历中，使农民有所遵循；第四，阴历新年之拜年庆祝等，均移在阳历新年举行。② 提议把农历新年的习俗转移到西历新年之中，显然参照了日本明治维新以后的改历经验。事实上，民国政府后来所做的事情，远超这四条文绉绉的建议。

1927年蒋介石在南京建立国民政府以后，利用行政权力加大革新的力度，并把废除旧历法、旧历年提到革命的高度，还取消了春节的一天假期。民国政府甚至派警察在城市主要街道上劝阻市民拜年。但是，民众过年的热情并未因此降低。1928年旧历年期间，有人在《申报》发文介绍上海过年

① 王毓荣：《荆楚岁时记校注》，文津出版社1988年版，第15～16页。

② 参见《实行阳历新年的办法》，《大公报》1925年1月1日。

的不变之处："三十年来，阴历年节风气亦有一成不变者。则送灶神之必用纸轿，祭祖先之必悬神影，接财神之必用鲤鱼，年夜饭之必食豆芽，谓为如意，年初之必食菜心，谓为彩头，则三十年如一日，未之或变。"[1]民国政府宣布农历为废历，春节成为废历年，政府极力打压春节的民俗活动。1930年，蒋介石还签发训令："为废止旧历，业于本年严厉执行，所有旧历节日亦因之连带消灭。"[2]可是，国民政府努力多年，效果不佳。1939年春节期间，《文汇报》报道："'积习难返'，这一句老话，是不错的。奉行阳历已近三十年，商业的账务结束还是在废历年底。"[3]商人不把西历年当作年，所以也不会在元旦前结账。影响人们生活节律的还是传统新年，只是这个年换了个"春节"的名字而已。

新中国成立后，春节放假3日。1966年1月春节来临前夕，有人提出"要过一个革命化的春节"的口号，宣称要革除一切封、资、修的命。[4] 1967年1月30日国务院发出通知：为了适应革命形势，根据群众要求，春节不再放假。1979年1月17日《人民日报》刊登《为什么春节不放假》和《让农民过个"安定年"》两封读者来信，部分省市当年恢复了春节假。次年，全国统一放春节假3天。这一做法一直延续到现在。

传统新年，不管是以春节的名目出现，还是被称作阴历年、旧历年、废历年，在城乡都是通行的，民国时期无法废掉，新中国也无法革除。过年习俗具有顽强的生命力，这是有目共睹的。传统新年是民俗的，也是宗教的；是交际的，也是娱乐的；是传统的，也是当下的。但是，元旦是什么呢？

五、西历、元旦的民俗化

在中国，西历是国家的、学校的、企业的，其在民众（特别是农民）的生活习俗中几乎不纳入考虑范围。农村集镇的逢集、背集，人的生辰八字，都用农历，红白喜事择日子选时辰也用农历，所有传统节日、庙会都附着在农历

---

① 觉迷：《三十年来上海阴历年之变迁》，《申报》1928年1月27日（正月初五），第17版。

② 中国第二历史档案馆编：《中华民国史档案资料汇编》第五辑第一编，江苏古籍出版社1998年版，第424、431页。

③ 《本届商业结束》，《文汇报》1939年2月18日（正月初一），第11版。

④ "过一个革命化的春节"的提法最早见于《文汇报》1966年1月18日第2版。

上。绝大多数农民仍然用农历记孩子的生日，但是到派出所登记户口的时候，这个日子又被记成西历，所以很多人的生日都是错的。派出所是国家的基层机构，与民间习俗仍有一定的隔阂。

然而，必须看到，西历也在悄悄融入我们的生活习俗。现在事业单位到年终会有总结，企业单位有年度结算。过去农历年底结算，现在很多企业都转移到西历年底了。年轻人结婚喜欢选择元旦或周末。选择结婚日子，每月 6、8、9 日这类吉利日子很受欢迎，而含有 4 这个不吉利数字的日子受到忌讳，乃至于一些企业开工、开业也喜欢在西历中选择数字吉利的日子。这种做法甚至渗透到国家主导的重大仪式中，2008 年我国首次举办奥运会，开幕式的时间定在 8 月 8 日晚上 8 点。这一连串的 8，显然考虑到民俗择吉的习惯，只是把传统上在农历寻找的吉日良时转移到西历中了。

作为一个公共假日，元旦在中国大多数地区冷冷清清，国民时期如此，今天大体还是这样。但是，如果说元旦在中国没有任何宗教民俗活动，也不符合实际情况。我们必须承认，在城市生活中，西历正在逐渐被接受。现在很多佛教寺院都在元旦到来之际撞钟 108 声，北京戒台寺、上海玉佛寺、苏州寒山寺、洛阳白马寺等著名寺庙举行的撞钟祈福活动已连续多年。深圳万佛禅寺还在元旦举行新年传灯祈福法会。广州光孝禅寺在元旦到来之际举行大规模的迎新年法会。上海浦东崇福道院是一座具有千年历史的道观，2007 年以来一直在元旦来临之际举行“迎新年，庆元旦”法会活动，内容包括敬香盟愿、敲钟迎福、点祈福灯等。

在机关、学校、企事业单位等高度依赖西历的机构中，传统新年习俗的某些方面向元旦转移了。元旦也有人祝贺新年，过去寄贺年片，现在大多发贺年短信和微信，朋友之间相互传达新年的问候。从全国范围来看，年轻人在西历年到来之际举行辞旧迎新活动越来越成规模。上海的年轻人在西历新年到来之际喜欢到外滩举行辞旧迎新活动，每届西历除夕，数十万人汇集到这些地方，迎接新年的气氛十分热烈。元旦的民俗化已成为当今都市节日文化不可忽视的现象。

六、应避免“春节”误导传统新年

对传统新年的称呼，“春节”一词用得越来越多。但是，必须指出的是，“春节”不是传统新年的百分之百合格的替代词，因为它让人产生误解，把三元伊始、辞旧迎新的新年当作迎春、颂春的春季节会。

传统新年出现在立春前后，古人在过年的时候，也会拿春天说事，但春风、春光、春日只是个征兆，是表示新年降临的一种物候。王安石《元日》诗中“爆竹声中一岁除，春风送暖入屠苏”，把春风吹拂作为新年到来的象征。吴自牧《梦粱录》中提到的“迎春牌儿”，则是人们迎接新年的一种装饰物。春是新年的使者，烘托新年兆始、欣欣向荣的景象，甚得其宜。古代还把过年贴的对联称作“春联”。潘荣陛《帝京岁时纪胜》载：“除夕……祀祖祀神接灶，早贴春联，挂钱悬门神屏对。”[①]富察敦崇《燕京时岁记》说：“春联者，即桃符也。”[②]但是，把传统新年改名春节之后，却因“春节”之名，在过年习俗活动中注入更多迎春、颂春的内容，好像我们过年时迎接的不是新年，而是春天。更有人把过大年与迎新春混在一起，在新年之际大谈春文化，迎春反宾为主，成了节日的主角。把“新年来了”说成是“春来了”，把“迎新年”说成“迎新春”，把“祝贺新年”说成“祝贺新春”，把对新年的期待说成“期盼春天到来”，新年联欢会也被称作“春节联欢会”，新年期间的运输也被称作“春节期间运输”（简称“春运”），等等，不一而足。春天作为新年的第一个季节，在一定程度上当然可以代表新年，但是迎春不是过大年的全部。用春天代替新年，用迎春代替迎接新年，把新年文化转变成新春文化，我们的新年悄然之间变味了！

时至今日，由于用春节指称传统新年已有100多年的历史，让春节回归立春的可能性微乎其微；同样，让元旦回归传统新年的可能性也很小。历史需要尊重，近代形成的传统也要维护。但是，农历年期间应提倡用“过年”

---

① （清）潘荣陛、（清）富察敦崇：《帝京岁时纪胜 燕京时岁记》，北京古籍出版社1981年版，第41页。

② （清）潘荣陛、（清）富察敦崇：《帝京岁时纪胜 燕京时岁记》，北京古籍出版社1981年版，第95页。

"新年""迎新年"来称呼欢庆传统新年的活动，在不发生歧义的情况下，尽量减少用"春节"指称新年，"春节联欢晚会"也应改名为"新年联欢晚会"，阳历年的联欢晚会可用"元旦联欢晚会"，以示区别。

我们可以做一些努力，还原传统新年的文化习俗，尽量减少作为替代语的"春节"所带来的额外附加成分，回归过年的万象更新、预兆未来的宗教民俗意义。

田野报告

文化融汇中的信仰实践

——云南景谷傣族泼水节"赕巴达"仪式的个案研究

罗　敏*

摘　要

云南景谷地区南传佛教受到了德宏、西双版纳和汉文化的影响,"赕巴达"仪式也融汇了这一多元的文化因子。"赕巴达"是景谷傣族泼水节期间定期举行的仪式活动,以"赕"为献拜形式,以敬拜佛祖为主要内容,兼纳了当地原有神灵信仰和其他文化因子,是一种多元文化融汇中的民间信仰的实践观影。

关键词

多元文化;景谷傣族;"赕巴达";民间信仰

"赕"一词最早来自古印度语,在词典中被解释为"奉献"。它以布施观念为核心,以善念、善心为具体呈现方式,多在固定的节日和斋期举行,形式和种类很多。"赕"几乎是傣—泰民族共同的生活重心所在,有佛就有赕,有赕也就有佛,佛赕相依。云南景谷和西双版纳对此的叫法是一样的,一般称作"赕",其形式和内容也多有相似之处,而德宏大多叫作"卤"①。在云南傣

* 罗敏,云南大学民族学与社会学学院博士研究生。

① 褚建芳介绍,卤即赕的意思,也就是敬献、向佛献供的意思,相当于布施、施舍。卤的方式很多,摆只是其中一种。摆的主要内容及核心成分即拜佛献卤,目的是求阿祚"福分"。(参见褚建芳:《人神之间:云南芒市一个傣族村寨的仪式生活、经济伦理与等级秩序》,社会科学文献出版社2005年版,第223、251页)因此,从这一层面上说,德宏的"卤"和景谷、西双版纳的"赕"最核心的内容都是敬佛献佛。

族赕文化研究方面，学界已有一些相关成果。例如，田玉玲主要对赕的类型进行分类（周期赕、仪式赕、功德赕）①，并对其社会功能（协作与整合、互助与分享、节日与集会、艺术展演与传承）进行了研究。② 艾罕炳归纳了西双版纳地区 20 多种类型的赕③，这些赕紧紧镶嵌在人们的日常生活中。龚锐从圣俗论视角揭示了西双版纳“赕”所呈现的消费世俗化的趋势和特征。④ 抗战期间，田汝康先生对云南德宏傣族的摆和做摆活动进行了研究，摆与非摆活动的比较研究，清晰展现了两者之间的差异，进而凸显了摆的鲜明特征，并阐述了摆在傣族社会中的地位和功能。⑤ 多年后，褚建芳在田汝康先生的田野村寨进行了再研究，对其仪式生活进行了全面、细致、深入的田野考察，分析了傣族社会文化的经济伦理与等级秩序。他在《人神之间：云南芒市一个傣族村寨的仪式生活、经济伦理与等级秩序》一书中指出：一个存在分化与分层的社会中，有一种根据交往双方所处等级地位及其相应的需要、权利、责任与义务而界定的不同的施报内容与施报规范。综上，傣族主要聚居地区的赕文化已有较多研究。

相对而言，目前学界对杂居于众多民族中的景谷傣族的赕文化研究较少，其主要成果包括以下内容。刘军、梁荔从圣俗视角对景谷傣族民间信仰进行了介绍，阐述了当地“赕”的类别及其功用：公益性的赕——功德最大，强化教义教规和纪念性的赕——节庆中巩固传承，集体性的赕——萨榻凝聚力的象征，与原始宗教整合后的赕——各行其是并行不悖，复合赕——大赕套小赕，赕佛无极限，呈现出“多赕多得，无所不赕”的特性。⑥ 此外，周寒丽、纪仁春等学者对景谷地区的南传佛教节日和仪式进行了实地考察⑦，并

① 参见田玉玲：《略论傣族南传佛教赕佛活动及其分类》，《神州》2013 年第 23 期。

② 参见田玉玲：《论傣族赕佛活动的社会功能》，《民族论坛》2013 年第 8 期。

③ 参见艾罕炳：《西双版纳傣族赕文化》，云南人民出版社 2010 年版，第 1～189 页。

④ 参见龚锐：《圣俗之间：西双版纳傣族赕佛世俗化的人类学研究》，云南人民出版社 2008 年版，第 262 页。

⑤ 参见田汝康：《芒市边民的摆》，云南人民出版社 2008 年版，第 55～65 页。

⑥ 参见刘军、梁荔：《圣与俗：景谷傣族的南传上座部佛教》，云南人民出版社 2014 年版，第 170～187页。

⑦ 参见周寒丽、纪仁春：《景谷南传佛教音乐的人类学研究——以泼水节和朝仙仪式为例》，《普洱学院学报》2014 年第 2 期。

分析了当地民间信仰的现状以及变迁中所产生的问题[①]。张振伟、高景对景谷朝圣行为的功能进行了分析，认为它是对族群认同的记忆和行为构建。[②]上述研究都提及了当地的“赕巴达”活动，却未能进行更深入的研究。本文试图在既有研究基础上，对景谷傣族泼水节“赕巴达”的仪式进行更加深入的观察和描述，以呈现其丰腴的全貌，并剖析其蕴含的民间信仰理念。

一、景谷佛迹："巴达帕舍"(小仙人脚)和"巴达雷光"(大仙人脚)

据史料的记载，云南景谷傣族为顺澜沧江迁徙的一支，约周朝时期就有傣族先民在景谷居住，由于长期和汉族杂居，因而被称为“汉傣”[③]，自称“哈傣”“傣人”，拥有自己的语言和文字。在景谷，至今已发现了26处有上千年历史的巨型手印、脚印，当地傣族人把它们敬奉为“巴达”(即有仙迹的地方)。佛迹所在之处都被视为一个圣地，进而建造一个佛寺。这些手掌印和脚印深陷于巨石之上，手印则大小不等，最长的也有1米多。有这些手脚印的地方都有一个显著的特点：山高路险，林密水丰，风景秀丽。在众多圣地中，永平镇的“巴达帕社”(小仙人脚)和“巴达雷光”(大仙人脚)最为著名，每年泼水节期间，当地傣族或者周围几县(耿马、双江等)，甚至泰国、缅甸等一带都有人前来献拜。

巴达帕舍，坐落于永平镇费竜寨的山中，离永平镇中心有五六公里远，是因佛迹而建的著名南传佛寺。这里山明水秀，鸟语花香，颇有“深山藏古寺，曲径更通幽”之感。据佛寺碑刻记载，发射仙人脚佛寺(巴达帕舍)建于乾隆五十年(1785)，至今已有226年历史，1967年时被破坏，于1982年重新建立。其脚印长1.5米，宽0.6～0.8米，脚印深0.3米，脚跟还有三个褶皱，

① 参见周寒丽、宋燕金：《社会文化变迁中的南传佛教——以景谷县大寨村南传佛教“赕坦”为例》，《沧桑》2014年第1期。

② 参见张振伟、高景：《景谷“佛迹”与傣族朝圣行为研究》，《湖北民族学院学报》(哲学社会科学版)2012年第6期。

③ 肖建伟主编：《景谷年鉴(1999)》，云南科技出版社2001年版，第20页。

十分像人的脚印，没有经过人为打凿，是天然形成的脚印。据当地人介绍，这些脚印是佛祖过路的时候留下来的，说明这个地方有灵气，不然不会印在石头上面。也就是因为这个脚印，人们才在此处修建庙宇。“文化大革命”时期，该庙宇被破坏，但脚印没有遭到损坏。改革开放后，庙宇又重新修建，至今已有几十年光景，香火又日益兴旺起来。近几年，佛寺负责人经过仪式之后重新打扫清洗小仙人脚，然后为其涂上了金粉，使其成了金色。其目的主要有三：一是与佛的颜色相称，代表庄重；二是尊敬佛脚印；三是方便人们看得更加真切。

巴达雷光，位于永平镇昔俄寨，是永平坝子的最高点，山门前有石阶数百台，登寺瞭望，整个永平镇一览无遗。佛寺原建于乾隆五十年(1785)，毁于“文化大革命”，现存佛寺是1982年在原来的基础上重新扩建的。佛寺的大理石碑旁刻记了当时捐款人的名字和金额，原来的佛寺和塑像也没有被毁掉，只是变成了“后手”(后边的走廊)。佛寺里有很多雕塑，既有观音大士(男性)和新发里(财神)，也有释迦牟尼佛佛像，只是更小一点。1988年11月，景谷县人民政府公布该寺为县级文物保护单位。2014年10月，佛寺遭遇6.6级大地震，万幸的是损坏不大，后来又进行了修缮。

正门入寺处有一石牌，是最初建寺庙时留下的，刻有用傣文横书阴刻的碑文、汉文题联和汉字落款。石碑高3米，宽1.5米。石碑正面有阳刻高1.5米、宽1米的大“佛”字。石碑分左右两部分，石碑左方经文记载了两项内容：一是关于佛祖在此登天留下脚印的记载，二是发现仙迹后当地人组织修建佛寺的情况。石牌记述了傣历1136年(1774)(属蛇年)7月26日(属蛇日)中午时，和尚素烈胜弟从畹町来到该处开发大仙人脚，召土司官罕找、罕过兄弟两人领导永平等12个地方的男女老少建筑大仙人脚大殿，此殿用了11年时间建成。乾隆五十年(1785，傣历1147年)7月26日为大仙人脚立碑，勐戛、勐卧、勐班、勐安、勐光、勐乐、勐连、勐引、母勐、耿马、勐栋、勐定、磨茂、崴里、半坡等地的傣族群众都来赕佛，参加立碑仪式。该殿结构为重檐歇山顶围廊式，气势宏大，金碧辉煌，当时被称为“佛教圣地”。其修建耗费纯银11万两，单雕刻石碑就动用了3666两。石牌背面有汉字书写的一副对联：上联“不是一番苦行未知何处觅仙迹”，下联“若非百计踌躇那得斯地有名山”，横批“大皈依先生就西弥”。横批上有一排经文，据安章[①]所述，那是在此登天的四位仙人名字的缩写。第一个踩下脚印升天的是嘎哥圣塔，他下凡在人间修炼了4万年方升天；第二个踩下脚印升天的是戈那戛麻纳，他在人间修炼了3万年方升天；第三个是嘎赛巴，他在人间修炼了2万年方升天；第四个踩下脚印的是佛祖果大麻，即释迦牟尼。碑正中落款时间是汉文“乾隆五十年丙午住持护朝鞯鼎孟秋月谷旦立”。

二、“赕巴达”仪式过程

“赕巴达”为傣语音译，以前当地汉语方言称之为“朝仙节”，现在官方已将其改名为“朝圣节”。当地傣族人坚信，佛迹之处的手脚印等是释迦牟尼佛不远万里巡游传教弘法留下来的，其每到之地都是圣地所在。因此，自古以来，当地就形成了一年一度的“赕巴达”，从采花后的第一天开始，每天朝拜一处，已有几百年的历史。2015年以前泼水节期间的“赕巴达”由勐嘎总佛寺主持，按照傣历推算出祥日才通知各个佛寺，佛寺再告知其所属村寨，一般是每隔7～9天去一个地方。在永平镇乃至景谷县，泼水节“赕巴达”一般都是去“巴达帕社”和“巴达雷光”，其他地方的佛迹大都只是附近的傣族村寨去朝拜。2014年10月7日，景谷地区发生6.6级大地震，震源深度5000米，震中位于永平镇。2015年是傣历1377年，也是永平镇较为特殊的一年（灾后重建），当地政府对泼水节也有了更多的介入。2015年以前的“赕巴达”没有官方的日程表，一般都是自发形成的村寨或者家庭活动，但在2015年有了官方的日程表。每一佛迹处的“赕巴达”基本一致，历时1天。本文重点描述景谷县永平镇最大的佛迹处——巴达雷光“赕”的过程。

① 安章，傣语，也称“缅先生”，意为规范师。

2015年景谷泼水采花节庆祝活动安排①

日期	时间	活动内容	地点
4月14日	全天	堆沙	县城勐卧佛寺
	13:00	诵经比赛	永平镇岱骏广场
	17:00	傣族文字书法比赛	
4月15日	全天	堆沙	县城勐卧佛寺
	12:00	泼水狂欢	永平镇岱骏广场
	19:00	最美"婻波丽"比赛晚会	
	20:00	群众文艺展演	县城孔雀广场
4月16日	8:30	取浴佛水、采花	县城大红毛树龙洞
	12:30	采花巡游	县城滨河西路金色外滩—金三角—十字街—孔雀广场
	13:00	100人象脚鼓舞表演及颁奖	永平岱骏广场
	13:30	泼水采花庆祝仪式	县城孔雀广场
	14:30	浴佛活动	县城勐卧总佛寺
	15:00	摆街　泼水	永平镇岱骏广场
	19:00	村寨文艺表演	
	19:30	放莲花灯活动	县城威远江民族生态走廊中段(威远江大桥旁)
	22:00	激情焰火晚会	永平镇岱骏广场

2015年景谷傣历1377年泼水节期间朝佛活动日程②

1.景谷县城及附近佛迹朝拜活动日程安排

(1)4月17日吊钟山佛迹(距县城9公里)

(2)4月18日香盐(距县城12公里)

(3)4月19日芒旭佛迹(距县城6公里)

(4)4月20日芒朵佛迹点(距县城10公里)

(5)4月21日大寨(距县城1公里)

(6)4月22日珑玲佛迹(南景村)

① 景谷县旅游局:《2015年景谷泼水采花节庆活动安排》,2015年3月27日发布,http://www.pejgw.com/Item/Show.asp? m=1&d=5564。

② 景谷县旅游局:《2015年景谷泼水采花节庆活动安排》,2015年3月27日发布,http://www.pejgw.com/Item/Show.asp? m=1&d=5564。

续表

(7)4 月 23 日大芒费铜矿佛迹(距县城 8 公里)
(8)4 月 24 日芒冒佛迹(距县城 5 公里)
(9)4 月 25 日换乐佛迹(南景村,距县城 13 公里)
(10)4 月 26 日芒顿(南景村)
(11)4 月 27 日芒哈(南景村,纸厂附近)
(12)4 月 28 日新云盘(距县城 20 公里)
(13)5 月 1 日训岗仙人卦(距县城 26 公里)
2.永平镇 13 个巴达佛迹佛塔朝拜路线和时间安排
(1)4 月 17 日朝拜巴达帕舍(小仙人脚)
(2)4 月 18 日朝拜巴达雷光(大仙人脚、雷光佛迹寺)
(3)4 月 19 日朝拜巴达帕故(迁岗)
(4)4 月 20 日朝拜巴达罕哪(迁营罕哪)
(5)4 月 21 日朝拜巴达昔木(昔木水库)
(6)4 月 22 日朝拜巴达遮放(迁糯)
(7)4 月 23 日朝拜巴达曼落大石岩(南谷)
(8)4 月 24 日朝拜巴达芒岛(茂密芒岛)
(9)4 月 25 日朝拜芒畔和南哈白塔(迁茅)
(10)4 月 26 日朝拜巴达卧瓣(茂密芒公)
(11)4 月 27 日朝拜巴达发罕(团结)
(12)4 月 28 日朝拜巴达芒美(茂密芒美)
(13)4 月 29 日朝拜巴达迁东五指树(五十三对面石场)

(一)准备物品

天刚方亮,男主人要到古井里挑一担水,女主人要用它来淘洗蒸煮糯米,盛入"丫丫葫芦"[①]以滴水或烹饪其他食物。备好糯米饭、牛肉干、猪肉干、萝卜节、酱辣子、腌菜、饮料和其他食品,吃过早饭(11:00~12:00)后,以村寨为单位前往佛寺,有些离得远的村寨会较早出发。当然,这时的佛寺也开始热闹了,大佛爷、小和尚们忙着堆沙,摆放用品,附近的傣族村寨的人们

① "丫丫葫芦"是用当地农户自己种植的一种体形较小的葫芦制作而成,中间小两头大,也可食用。葫芦长大成熟后,挑选形状较为完好的葫芦将其连着藤条一起采摘下,放置于房檐下风干。风干后,将葫芦的表皮刮干净,用刀削掉连着藤条的头部,掏空葫芦里面的杂质。清洗干净、晾干,再用竹条绕着葫芦身编上"丫丫",最后涂上一层金光漆,也会绘上一些精美的图案,这样既美观又能防虫、防腐。

也前往佛寺帮忙，妇女们则是忙着给前来的信众们准备凉品和糯食。

(二)上山入寺

雷光佛寺位于山顶，山脚到山顶有3公里远，以前都是步行，现在修了路，摩托车、小型车辆可以直达佛寺。身体条件允许的话，信众们一般会选择步行。入寺需衣冠整齐，脱鞋帽，女子脱在佛寺院子门口，男子脱在大殿门口。脚不能踩门槛，更不能坐倚。

(三)敬拜佛祖、佛爷

入佛寺后，要先跪拜三次，然后献糯米(有生的和熟的两种)、蜡条(不用香，只用蜡条)、钱(放一些零钱，以1元、几角为多数，当然也有献5元、10元的，根据个人的经济情况来定)。在去朝拜佛祖的过程中，要把手洗干净，方可掏出自己所带的金色的碗或银色的碗，从中将白色或者染了色(黄色)的糯米拿出来，再拿出零钱、蜡条，将这些东西放到左边的石盆中。在放之前要将所放的东西举到自己的头顶上表示敬意，一般先放钱再放蜡条，然后放糯米饭。如果糯米饭粘在手上，既不能在石盆上抹掉，也不能在自己的衣服上抹掉，必须慢慢用手互抹在石盆中，以示对佛祖的敬意。先放左门神，再放右护卫，放完之后才能进入佛寺大殿。各种在佛祖面前敬献的程序也是一样的，里边没有石盆，只用放在佛台上就行。当然，要敬献完中间的大佛后，才能敬献两边的佛爷。来“赕”的人们也会带一些米来，给佛寺里边的大佛爷和小和尚们“献”和食用，所献之物基本都放在大殿正厅的柱脚下面。

(四)敬拜石狮、迪瓦拉、敲钟

敬拜完大殿内的佛祖、佛爷后，则去敬拜佛寺大殿外围的迪瓦拉以及门口镇守的两个石狮子，燃上蜡条，赕上财物。一进佛寺门口就有一个直径1米左右的大锣，大锣由黄铜制成，中心有8个圆点，还画有傣族的各种纹饰图案。大殿后面有一个大钟，可以供来赕的人们敲击，但首先要磕头挂功德，敲击的时候要钟上敲击一下，地上敲击一下，如此循环，总共钟上三下，地下三下，表示“震天动地”。

(五)泼水、歌舞、品凉品

敬拜完后则是泼水狂欢,年轻人和小孩尤为喜爱。佛寺附近村寨的傣族人也为前来"赕"的信众准备好丰盛的凉品宴,摆上蔑桌,用醋水、辣子、花椒、芝麻等油制香料凉拌米干、米线、凉粉给朝赕的人免费食用。人们会在旁边找一块空地席地而坐,拿出所送的"凉拌礼物",同时拿出自己所带食物与家人、朋友一起分享。年轻人很有活力,还会进行泼水活动,老年人则席地而坐,一起说说话,拉拉家常,在一片欢声笑语之中分享食物。片刻休息后,人们就打上一段象脚鼓,敲起小铓,打起小镲,跳起傣族舞蹈来助兴。

(六)滴水诵经

到16:00左右,佛寺安静了许多,大部分人已经散去或者在安静地休息,大佛爷、小和尚开始忙碌起来了,开始鸣乐、诵经、滴水。人们会集中在大殿里,大佛爷、小和尚诵经敬告佛主、鬼神,为整个傣族聚落、信众及家人祈福,边听边用"丫丫葫芦"滴水。同时,这里还可以求签,请佛爷帮忙解签。也有人送来黄布,放在佛主脚印上面。滴水仪式完成后,整个活动结束,人们下山还家,路途远的人则可在佛寺中免费吃住一晚。

三、"赕巴达"仪式的多元文化融汇

"赕巴达"活动最突出的地方是布施,主要对象则是"巴达"佛祖,可以说这是景谷傣族每年要都进行的活动。在佛迹四周点燃蜡条,献上食物和钱财,礼拜佛僧,诵经滴水。景谷地区傣族是一个多元文化汇融后形成的民族,深受傣族其他支系和周围其他民族文化的影响,而其最具文化个性的地方就是融汇了汉文化,自建造勐卧总佛寺的那年(1644),大理手艺精湛的石匠、木匠等就被请到景谷来[①],"赕巴达"更是这一多元文化汇融后的民间信仰实践。

---

① 据笔者2015年至2019年期间的田野调查,永平镇灾后佛寺重建中也有许多从大理来的工匠。

(一)佛迹故事,记忆载体

傣族人坚信,景谷境内26处佛迹就是佛祖果达麻云游时留下的手脚印,只有圣洁之地佛祖才会在此留印,佛祖亲临也让此地更为圣灵。每一佛迹就有一个故事,一个故事承载了一代又一代人的记忆,被世人不断传诵。"赕巴达"最主要的目的就是献拜佛祖,感念佛祖的助佑与圣灵,保一方的和谐乐康。当然佛并非仅佛祖一人,还有佛爷、和尚。佛爷、和尚在当地有较高的地位,身穿袒露右肩的黄色袈裟,脚穿拖鞋,他们行走于乡间道路时,路人要停步行礼。他们是佛祖的弟子,服务信众,造福一方百姓。各种仪式仪典,往往具有重要的纪念目的,"赕巴达"在这样重大的节庆里举行,就是要变得常态化,目的在于提醒世人不要忘了佛祖的恩德。人们世代传承,乐于拥有、敬仰这些佛迹,它是一次神圣的洗礼,是一次记忆的强化。佛迹故事则是这种记忆的载体,"重复"的叙事更加强化了人们对同一集体记忆的认同和传承。

(二)献拜迪瓦拉,原初信仰的呈构

迪瓦拉(傣语音译),是众多保护神灵的统称,当地傣族把专门供奉这些神祇的神龛叫迪瓦拉。迪瓦拉分属三十几路(来路,即分类),有山神、寨神、树神、水神、地神、家神、勐神、欲界的"帕雅英"、色界梵天界的"帕雅捧"、无色界的"楠妥娜妮"等。它们是当地民间信仰的主体,也是当地傣族最初的信仰主体。"赕巴达"不仅敬拜佛祖,还要献拜迪瓦拉,呈现出当地民间信仰体系中最原初的体系。佛寺一般会给迪瓦拉预留位置,永平镇一带放在大殿四角,意为东西南北四方神。信众献拜迪瓦拉众神,他们相信万物有灵,山有山神,树有树神,地有地神,寨有寨神,勐有勐神,神灵无处不在。这些众神既是保护神,也是禁忌神,助佑当地人,凡人不得侵犯,否则会带来不幸。因此,人们既感念众神,也畏惧它们,小心翼翼地献拜,从财物的选择和准备都精挑细选,说话行为更是不敢怠慢和出错,一切遵循惯例,当地原有的神灵信仰得以代代相传,存留至今。

(三)泼水狂欢,娱人娱神

"泼水"是泼水节的关键词之一,水是洁净之水、生命之水(生命之源)、沟通之水。泼水节以泼水的方式来祝福吉祥如意,水既能洗去看得见的污秽,也能洗去看不见的污秽与灾难。傣族人无论是日常生活,还是节庆活动都离不开吃跳[①],“有赕就有京(吃),有京才有赕,京京赕赕,赕赕京京”,可以说就是家庭宴席或者村落聚宴的特色。“吃,其实是世俗富足的象征,这体现了人们观念中赕与世俗世界的正相关或良性循环。不赕就没有吃的,越赕越有吃的”[②],这样的场合当然少不了歌舞餐聚,更少不了泼水狂欢。去往佛寺的路上便有很多人泼水,大都是年轻人和小孩,中老年人大都是一心来赕。到了佛寺,从献拜开始到结束都不泼水,特别是大殿禁止泼水。附近村寨的妇女们也会在佛寺阴凉地方搭好桌子,摆上凉粉、凉米线还有糯米、粑粑等傣族特色小吃供前来赕佛的人们免费食用。人们也拿出自家带来的食物与亲朋好友共享,而后是当地傣族传统的歌舞唱跳。歌舞宴席具有娱人娱神的作用,人神共娱。如果说敬拜佛祖和献拜迪瓦拉具有更为神圣的色彩,那么泼水歌舞宴席则较具世俗韵味。“来的都是客,来的都是亲戚”,四方宾客的到来使得节日的气氛更为浓郁,也增进了彼此之间的了解和沟通。当地社会民风淳厚,各民族团结和谐的良好氛围事实上与这一民俗传统有着密切关系。

四、结　语

“赕巴达”是景谷傣族泼水节特有的仪式活动,一年一赕,是一种周期性和纪念性的赕,定期朝拜佛祖仙迹以表对佛祖的敬仰和念情。无论佛迹是在山林还是在村寨,每年泼水节期间傣族人都会在佛迹前献拜,泼水祝福,跳起象脚鼓舞,祈求人间幸福。民众朝拜佛迹,献拜佛祖与各神灵,祈望护佑,以赕的方式来感念佛祖,敬畏神灵,舍得今世财物,报得来世极乐,也护佑一方安乐。景谷地区南传佛教受到了德宏、西双版纳和汉文化的影响,“赕巴达”仪式也融汇了这一多元的文化因子,无论从形式上还是内容上来说,都深深地刻上了当地民间信仰的印迹。

---

① 吃跳,就是聚会聚餐和歌舞唱跳。

② 刘军、梁荔:《圣与俗:景谷傣族的南传上座部佛教》,云南人民出版社 2014 年版,第 164 页。

民间节日仪式中"俄亚"的集体记忆及文化认同*

光映炯**

摘　要

文化认同对于研究特定社会群体的族群认同具有重要意义。对于一个处于较封闭环境的族群来说,它的族群边界及文化认同不仅是一个不断发展与建构的过程,而且与社会文化变迁的诸方面有着密切关系。本文以滇川交界处的俄亚纳西族群为例,基于民间节日仪式的集体记忆及其文化实践与文化生境演变,对"俄亚"在社会文化交流等多方面的影响进行了分析,多层次地呈现了"俄亚"纳西族群文化的建构与他构过程,而社会文化交互作用下的俄亚纳西族群文化认同演变也体现出相对的流动性。

关键词

俄亚;民间节日仪式;集体记忆;文化认同;文化生境

一、问题的提出

弗雷德里克·巴斯认为,族群之所以形成相对固定化的群体是在文化

* 本文系国家社科基金西部项目"滇川地区东巴文化的旅游展演及活态保护机制研究"(12XMZ068)的阶段性成果。

** 光映炯,云南大学工商管理与旅游管理学院副教授。

差异基础上的群体建构过程，族群认同会受到各种社会因素的影响，族群的边界主要就在于其社会的边界。在社会环境迅速变迁的当下，族群的稳定性及其认同的维持也受到各种外来影响和刺激。杨福泉先生认为，纳西族群的认同随着社会变迁及多种因素出现了多元化的趋势，有国家建构、区域建构和自我建构等，且具体表现为官方认定的身份、学术界对纳族群的称谓、族内认同方式。[①] 对于"俄亚"的纳西族群来说是否如此呢？长期的封闭地理条件及环境使得四川境内的"俄亚"一直固守在"纳西"的认同层面，2012 年后道路的修通以及与外界接触的加速，使得文化生境发生演变，处于纳西东巴文化生境边缘区域的传统民俗文化生态开始多向流动，并形成了"俄亚"的文化符号。本文以滇川交界处四川省木里县俄亚纳西族群文化为例，主要基于 2013 年、2015 年的田野调查资料尤其从民间节日仪式出发探讨社会文化变迁中的族群文化特质及文化认同，并就文化生境演变对族群及族群认同的影响予以揭示。

二、俄亚："古代社会的活化石"

俄亚纳西族群主要是指现今生活在俄亚大村的纳西人群，俄亚大村是四川省凉山州木里县俄亚纳西族乡的六个行政村之一，俄亚纳西族乡一半以上的纳西族都集中在俄亚大村。至 2015 年 1 月，俄亚大村有 220 多户，1700 多人。俄亚大村地处滇、川两省的丽江、香格里拉、宁蒗、稻城、木里五县的接壤之地，这是一个"鸡鸣两省五县"的地方，四面环山隔水，道路崎岖，交通闭塞，同外界接触十分艰难，以至其多年来不为外人所知。

俄亚，在洛克的《中国西南古纳西王国》中有记载：永宁東吉河山谷上的一个大村子俄亚，汉人称之为"窝亚"，是丽江纳西人聚居的村子，这些纳西人大都是明朝木增统治时期（1587～1646）防守在这个区域的纳西士兵的后裔。[②] 1406～1729 年，俄亚受纳西土司的管辖。传说他们是被纳西土司木生白派遣到这里的，其中很多人也是木里土司的卫兵。据载："俄亚系纳西语，

① 参见杨福泉：《多元因素影响下的纳族群称谓与认同》，《民族研究》2013 年第 5 期。

② 参见[美]约瑟夫・洛克：《中国西南古纳西王国》，刘宗岳等译，云南美术出版社 1999 年版，第 278 页。

意为大岩包(因过去管理该地的土官‘俄亚木官’的官署建造于大村大岩包之上而得名)。”[①]以前,马帮从俄亚到木里县所在地乔瓦镇要走10天左右,日常生活所需的很多物品如盐和茶必须通过马帮的交通方式从最捷径的香格里拉和永宁等地输入,俄亚大村的社会发展空间非常有限。

俄亚大村的纳西以农业为主,家畜饲养为辅,生产全为牛耕,交通工具主要为马匹,由于交通、气候、水利、土质等所限,生产力水平很低。过去,由于极其封闭的自然生境与社会生境,俄亚大村维持了大量独特的文化特质与社会形式,被誉为“一块巨大的社会活化石”。这些文化特质构成了俄亚纳西族群明显的稳定性。俄亚纳西的文化特质与俄亚纳西的身份紧密相关,如俄亚大村的来历、俄亚的家名体系、俄亚的东巴信仰、俄亚纳西的语言、过年等节日习俗、婚姻社会、马帮文化,等等。

俄亚大村的纳西大都有这样的“集体记忆”,俄亚大村有400多年的历史,据说很早以前有一纳西族酋长常带族人从云南丽江来俄亚一带进行游猎,后因这个地方水草丰美,宜于牧马打猎,丽江纳西族的统治者木官便分其后裔来俄亚大村居住。[②] 东巴们说,最早来到俄亚这个地方的有六“家”,大概40多户,这六家的家名为木瓜、委玛、益海、瓜扎、拉布、加黑。“木瓜”在以前是木老爷家的(人);“委玛”是木老爷专门配来喂马的(人);“益海”是放羊的(人);人有什么困难,人死也好,就找“瓜扎”家;“拉布”原来是邮递员;“加黑”是放马的(人)。俄亚大村的纳西族群至今仍然在使用这些家名,并在此基础上发展形成了近百个家名和家族体系。俄亚大村还有“俄亚艾纳威”的说法,最早木瓜家就住在老鹰坡头部的地方,即现在大村桥头上的岩石包上,其他家族就沿着老鹰翅膀分布居住,并形成了现在的“蜂巢式”村落建筑奇观。

从到俄亚定居开始,就有东巴信仰了。东巴、瓜扎家族就是俄亚大村最早做东巴仪式的两大家族。东巴家族的东巴做祭天仪式,而瓜扎家族的东巴主要做丧葬仪式,后来又发展出若干可以做东巴仪式的家族。但是,“祭天东巴”只有东巴家族的能做,其他家族的东巴是不能做的;也只有东巴传

---

① 曾小鹏:《俄亚托地村纳西语言文字研究》,光明日报出版社2013年版,第9页。
② 参见《纳西族社会历史调查2》,民族出版社2009年版,第6页。

统的家族后代才能继续当东巴做仪式，贝汁(东巴的助手)是不能当东巴的。这些文化传统的规则一直延续着，俄亚至今(2019 年以前)已没有祭天仪式了。不过，俄亚每一个纳西人在日常生活中都离不开东巴，取名、成人礼、婚俗、丧葬、出行、建新房等都需要东巴进行占卜或做仪式。① 截至 2016 年 1 月，俄亚大村大约有 18 名东巴。此外，俄亚纳西族群虽然也实行一夫一妻制，但俄亚至今还存在多夫(兄弟)一(共)妻、多妻一夫等多种婚姻状态，有"安达"②等遗留的社会婚姻习俗。

俄亚纳西族群是有着自己一系列习俗生活的人，俄亚纳西语言也是其必要的可区分的文化特征之一。"只知伊古，不知丽江"的情况在俄亚非常明显，老人们更是"只知押赤，不知昆明"。俄亚纳西的语言虽然属于纳西语的西部方言区方言，但是更像古纳西语，云南丽江地区、香格里拉白地乡等地的纳西人到俄亚后一开始都很难对话，要适应一段时间后才能顺畅交流。俄亚纳西的文化传统塑造了俄亚纳西族群文化形象，这一文化形象通过这些习俗模式维持下来。

俄亚纳西族群有自己的历法，俄亚历法一年有 12 个月，大月为 30 天，小月为 29 天，单月为大月，双月为小月，但是十一月、十二月都是大月，因此一年 355 天。俄亚历法也分平年和闰年两种，遇到闰年还要加上一个月，为 384 或 385 天。俄亚大村过年的日子要由几位懂历法、有资历的东巴根据天上"恒美祖"(月亮)和"给"(星，二十八星宿)算出，据说要从祖先迁到俄亚那天开始算起，要叫它为"纳西历"。一般十月份就开始看星象，商讨过年的日子。俄亚的历法初成体系，但仍处于变化之中，历法的制定和修改由东巴负责。③ 过去，每年的过年时间都由村里年长的木瓜林青看星象卜卦而定，时间大都在公历一月期间。2017 年木瓜林青去世后，过年时间就由村里几位东巴商量而定。俄亚在历史认同方面虽对丽江有着特殊的联系与情感，但由于语言、文化等不同，还是与丽江的纳西族群有所区别。

---

① 参见光映炯、和继全、光映霞：《滇川交界处俄亚大村的文化生境及其演变》，《西南边疆民族研究》2013 年第 1 期。

② 安达，纳西话，意为"朋友"。

③ 参见周寅：《俄亚大村木瓜林青东巴"兔年历日书"译释——兼论俄亚大村历法情况》，邓章应主编：《学行堂语言文字论丛》，四川大学出版社 2012 年版，第 368～385 页。

三、民间节日仪式：俄亚大村的集体记忆与文化实践

俄亚大村的村落历史体现了俄亚纳西族群的集体记忆，而民间节日仪式保留着俄亚诸多社会记忆和文化传统，不仅维持着俄亚纳西族群的文化认同，还协调和强化着俄亚特有的社会秩序。

（一）民间节日习俗与历史认同

俄亚大村一年中节期相对固定的祭仪、仪式很少，因为俄亚的年节与外地都不同。2015 年的新年在公历 1 月 20 日，2016 年的新年在公历 1 月 10 日，每一年的新年时间都不同（下文指的是“俄亚年”），一月过新年，二月祭山神，三月祭山神，六月祭祖先，十一月祭祖先，十二月给牲口过年，最隆重的节日主要就是新年。

新年一般要持续四天，从头一年三十到大年初三，而大年初一是最隆重的一天。十二月三十日（音拉笃，Ladu）这天是除夕，村民要除尘、洗头、洗澡、挂年画、祭十八路神、请东巴做素库仪式（祭家神）。大年初一（音搓多滴里，Cuoduodili），是新一年的开始，人们要到烧香台去念经、烧天香、拴卡达[①]、喝黄酒、转山、唱《喂蒙达》[②]、赛马，初二、初三也去烧香台。俄亚大村主要有两个祭天群：“普渡”与“古徐”，分别有两个烧香台，地点不同，且“普渡”祭祀天神之后“古徐”才能祭天；祭祀内容繁简不一，祭品也有所差别。“文化大革命”后没有了祭天的习俗，而烧香台却一直保留并沿用至今。过年时，不同的家族分别去各自的烧香台敬香。

二月八（音嘿束，Heishu）是祭山神的日子，也有人说是星宿节，要烧香，不准杀牲。这天还要祭三个神，分别是“漂束”（音 heishu）、“三朵”（音 sanduo）、“间华”（音 jianhua）。又说这三个神都是丽江三个村的神，对应的是“白沙”（音 beishie）、“丽江”（音 gubei），“束河”（音 xiawu）三个地方，固定祭祀这三个神的时间在二月八。三月初三，也是祭山神的节日。过去，祭山和

① 卡达，一种礼带。拴卡达，一种礼仪往来的礼节。常为一根布带或一根毛线，不长，可以系在颈上。举行仪式时，一般根据五行配五种颜色。

② 喂蒙达，一种纳西族民间歌舞形式，无乐器伴奏，领唱者即领舞者。

祭天的东巴是同一个，现在没有这种区别了。六月初一、十二是祭祖先的日子，这天要杀猪、吃黄酒、喝茶，还要去娘家敬酒，请亲戚吃饭。十一月初二也是祭祖先的日子，与六月的活动是一样的。十二月十三是“给牲口过年吃饭”的日子，节日要持续三天，还要到庄房去过一天，过去还要集中吃饭，这天既不能杀牲，也不能碰鸡蛋。十二月二十八是“塔给勒给”（音 Tege-lege）的时间，即为小孩子举行穿裙子和穿裤子的仪式。之后，就到新年了。

俄亚的节日仪式反映了一种原生性的祭仪行为及民俗生活意义。仪式不仅是一种物化的行为的方式，而且体现了一种浓厚的敬祖情结和族群的集体记忆与历史认同，每年的祭祖仪式讲述纳西的族群源流史，特别是二月八还强化着对丽江等地的社会记忆。族群认同不仅依赖文化特征，还要靠一系列行为所被赋予的特殊社会含义来维系。

（二）穿裙子礼、穿裤子礼与文化认同

有关俄亚仪式的记录和描述很少，在此以两大重要的完整的仪式过程呈现来了解其族群的仪式实践与文化表达。

这里没有“成人礼”的说法，当地称之为“tage-lege”（音塔，给勒给），即“穿裙子、穿裤子”日子，就是过年前的两三天，休息一天后就得迎接新年的开始，这寓意着他们长大成人并将迎接新的一年。

俄亚大村的小孩平常都不过生日，所以穿裤子、穿裙子这天就是小孩子最高兴的日子。小孩子长到 13 岁（虚岁，本命年那一年）左右就要行穿裙子礼或穿裤子礼。仪式可以提前举行，但不能推后。提前的情况一般有两种：一种是行礼时，小孩子与家里人有属相相冲；还有一种就是家里希望小孩能早为家里分担家务。

仪式一般要本家族的东巴来主持，家族中属相合的同性别年长者为小孩子穿裙子或穿裤子，同时宴请家族的成员，来祝贺的人要给一些礼物。每年至少有十来个孩子要经历这样的仪式，这样的习俗世代相传。过去，仪式之前父母提前几年就为女孩子准备好由火草制成的传统裙子或传统裤子，现在大多是麻制的。在举行仪式的头一天，父母就要做好各种安排，要请好家族中的东巴，有时家族中举行仪式的孩子较多，就必须去“抢”东巴，或请了住在自己家，或者仪式当天天不亮就去东巴请过来，还要请好本家族中属

相合的年长者“塔给西/勒给西”(纳西语,意思是穿裙子的人/穿裤子的人)来为孩子穿裙子或穿裤子。若是女孩举行穿裙子礼要请女性,若是男孩举行穿裤子礼则请男性。这天不准骂小孩,不说不吉利的话。

天还未亮,家里人做好各种准备,然后请东巴坐到火塘边,等“塔给西/勒给西”也来到家里,仪式便可开始了。先是东巴念经,家里用柏枝等除秽,然后小孩站在米袋上,“塔给西/勒给西”给小孩先穿上事先准备好的裙子或裤子,然后穿上上衣、鞋子、头饰及各种配饰,家里人吹响海螺,东巴、“塔给西/勒给西”、家里的老人为小孩系上白色卡达。2015年属相为羊,根据五行来算,五行属水,水配白色好,所以系白色卡达。小孩向老人磕头后,就可接受亲朋好友的礼物了。然后,小孩向东巴、“塔给西/勒给西”敬酒,招待客人吃早饭。鸡蛋、夏达汤和香肠、勒骨、米灌肠等都是这天必须要准备的食物。

孩子的“成人礼”是一个重要的社交场合。送来的贺礼大都是一块自纺的麻布或者一坨腊肉,主人家则回敬早已准备好的“份饭”[①]。对俄亚纳西人而言,“成人礼”意味着责任,不仅是长大成人的宣示,也是对家族和种族的责任。

仪式时,裙子或裤子用的是俄亚的传统服饰;仪式后可以换新装,女孩子换上永宁摩梭人的裙子,男孩子换上木里藏族的楚巴[②];女子胸前戴格呜[③],男子则佩戴藏刀。据说,穿裙子礼、穿裤子礼后的“换装”是在20世纪80年代后才出现的现象,穿藏族的楚巴,穿永宁摩梭人的裙子,穿丽江纳西族的裙子,甚至穿着其他种类的裙子,所形成的“纳里藏外”现象[④]表达着一种特殊的中间身份。

(三)俄亚新年与族群认同

再以2015年的过年习俗为例。大年三十这天,家里人要将大堂打扫干净,然后请家族里的东巴来祭十八路神。东巴在家里念经,要敬素神,用三个核桃、一碟酸菜和小麦敬献素神;还要用一碗酒、一碗茶,一碗大麦面、小

① 参见晓夫、杨灵:《俄亚:古代社会的活化石》,《凉山日报》2012年4月7日。

② 楚巴,藏族服装名,一种大襟长袍。

③ 格呜,藏族传统饰物,藏语音译,意为“护身佛盒”。一般为银、铜制,亦有金制的,大小不等,形状各异。

④ 参见鲍江:《象征的来历——叶青村纳西族东巴教仪式研究》,民族出版社2008年版,第109页。

麦面、柏树叶、茶、酥油、黄酒、蜂蜜的混成物敬献山神、水神。

初一这天早上是烧香、拜年。先在家里烧香，然后到大村背后山上的烧香台去烧香。一般先给女方家的老人拜年，给老人带去麻布衣服、裤子、猪腿肉、前腿、猪膘肉等。近年来，仪式上的衣服多为汉族的衣服、裤子等。全家都要身着新衣去拜年，小孩给老人拜年，老人给孩子压岁钱。然后，就要到烧香台去烧香，每家都要将事先准备好的竹子、杜鹃、松叶、柏枝以及黄酒、卡达线等带上烧香台。一般来说，从大年初一到初三，村里人可以随便哪天去烧香台上香，但哪天去就要看自己的属相，自己的属相与哪天的属相合就可以哪天去。以2015年为例，这年属羊年，初一属兔，初二属龙，初三属蛇，这三天内，凡是属相与日子属相相合的，都可以去；而属相不合的则只能在初三那天去，如蛇、鸡、牛、狗等。当然，最近几年这样的禁忌也没有过去那么严格了。

过去，村民每到初三这天就要到大村的三岔路口处去唱喂蒙达，跳笛子舞、“金吉搓”、葫芦笙舞，高高兴兴地跳一天。现在没有大的空地，也就没有跳舞了。烧香时有很多禁忌，如不能往上看，不能哭，不能掉东西，等等。

整个仪式由村里的大东巴来主持。主祭东巴到达后也做准备一起完成仪式。山神的坐骑是虎，先将虎的图片放上，挂上经幡，将经书拿出，所东巴画挂上，除秽，烧天香，吹响海螺，仪式就开始了。

东巴先领着大家跪拜，转烧香台，将橘子、梨、虾片、肉等放在天香台上，将酒、大麦、大米、菊花叶全部放在火中。东巴领着几位年轻东巴念经书，每家人都有一个代表手拿长竹，祈求长命百岁，保佑一年平安健康，并将长竹插在天香台上。然后，东巴带领大家用黄酒、柏枝祭山神，举行加威灵仪式。

接下来，女人跪在主祭东巴面前用黄酒先敬东巴，说吉利话；女人起立与他人敬酒，然后大家就开始一起喝黄酒，“高高兴兴一起喝”。之后，东巴领着一队人进行喊魂。有人手捧大麦，有人拿着刀向着烧香台相反的方向压仇人，放鞭炮，撵走一切不吉利的事情。

然后，请东巴“拴卡达”。与羊属相相配的是白色，但有拴白色的，也有拴其他颜色的，如黄色、红色、紫色等，须跪着，请东巴拴。小孩头一次拴，必须看颜色，必须拴白色卡达。村里全部人的卡达都由主祭东巴拴，而东巴的卡达由村里属相合的年长者来系，东巴不用跪。

大家要再次跪拜，转烧香台。这次从左往右转烧香台，要牵着马，往烧香台上丢玉米、大麦、大米，口念“哈加龙”①。最后，再次跪拜后大家一起唱喂蒙达，赛马，玩游戏，一起娱乐。

表面上看，俄亚纳西族群主要通过历史、语言、宗教、服饰、节日习俗等文化特征进行区分，但根本上是通过具体的文化行为及仪式实践来加强和维持族群特质及族群认同。在俄亚大村最具特殊性的两大节日习俗中，过年是社区的集体行为，过年行为中还表达着国家认同。用“一起喝黄酒”来维系感情、联络关系并维持俄亚大村的文化认同。穿裙子礼和穿裤子礼是家庭行为，是在家族内部进行的成人教育，体现了家族的互助与紧密关系，所换服装中还体现出对外的社会关系和族际交流。从这些习俗中可以发现“东巴”在其中具有重要地位，他们是维系这些社会关系、社区组织的重要纽带，东巴文化也是俄亚大村纳西族群边界及其稳定性的重要因素之一。

由于封闭的自然环境与独特的族群文化，俄亚形成了明显的区域文化，这些文化特质使其与云南的丽江、白地等其他纳西族群既有联系又有区别，形成了独特的“俄亚”纳西族群文化。“俄亚”这个词最早是地理的、历史的范畴，而后在差异中被赋予文化的范畴乃至更多的社会意义。

四、俄亚大村：“纳西古城在丽江，纳西古寨在俄亚”

“俄亚”的边界在与纳西族群边界及文化认同关系中得到维持和稳定，与稳定的族群组织相比较，社会文化生境的演变不断地影响着俄亚族群的对外交流关系，并使其从内向稳定转向外向文化流动。俄亚大村与外界的社会交流、文化互动具体表现在行政、经济、旅游等方面。

1675 年 9 月，西藏五世达赖喇嘛颁发文书将俄亚等 5 村赏赐给木里，俄亚即归木里土司管辖，直到解放前夕为止。建县前，俄亚属木里大寺衙门管辖，土司派驻该地的地方官称“木管”②，世袭并被授予“姑擦”职位。同时，木

① 哈加龙，音 Hajialong，藏语，吉祥的意思。

② 这里提到的“木管”，与“木官”及后文中的“木瓜”，都是同音，后来由官名变成家名。在家名的汉音写法中，用“瓜”以示有所区别。（参见王世英：《四川木里县俄亚纳西族乡大村调查》，和发源、王世英、和力民编：《滇川纳西族地区民俗宗教调查》，云南民族出版社 2008 年版，第 3 页）

里大寺衙门另派一名官人驻该地，与木官共同管理地方事务。20世纪50年代，民族大识别时俄亚纳西族群被识别为纳西族。1972年10月，俄亚被改建为俄亚人民公社，共辖6个大队19个生产队。1983年恢复乡的建制，全乡辖6个村28个村民小组。1984年11月，经四川省人民政府批准，俄亚改建为俄亚纳西族乡。[①] 于是，俄亚纳西族乡的纳西族群在木里藏族自治县的辖区范围内展开各种社会活动，接受教育、看病治疗等必须去四川境内。在社会发展过程中特别是在行政变革下，俄亚大村的行政认同浮于历史认同之上，同时成为俄亚大村的基本认同表现之一。

20世纪80年代初，迅猛发展的农村体制改革也推行到这个偏远的山区，以包产、包干到户为主要形式的家庭联产承包责任制改革也深深影响着俄亚的农村经济发展。但是，封闭的交通和恶劣的自然条件是农村经济发展的最大障碍，至今俄亚仍处于贫困境地，经济资源极其有限。去"庄房"耕作是俄亚特有的农村经济形式之一，至今俄亚大村仍分为7个小组。20世纪80年代至今，很多专家、学者对俄亚大村的社会调查记录是外界了解俄亚的重要资料，但俄亚还有很多不为人知的重要信息未全部展示在世人面前，仍保留有强烈的神秘性。

1999年，该村通过一个扶贫项目借马帮拉来了一台发电机，装机容量55千瓦，于是俄亚大村有了"通电"的历史。至今，当地已有很多小型电站，水电已大部分覆盖，水库、电站的发展大大促进了木里到俄亚的公路修通。1999年、2001年丽江先后举行了两届"国际东巴文化艺术节"，吸引了俄亚的个别东巴前往，产生了影响力极强的社会文化效应，俄亚大村的"知名度"为外界所知晓。2006年，俄亚纳西族习俗被凉山州评为"州级非物质文化遗产"。2007年6月，俄亚纳西古建筑群被批准为"四川省省级文物保护单位"。2011年，俄亚纳西族传统歌舞"金吉搓"被列入"四川省级非物质文化遗产名录"。当地人告诉笔者，所有纳西的地方都没有金吉搓，只有俄亚这个地方有。"金吉搓"翻译过来的意思就是"搭云桥"。传说纳西族最早从丽江来到奉科，再来到四川，中间要走15天；起初也在丽江找对象，俄亚和丽江是通婚的，后来因为太远就没有再联姻了。很多老人思念那边，就把思念之

① 参见曾小鹏：《俄亚托地村纳西语言文字研究》，民族出版社2013年版，第10页。

情寄托给云朵，他们希望有一道云桥连接俄亚和丽江，所以在这里就产生了这样一种歌舞，这里面的内容丰富，但现在很多年轻人都不会了。

2014年，俄亚大村村旁的俄亚纳西族乡小学的王偏初在中央电视台和《光明日报》联合主办的第四届“寻找最美乡村教师”大型公益活动中被评选为中国十位“最美乡村教师”之一。之后，关于俄亚的各种信息被广泛传播开来。通路之后，俄亚大村出现了几个客栈，到2015年有6个小客栈，大大方便了各种来往需求与服务。客栈的出现，刺激着当地经济的发展，也为当地社会经济发展带来了“新鲜”与“活力”。现在，部分散客已将俄亚作为探险之旅的重要目的地之一。2009年10月，玉龙纳西族自治县户外运动协会一行三人到俄亚“参拜、学习、研究和探路”[①]。不仅如此，很多去过俄亚多次的游客也对俄亚有着一种特殊的“游客凝视”。

与“外面世界”的现代文化相比，“原生”状态的俄亚已成为很多背包族、摄影发烧友的新景点，吸引着越来越多的游客，特别是其建筑、成年礼、新年的对外传播影响效应很大。“纳西古城在丽江，纳西古寨在俄亚”的文化景观已成为旅游开发中最响亮的宣传名片。2015年底，中央电视台播放的《聆听中国——传承》又讲述了纳西东巴的传承故事。2016，俄亚大村被列入国家第四批“中国传统村落”名录。“俄亚”的“文化形象”就是东巴文化保留较完好的地方，是云南丽江、香格里拉很多纳西人（特别是东巴）以及一些游客想去看一看的地方。

俄亚纳西族群的“传统文化”越来越多地呈现在人们面前。最近几年，仪式中所穿的传统火草衣或麻布衣服又多了一些花边和更多的装饰。在与多方的社会交流中，族群的流动性也逐渐增强，通公路后，越来越多的年轻人到丽江的饭店、景区等去打工。据了解，2015年1月大概有100人外出打工。通过“适应”，语言沟通不再是问题，俄亚纳西族群的对外联系与交流在增强，族内认同的重心在社会流动中发生多向转移。2018年底，俄亚的几位东巴到丽江玉水寨接受专业的东巴培训，学习内容包括经书念诵和祭天仪式。2019年1月10日，俄亚恢复了中断62年的春节祭天仪式。丽江纳西文化传承基地的东巴也前往俄亚，俄亚与丽江在东巴文化方面的社会交流

① 《俄亚——被遗忘的村庄》，http://ljylhw2008.blog.sohu.com/137942363.html，2009-11。

也越来越多。这些社会关系的转变与空间距离、文化距离、社会距离等有关。与地理位置、行政中心、纳西文化中心、社会流动频繁中心的距离差异，使“俄亚”被俄亚之外的他者所区别并被“他构”。

五、结　语

从“一块巨大的社会活化石”到“纳西古城在丽江，纳西古寨在俄亚”，俄亚大村正经历着种种社会文化变迁，俄亚纳西族群的认同也随之出现了多元化的趋势，其中有地理因素、历史原因，也有社会的影响，还有国家建构、区域建构、自我建构还有他者建构。

俄亚大村的纳西族群文化传统模式在相对封闭的自然生境和社会生境条件下形成了其特定的生活方式基础，文化差异及特质源于地理的与历史的原因。祭仪及其行为是一种象征性的族群记忆与集体表述，有国家层面的民族认同、区域层面的木里认同，还有纳西认同基础上的文化认同。具体地看，俄亚的民间节日及仪式体现了历史认同与地理认同；穿裙子礼、穿裤子礼与家族认同、文化认同、社会认同联系在一起；俄亚新年中还体现了国家认同与族群认同；在与外界的对外交流中被他者凝视并被“他构”。反之，也可以说，这个案例表明了族群认同包括多种内容：国家认同、族群认同、历史认同、文化认同、社会认同以及村落认同、家族认同，等等。当然，文化认同是族群文化认同的重要组成，尤其通过节日仪式进一步形成族群文化内容以及自构与他构中对“俄亚”的认知形象。节日仪式是充满社会意义的文化实践，其社会文化意义与表达实践不断被同化为一种认知模型。

此外，文化的历史积累、文化的独特性构成了纳西文化生境的核心要素，而社会空间的对外联系不仅是文化生境的重要影响因素，也从外在反映了当地的文化变迁趋势，这些因素共同形成了时空尺度下分析文化生境的重要内容。对于社会文化生境比较简单的单一族群来说，影响族群认同的主要原因是“原生性”的，祭天的“再生性”会对族群文化“再构”产生影响，社会文化生境的演变则会对其社会组织结构产生影响并形成更深层的变迁，边缘化的族群会趋近交流频繁的社会角色并进一步引发族群认同的对外交流与外向型认同变化。

冬至节俗的传承与变迁

——基于 2018 年太原地区冬至节俗的调查*

侯姝慧　冀伟　马翠翠**

摘　要

冬至，起源于周朝，正式成为一个节日是在汉代。其一直传承不断，至今已有 1800 多年的历史。二十四节气中，冬至是最早确立为“二分二至”中的一个，不仅有鲜明的农业文化特色，还具有浓厚的伦理观念与人情味。山西的省会太原，是三晋文化的交汇之地，是典型的北方城市，有着独特的冬至文化。通过 2018 年对太原地区村庄、校园和城市三个空间中的冬至节调查，我们发现当下冬至节俗的节令内涵减少，人文内涵增多，节俗的内容和形式随着时代的变迁由单一型向复合型发展，呈现出多样性。

关键词

冬至；太原；乡村、校园与城市；传承与变迁

一、溯源：冬至的历史渊源

冬至兼具自然与人文两大内涵，既是自然节气点，也是一个传统的祭祀

---

* 本文为文化部国家社科基金特别委托项目“中国节日志·冬至节”成果之一。

** 侯姝慧，山西大学文学院副教授；冀伟，华东师范大学民俗学研究所 2019 级硕士生；马翠翠，华中师范大学文学院 2019 级硕士生。

祖先和神灵的节日。早在春秋时代,中国人就用土圭观测太阳,测定出冬至。冬至是二十四节气中最早制订的一个节气,时间约在农历十一月中旬(公历12月22日、23日左右)。古人认为自冬至起,白昼一天比一天长,阳气回升,代表下一个循环开始。冬至节有许多别称,如冬节、小年、亚岁、长至节、贺冬节、阳节,等等。[①]

古代对冬至十分重视,据记载,周历的正月为夏历的十一月(周代的正月等于如今的十一月),拜岁和贺冬并没有分别,直到汉武帝采用夏历后,正月和冬至才得以分开。因此,冬至过节源于汉代,盛于唐宋,相沿至今。汉代以冬至为"冬节",官府要举行祝贺仪式,即"贺冬",例行放假。《后汉书》记载:"冬至,阳气起,君道长,故贺。"[②]《后汉书》又载:"冬至前后,君子安身静体,百官绝事,不听政,择吉辰而后省事。"[③]可见,冬至这天,朝廷上下要放假休息,军队待命,边塞闭关,商旅停业,亲朋各以美食相赠,相互拜访,欢乐地过一个"安身静体"的节日。所以,人们最初过冬至节是为了庆祝新一年的到来。唐宋时,冬至和元旦在节日中的地位几乎同等重要。南宋孟元老的《东京梦华录》中有这样的记载:"十一月冬至,京师最重此节,虽至贫者,一年之间,积累假借,至次日更易新衣,备办饮食,享祀先祖。官放关扑,庆贺往来,一如年节。"[④]到了这一天,即使是贫穷人也要更换新衣,准备饮食,祭祀先祖,等等。也就是说,在冬至这天,一切如同过年一样。到了明清时代,冬至的地位更上一层,皇帝要亲自祭天,百官要进表朝贺。吴景旭的《历代诗话》便记载了人们欢度冬至的盛况:"十一月冬至日,百官贺冬毕,吉服三日,具红笺互拜,朱衣交于衢,一如元旦。"[⑤]

2016年11月30日,联合国教科文组织将"二十四节气——中国人通过观察太阳周年运动而形成的时间知识体系及其实践"正式列入人类非物质文化遗产代表作名录。作为二十四节气之一的冬至,具有极为重要的实际应用与指导价值,既是农业生产活动的时间指针,也是传统时代民众日常社

① 参见徐龙梅:《南京的冬至文化》,《江苏地方志》2018年第1期。

② (南朝宋)范晔:《后汉书·礼仪志中·冬至条》,中华书局1999年版,第2121页。

③ (南朝宋)范晔:《后汉书·礼仪志中·冬至条》,中华书局1999年版,第2119页。

④ (宋)孟元老等著:《东京梦华录》,古典文学出版社1957年版,第56页。

⑤ (清)吴景旭撰:《历代诗话》,景印文渊阁《四库全书》第1483册,台湾商务印书馆1986年版,第815页。

会生活的重要时间节点；不仅是一种时间制度，而且具有异常丰富的民俗内涵，还是民众多彩生活的重要体现与组成部分之一。[①] 关于冬至的调查研究具有重要的现实意义和人文关怀，而太原作为山西省会，是三晋文化的融会之地，保留着独特的冬至文化，所以我们选择太原作为我们冬至节俗的调查点。

二、变与不变：太原市冬至节俗调查

本次调查[②]的时间是2018年12月15日至12月23日，选取的主要调查地点有校园、村庄和城市，试图从三个不同的空间来了解太原当下的冬至是如何过的，还保留有哪些习俗，这些习俗有哪些变化。

（一）地方志记载中的太原冬至

通过翻阅太原市各地区的县志，我们了解到志书当中记载的冬至习俗。

《太原市北郊区志》："冬至，俗称'过冬'。冬至阳生，开始日长，民谚说'天短不过十月'，'过了冬，日长一针'。从这天起开始数九，严寒开始。过冬要改善生活，有的吃饺子，有的吃油糕。50年代前，这天有祭孔尊师活动，学童要请本村教师吃饭，家长要让自己的孩子给教师送食品，感谢教师一年的辛苦，今已无存。"[③]

《太原市河西区志》："冬至，俗称'过冬'。冬至阳生，开始日长。从这天起开始数九，严寒开始。按习俗这一天要改善生活，有的人家吃饺子，有的吃炸油糕。"[④]

《太原市南城区志》："冬至节吃饺子习俗，腊八节吃腊八粥习俗至今仍存。"[⑤]

《太原市南郊区志》："过冬至，吃饺子或油糕拜祖先。"[⑥]

---

① 参见王加华：《节点性与生活化：作为民俗系统的二十四节气》，《文化遗产》2017年第2期。

② 本次调查是由侯姝慧老师带领的冬至调查小组共同完成，调查时间为2018年12月15日至23日，成员包括冀伟、薛栋、张紫怡、马翠翠，文中所使用材料大多来自这次调查，在此注明。

③ 太原市尖草坪区地方志编纂委员会：《太原市北郊区志》，中华书局2006年版，第856页。

④ 太原市万柏林区地方志编纂委员会：《太原市河西区志》，中华书局2006年版，第473页。

⑤ 太原市南城区地方志编纂委员会：《太原市南城区志》，红旗出版社2000年版，第830页。

⑥ 太原市南郊区地方志编纂委员会：《太原市南郊区志》，三联书店1994年版，第841页。

《太原市小店区志》:“冬至吃饺子。是日为一年白天最短的一天,隆冬数九开始的第一天。”①

《阳曲县志》:“冬至,俗称‘过冬’。冬至前一天晚上,家家将浸好的红豆汤盛一小碗,放于天地爷前,冬至一早,先看经冻的红豆汤偏向何方,就预兆哪一方来年风调雨顺,五谷丰登,表达了老百姓一种良好心愿。过冬早饭必吃红粥(豇豆、小豆、小米、黄米做成),午饭多吃饺子或油糕。”②

《清徐县志》:“冬至日,原徐沟县各村上坟祭祖,新老坟都上。又忌已出嫁姑娘在娘家。有俗语:‘娘家过个冬,婆家死个公(丈夫的父亲)。’”③

《娄烦县志》:“民间有过冬习俗,即冬至这一天,也称冬节。在这天人们都要做软米糕,还要上坟祭祖。”④

《古交志》:“冬至,冬季第四个节日为冬至,俗称‘过冬’。农村均食油糕。个别村庄还挂神幛,祭祖先。旧时有私塾者,供孔子神位。”⑤

《新城村志》:“此日开始进入数九寒天,人们开始加穿衣服御寒。冬至这日有吃饺子预防冻耳朵的习俗。冬至后十日,便是阳历年。”⑥

《新庄村志》:“村民称冬至为过冬,寒冬数九从此日开始,午饭家家户户吃饺子。”⑦

《上兰村志》:“此日开始进入数九寒天,人们开始加穿衣服御寒。冬至这日有吃饺子预防冻耳朵的习俗。冬至后十日,便是阳历年。”⑧

通过志书当中记载的冬至,我们可以了解到冬至的叫法、冬至的时间及内涵、冬至的习俗和禁忌,等等。其中,冬至的别称有“过冬”“冬至节”;大部分记载显示冬至是“冬至阳生,开始日长,开始数九,严寒开始”;冬至主要吃的食物有饺子、油糕、软米糕;主要的习俗活动有上坟祭祖、祭孔尊师。《阳曲县志》记载了一个独特习俗:“冬至前一天晚上,家家将浸好的红豆汤盛一小碗,放于天地爷前,冬至一早,先看经冻的红豆汤偏向何方,就预兆哪一方

---

① 太原市小店区志编纂委员会:《太原市小店区志》,山西人民出版社 2009 年版,第 722 页。

② 阳曲县地方志编纂委员会:《阳曲县志》,山西古籍出版社 1999 年版,第 647 页。

③ 清徐县地方志编纂委员会:《清徐县志》,山西古籍出版社 1999 年版,第 786 页。

④ 山西省娄烦县地方志编纂委员会:《娄烦县志》,中华书局 1999 年版,第 624 页。

⑤ 古交市地方志办公室:《古交志》,山西人民出版社 1996 年版,第 529 页。

⑥ 常文清主编:《新城村志》,山西人民出版社 2011 年版,第 67 页。

⑦ 《新庄村志》编纂委员会:《新庄村志》,2006 年,第 158 页。

⑧ 常清文主编:《上兰村志》,山西人民出版社 2011 年版,第 123 页。

来年风调雨顺，五谷丰登，表达了老百姓一种良好心愿。"[①]另外，《清徐县志》记载了冬至当天出嫁的姑娘不能回娘家的习俗，有"娘家过个冬，婆家死个公（丈夫的父亲）"[②]的俗语。

（二）实地调查中的太原冬至

1. 村庄里的冬至

本次调查的第一个选点是太原地区周边的村庄，我们选择了小店区北格镇的辛村和晋源区晋祠镇的赤桥村。这两个村庄都保留着独特的冬至文化，比如辛村的冬至仍保留着上坟祭祖的习俗。但由于土地征用，上坟地点不仅有原先的村外，而且增添了一个集体上坟的地点什贴，祭祀空间由原来较为私密性的空间转变为公共性空间。

（1）小店区北格镇辛村

辛村位于太原市南，是明清至民国年间太原县辖的第一大村。冬至是辛村五大祭祖上坟节日[③]之一，当地人称其为"过冬"，场面十分隆重。

调查小组于 2018 年 12 月 21 日上午 9 点来到辛村，虽然 22 日才是冬至，但节日的氛围已经很浓厚了。一进村口，卖上坟祭品的小摊已经摆满了东西，村民们精心挑选着第二天上坟要用的东西。进入人群访问的时候，村民牛连连[④]大爷告诉我们，辛村的冬至活动主要是上坟和吃饺子。辛村上坟主要有两种：一种因 2017 年国家征地，坟地迁到了什帖，大队租用大巴组织村民集体上坟；另一种没有征地的就在村外的坟地上坟。别的村民们补充说："冬至家家户户都要祭奠老人，以前是儿子媳妇带着后辈去，现在一般一个人去，但是没过 12 岁的孩子不能进坟地。"[⑤]关于冬至为什么要上坟，村里的赵守清[⑥]大爷告诉我们："这是多少辈留下来的。按原来老人说，冬至是该换衣裳了，穿棉衣。"[⑦]冬至家家必吃饺子，据说吃了饺子不冻耳朵。牛大爷

① 阳曲县地方志编纂委员会：《阳曲县志》，山西古籍出版社 1999 年版，第 647 页。
② 清徐县地方志编纂委员会，《清徐县志》，山西古籍出版社 1999 年版，第 786 页。
③ 辛村的五大祭祖上坟节日分别为正月初二、清明节、七月十五、十月初一和冬至。
④ 牛连连，1958 年生，辛村人。
⑤ 访谈对象：王大爷；访谈人：马翠翠；访谈时间：2018 年 12 月 21 日；访谈地点：辛村村口。
⑥ 赵守清，1955 年生，辛村人。
⑦ 访谈对象：赵守清；访谈人：马翠翠；访谈时间：2018 年 12 月 21 日；访谈地点：辛村村口。

回忆道："以前吃不上饺子，只有等到过冬、过年的时候才能饱餐一顿。现在很多人家过冬的时候就去饭店，很隆重。"[①]冬至在当地也是一家人团圆的日子，但当问到牛大爷女儿是否也会回家团圆时，牛大爷说："女儿不可以，这可不行。媳妇必须回来，不能在娘家住。冬至、清明这些大节日都得回来了，离婚的（提高声音）也不能在家里住，去邻居家、朋友家住上一夜。"[②]从村民的语气中，我们了解到，冬至不能回娘家是当地人很看重的一个禁忌，没有任何人可以例外，当地还流传着"娘家过个冬，婆家死个公"的俗语，从中可以看出这一节日在村民心中是多么神圣。之后，我们来到居委会，了解到今年是由张建明和治保主任张永和负责组织冬至集体上坟。张主任介绍，上坟的人数是提前统计好的，然后统一联系大巴，组织村民免费乘坐大巴车去上坟。从报名名单来看，今年全村计划有 547 人参加上坟，7 队的张成贵家有 12 人去上坟，大多数人家是去一两人。基本了解了辛村冬至情况之后，我们来到村民王富宝家中，王富宝的配偶张桂兰和儿媳郭彩云已经在张罗着包饺子了。张桂兰说："冬至在我们村很隆重，冬至家家户户都要吃饺子，饺子的配馅和形状虽然和平常一样，但有着属于这个节日独特的意义，吃了饺子不冻耳朵。"[③]辛村村民们在重要的时间节点上一般有三种主食：饺子、油糕、馏米。但是冬至的这天只能吃饺子，不能吃馏米和油糕，按当地的说法就是怕吃了这些软食，后辈儿孙变得软弱无能，成为软骨头。如果有的人家实在不吃饺子，那就是吃馍馍。

21 日下午，张桂兰就开始准备上坟的东西了，主要有供品和元宝。供品在前几天已经备好，有香蕉、苹果、橘子、柚子、各色糕点、酒、香烟和香等。因为有"神三鬼四"[④]的说法，所以祭品一般带四个。除了这些常见的祭品以外，冬至上坟必不可少的就是饺子，饺子一般也是带四个，表示跟去世的老人一起过节。张桂兰是家中的巧手，剪纸和叠元宝都是由她来完成，叠一塑料袋的元宝差不多就够用了，这就是冬至节前的准备。

12 月 22 日早上 7 点，天刚蒙蒙亮，大队雇来的大巴车已经停在了大队

---

① 访谈对象：牛连连；访谈人：马翠翠；访谈时间：2018 年 12 月 21 日；访谈地点：辛村村口。

② 访谈对象：牛连连；访谈人：马翠翠；访谈时间：2018 年 12 月 21 日；访谈地点：辛村村口。

③ 访谈对象：张桂兰；访谈人：马翠翠；访谈时间：2018 年 12 月 21 日；访谈地点：村民王富宝家。

④ "神三鬼四"，祭祀各路神仙的供品每种要准备三个，祭祀去世祖先的供品每种要准备四个。

门口，王富宝家的大儿子王志卿、二儿子王志斌提着母亲准备好的祭品，坐上了上坟的大巴车。什帖坟地有固定的烧纸点，村民们只能在固定的地方集体烧纸，烧完之后，找到各家的墓地，开始祭拜。兄弟俩将一张白纸铺在地上，放上供品，将买来的纸花插在坟头上，烧香磕头之后，就同其他村民一起坐着大巴车回到家中。回家之后，家中的妇女已经在准备午餐了。饺子端上了桌，长辈先夹一个之后，全家人就可以开始享受这美味了，冬至的节日高潮也就在这一顿热腾腾的饺子中画上了圆满的句号。

这就是辛村人的冬至，节日的饺子包含了一家人同心同力的情愫，共同迎接数九寒天的到来。他们心系先祖，通过上坟为祖先送去冬衣，让地下的祖先也能顺利度过严寒。辛村人感念先祖恩德、慎终追远的美好品德在冬至这一传统节日中得以彰显。

(2)晋源区赤桥村

赤桥村位于山西省太原市晋源区晋祠镇新城西南。赤桥村历史悠久，文化积淀深厚，特别是村中有108姓。2018年赤桥村被列入“第五批中国传统村落”名录。

2018年12月19日，我们前往赤桥村进行预调查，随机访谈了几位村民。村口的李阿姨说道：“村里家家户户当然都要过冬至，早上吃个羊汤面啊，中午吃饺子，买点菜、肉，弄上一桌，一家人团团聚聚；家里面有老人不在的，冬至煮完饺子会往供桌上摆。”[①]在居委会门前的广场，我们看到有卖元宵的师傅，当问到这些元宵是否为冬至准备的时候，王师傅回答道：“冬至就是吃饺子的时间，家家户户都是吃饺子，中午吃完饺子，再煮点元宵吃，爱吃元宵的人什么时候也吃。”[②]在居委会门口接饮用纯净水的村民说：“冬至吃饺子，不吃冻耳朵。”“过冬比平常吃得好些，早上吃羊肉汤，汤是冬至前一天晚上就煮好了。”[③]进入居委会，我们见到了杨主任，他告诉我们：“以前冬至特别冷，咱们吃饺子一捏一个边，和耳朵一样，所以冬至吃饺子是为了防止冻耳朵。”“冬至早上，一般来说在咱们晋祠地区，吃羊肉汤吃得多，有驱寒取

① 访谈对象：李阿姨；访谈人：侯姝慧；访谈时间：2018年12月19日；访谈地点：赤桥村村口。

② 访谈对象：王师傅；访谈人：冀伟；访谈时间：2018年12月19日；访谈地点：赤桥村居委会门前广场。

③ 访谈对象：李爷爷；访谈人：冀伟；访谈时间：2018年12月19日；访谈地点：赤桥村居委会门口。

暖的说法。中午，家家户户吃饺子，现在家庭生活条件好了，除了吃饺子，家里面也会做上几个小菜，大家聚在一起吃。”“以前过冬至叫过冬，有句老话说‘娘家过个冬，婆家死个公’，意思是出嫁的女儿回娘家过冬，婆家的公公就会死掉，这就是说出嫁的女儿不能回娘家过冬，另外离了婚的女儿这一天也要离开家，过了这天才能回来。”①

冬至前一天下午我们来到赤桥村，在杨主任的帮助下，首先到张光只②老人家中调查。关于如何过冬至，张光只老人说：“早上没有特殊的讲究，一般也就吃个枣米糕、揪片汤，家常便饭，中午自然是吃饺子。”他说：“冬至是个大节，平时吃不吃饺子无所谓，冬至一定要吃。冬至是一年中白天最短的日子，之所以吃饺子和白昼的长短变化也有关系，白天短，这天劳动时间就短了，大家就能休息下来，吃顿香喷喷的饺子犒劳自己；而夏至正好相反，得劳动很长时间。过去生活条件不好，一年到头吃顿饺子都很难，不像现在。”③在交谈中，我们了解到过去冬至还有其他的讲究，比如冬至时，女儿不能在娘家，有这么个说法：“娘家过个冬，婆家死个公。”离婚的就更不能回来了，只有儿子们和孙子们在家过冬至。随后，我们来到村里现存的几栋古宅院之一——郑家老宅，这里仍居住着他们的后人。住在宅院的郑爷爷④谈到冬至时说：“冬至最根本的是告诉人们天气的变化，即最冷的时候来了，要注意防寒防冻；‘冬至一阳生’，任何事物都是物极必反的，这是自然规律，到冬至这天是冷的极限，天地阴气下降，阳气上升。”⑤冬至当天，我们在前往张光只家的途中，路过了当地历史文化名人刘大鹏的故居。院落里还住着刘大鹏的第四代后人，他们家今天早上吃的是羊肉汤面，厨房里的灶台旁边放了一盆剁好的猪肉大葱饺子馅，这和之前村民说的冬至早上吃羊汤面、中午吃饺子是吻合的。到了张光只家，他为了接马上回家的孩子们，一大早就在院子里忙碌。今天人比较多，所以交谈了一会之后，大家就开始动手包饺子。擀皮的是老人的二儿媳妇，姓王，张奶奶负责包，我们也加入其中，很快就包

① 访谈对象：杨赖根；访谈人：侯姝慧；访谈时间：2018 年 12 月 19 日；访谈地点：赤桥村居委会值班室。

② 张光只，1944 年生，目前是护林员，家原在赤桥村旁边的花塔村。

③ 访谈对象：张光只；访谈人：冀伟；访谈时间：2018 年 12 月 21 日；访谈地点：张光只家。

④ 郑爷爷，1952 年生，赤桥本地人。

⑤ 访谈对象：郑爷爷；访谈人：冀伟；访谈时间：2018 年 12 月 21 日；访谈地点：郑爷爷家。

完了水饺。到中午吃饭的时候，我们看到不仅吃饺子，王阿姨也准备了很多小菜，一家人其乐融融地聚在一起吃午餐，共同度过冬至节。相比张光只老人家，郑爷爷家就比较冷清，因为儿女在外没有办法回来。但郑奶奶仍很早就准备好了饺子馅，我们一起帮忙包饺子，中午吃饭的时候，不仅有水饺，也有凉菜。

从我们的预调查以及对冬至当天的观察中，我们可以知道赤桥村过冬至又叫“过冬”，它预示着这是冬天最冷的一天，提醒人们要注意保暖，家人在这天一般都会回来，要吃饺子防止冻耳朵，另外也会吃羊汤面，现在生活条件变好了之后，除了吃饺子，也有元宵，还会做几个小菜，冬至成了家庭小聚会的一个节日。

2. 校园里的冬至

本次调查的第二个选点是校园。校园是学生的第二个家，除了家庭，校园是学生待得最长的地方，加上校园是学生学习知识和传统文化的地方，因此各种节日从家庭延伸到校园，冬至也不例外。沃禾小学七年来举办的冬至庆典是学校让学生了解节日文化、习俗的重要途径，也是加强学生与学生、父母与子女、老师与学生、老师与家长沟通交流的重要手段。山西大学在20世纪90年代就有冬至集体的文艺演出活动和学生们自发组织的冬至包饺子活动；如今文艺演出虽然没有了，但存在于学院班级、校园组织、老乡会当中的包饺子活动依然进行着，且形式和内容更加多样。

(1)小学：以太原市晋源区沃禾小学为例

沃禾小学位于山西省太原市晋源区晋阳湖畔，是一所现代化的全日制小学。这所小学不同于一般学校的是，特别注重对孩子进行传统文化教育，举办过元宵庆典、端午庆典、中秋庆典和冬至庆典，让孩子们在实践中学习，在传统文化的熏陶下成长。

今年冬至，沃禾小学依旧准备了一场精彩的冬至庆典。本次冬至庆典活动共5个，分别是话剧、消寒日历、小手工、饺子宴以及深冬花园。(见表1)

表 1　　　　　　2018 年沃禾小学冬至庆典活动

活动名称	活动内容
话剧《太阳神》	用最入情直观的方式表达爱唱歌的太阳女神希温·乌娜吉的故事，太阳女神在冬天为人们送去温暖
消寒日历	画九九消寒图，用九九八十一天的时间来体会古人是如何度过寒冬迎来春风的
小手工	用大自然给予人类的礼物——小松果来体会冬季不孤单，一样丰盛有趣。手工制作小组制作的是松果风铃，每个小朋友有家长陪护，家长和孩子一起制作
饺子宴	小朋友们自己包饺子，暖暖的饺子下肚后不再怕冻手、冻脚、冻耳朵。包饺子用的是小麦面和菠菜面，老师准备了萝卜等馅料，怕不够吃，提前包好了一些
深冬花园	深冬花园是用树枝铺成的一个螺旋状“迷宫”，中间有个蜡烛，小朋友们要捧着插了蜡烛的苹果，沿着树枝走到中央，然后用手中苹果上的蜡烛点燃中间的蜡烛，体会一年中黑暗最长的日子。苹果象征着平安和祝福，它红红的颜色也会带给我们温暖的感觉

本次活动的负责人闫灵慧介绍说：“冬至办这样的活动是从建校就开始的，至今已经 7 年了。我们是中国人，我希望孩子们有一颗中国心，希望孩子们记住自己的中国根。现在西方的节日充斥着我们的社会，我希望孩子们能过一些有中国特色的节日。冬至在传统节日中是非常重要的，也有很多的习俗，但是现在只剩下吃饺子了，我们希望恢复并传承这些习俗。”[①]从中我们可以知道，沃禾小学每年会举办冬至庆典，不变的内容有吃饺子和九九消寒图，这也符合冬至的基本内涵，其他活动也紧紧围绕冬天这个主题，但每年会有一些小小的改动。举办这样的活动，一方面丰富了冬至的人文内涵，让更多的孩子和家长认识和了解冬至这个节气和节日，进而传承冬至文化；另一方面丰富了学生的课余生活，促进了学生与学生、父母与子女、老师与学生、老师与家长之间的沟通与交流。

(2)大学校园：以山西大学为例

为了预先了解学生们对冬至的记忆，我们于 12 月 18 日在课堂上对汉语

① 访谈对象：闫灵慧；访谈人：薛栋；访谈时间：2018 年 12 月 22 日；访谈地点：沃禾小学。

言文学和汉语国际教育两个专业的同学进行了调查，分别选取了 11 位南方同学和 6 位北方同学（以太原市内为主）。经过调查发现，从小在太原长大的同学对冬至吃饺子的传统都有较为清晰的记忆，都听过“冬至不吃饺子会冻耳朵”的俗语，在过冬至的时候回家也好，在学校也好都必须去吃一顿饺子。来自太原的钱思宇同学说：“我家祖祖辈辈都住在这儿（太原），我们家这个冬至过得还算太原人里比较隆重的，我们家老一辈乡土观念比较重，我又在本地上大学，所以每年冬至都会回家过，今年冬至正好是周六，肯定会回家。”[①]南方来的同学，虽然冬至在家以吃汤圆、元宵等为主，但受到身边大多数北方同学的影响，也会选择在冬至当天去食堂吃饺子，不过吃饺子并不是必须的。来自福建泉州的陈素晴同学说：“虽然我们都不怎么以家庭为单位集体地去过冬至，但是自从来到太原之后，冬至成为在山西大学的福建人聚在一起沟通情感的一个重要契机，很多在外地的福州人都会转发关于福州冬至的一种记忆，我们福建老乡会每年到冬至的时候就会在令德食堂组织煮汤圆活动。”[②]由此我们可以看到，南北方同学对冬至的重视程度有很大的差别，单就太原来说，冬至是一个非常重要的节日。

位于山西省太原市的山西大学，是一所建校于 1902 年的百年老校，在传承冬至文化方面有着悠久的历史。20 世纪 90 年代，该校不仅有学生们自发组织的冬至包饺子活动，还有集体的节日演出活动。文瀛食堂的工作人员聂瑞峰说：“九几年的时候，那会儿学生对冬至相当重视，加上生活也单调，所以节日氛围很浓；现在除了冬至还有其他各种各样的节日。过去是以系为单位，一个大系一两百人一起包饺子，另外连续两个晚上分别在一灶和二灶进行表演，这是由校团委组织的，每一个学院、社团都会参与演出，这样的表演会在晚上持续一到两个小时，有上千名学生和教职工观看演出，学校保卫部会出面维持表演场地的秩序；现在办活动没有过去多，如今过冬至大部分是以学院班级为单位，活动以包饺子为主。”[③]

---

① 访谈对象：钱思宇，山西太原人；访谈人：侯姝慧；访谈时间：2018 年 12 月 18 日；访谈地点：山西大学文科楼 117 教室。

② 访谈对象：陈素晴，福建泉州人；访谈人：侯姝慧；访谈时间：2018 年 12 月 18 日；访谈地点：山西大学文科楼 117 教室。

③ 访谈对象：聂瑞峰，男，49 岁，80 年代进入山西大学学生食堂工作至今；访谈人：张紫怡；访谈时间：2018 年 12 月 20 日；访谈地点：山西大学文瀛食堂。

学生在食堂包饺子的习俗可追溯到20世纪80年代。1985年左右，山西大学的学生在冬至节已经有了包饺子的活动，只是还未形成一定规模，参与人数较少。2018年，山西大学冬至节浓郁的节日氛围从冬至前一周就开始以食堂为中心弥漫开来，食堂的楼梯口已经摆出"某某号窗口提供水饺"的宣传海报，打饭窗口处也摆上了"本窗口冬至提供包饺子可提前预约"的宣传牌。冬至节前后，山西大学文瀛餐厅和令德餐厅会陆续开展学生包饺子的活动。从组织者来看，这类活动大致可划分为三类：一是辅导员和班委组织的以学院或班级为单位；二是以校园学生组织为单位；三是以老乡会为单位。

2018年12月15日，山西大学2019级文学院学生在令德文化餐厅举行了集体包饺子过冬至的活动。本次活动由辅导员总体安排，班委具体执行，学生集体参与。在学生来餐厅之前，餐厅工作人员已经准备好了饺子馅、面皮和各种工具，饺子馅儿有粉条胡萝卜、葱花猪肉和牛肉馅。东西齐全之后，大家就各自分工，揉面的、擀饺子皮的、包饺子的。来自山西吕梁的王婕同学，擀皮很熟练，她说她在家里的时候过冬至专门负责擀面皮。她家里每年都会过冬至，上中学时她虽然是住宿生，但冬至这天父母会叫她回家吃饺子。来自山西临汾的黄钾议同学，正在教一位同学擀面皮："擀面皮是我奶奶让做的，我妈妈教的我。你先把小块的面团轻轻地压一压，一只手捏着面团的这边儿，另一手滚擀面杖。擀过一下后转一个方向继续，擀到整个面团变成圆的皮就行了。我这个擀得中间和四周的皮薄厚程度差不多，没擀好，擀得好的面皮应该中间厚四周薄。"[①]辅导员赵巧玲也和同学们一起擀面皮，包饺子。当谈到为何举办这样的活动时，赵老师说："冬至是冬天里最重要的一个节日，我想通过举办这样的活动，让远在家外的同学感受到节日的温暖，增强同学们之间的相互交流；也借此机会让同学们体验包饺子的乐趣，这也是对生活能力的一种锻炼。"[②]除了以班级为单位的活动，学生组织凭借自身的优势会吸引很多同学的参与，一个拥有两三百人规模的学生团体，也是举办冬至活动的一个重要集体。山西大学主要的校级学生组织有学生会、社

① 访谈对象：黄钾议；访谈人：冀伟；访谈时间：2018年12月15日；访谈地点：山西大学令德文化餐厅。

② 访谈对象：赵巧玲；访谈人：冀伟；访谈时间：2018年12月15日；访谈地点：山西大学令德文化餐厅。

团联合会、校报记者团、广播电台、电视台等，这些组织会在冬至节组织一些集体的活动，以此促进部门成员之间的交流，增进彼此的感情，进而增强组织的凝聚力。另外，在山西大学就读的省外学生常常自发组成老乡会。刚入校的大一学生参与老乡会的热情很高，他们在这个团体中找到了归属感。每到冬至，南方的老乡会就会组织包饺子、包汤圆的活动，这不仅能让没有包过饺子的南方人体验北方冬至节的乐趣，还能让大家感受到节日和乡情的温暖。今年冬至，来自历史文化学院2017级的方鑫茹组织了包饺子活动，她谈道："举办这样的活动是想让吃汤圆的南方孩子感受一些北方的民俗活动，我想通过包饺子这个活动让他们来山西之后更能深刻地体验一下北方文化。"[①]

冬至既作节气也作为节日，延续至今，人们在最寒冷的日子里，吃上一碗热腾腾的饺子，就算有时不在亲人身边，但想到对方也在同一时刻吃着同样的食物，心里就会感到无比温暖。

3. 城市里的冬至

为了调查的全面性，我们不仅调查了校园和村庄，还调查了太原市的居民是如何过冬至的。从对太原学生和居民的访谈中，我们可以知道，冬至对于他们来说是非常重要的一个节日。市民们过冬至主要有两种方式：一是家人在家自己进行包饺子的活动，二是冬至前在外面的饺子饭店预订。但不管是以哪种方式进行，都是家人团聚、共度冬至的重要途径。

三、总结与思考

通过梳理地方志当中记载的冬至节俗，我们找到了太原过冬至的文献依据，了解到太原地区冬至的叫法、冬至的时间及内涵、冬至的习俗和禁忌等；通过对太原地区村庄、校园和城市三个空间的调查，我们了解到太原地区冬至节俗活动传承与流变的情况。冬至是一年中最冷的一天，为了不冻耳朵，这一天家家户户都要吃饺子；还要进行上坟祭祖、祭孔尊师的活动。如今，吃饺子仍是冬至节俗中重要的一部分，有家人团聚一起包饺子，有以

① 访谈对象：方鑫茹；访谈人：冀伟；访谈时间：2018年12月15日；访谈地点：山西大学令德文化餐厅。

班级、学生组织、老乡会为单位相聚在一起包饺子，有市民在家包饺子或去餐馆吃饺子。冬至包饺子已经成了家人相聚、班级团建和组织团建的标配活动，包饺子起到了促进民众彼此互动交流的功能。

另外，我们也发现，当下冬至的节令内涵减少，人文内涵增加，这与太原的社会变迁、科技进步和文化多样性有着密切关系。过去冬至起着指导农业生产和丰富家庭生活的节令功能和人文功能，现在随着城市人们生活节奏的加快、生活水平的提高和市场供应的充足，人们的生活方式发生了巨大的变化，加之天气预报的出现以及各种节日的涌现，丰富多样的生活让冬至作为节气的实用性功能减少，进而凸显了其人文功能，成为亲人团结、家庭聚会的一个缘由，成为校园里集体活动、增强凝聚力的手段。

俗随时移，节俗活动的变迁反映了民众生产、生活方式的变化。我们的调查发现，冬至虽不像春节、清明、端午、中秋这类传统节日受众面大、活动丰富，但以冬至为代表的当地各种节俗活动仍然有着丰富的传统文化内涵，蕴含着民众独有的文化记忆。民众对包饺子等节俗活动的热情和喜爱是冬至节俗存在和发展的动力，尽管一些文化内涵已经消失或淡漠，但是它们会随着社会的变迁而不断产生新的内容和形式，在新的社会环境下不断衍生出新的活力和青春，进而融存于民众的生活中。

冬至作为节气，它的确立源于人们观察大自然得出历法来确定农事的发展；冬至成为节日，与人们的信仰密不可分。“节日是信仰的产物，信仰是节日狂欢的基础和核心。……信仰内涵往往以节俗的形式表达出来，通过仪式性节庆活动和民众的身体表达来实现。”①冬至的确立，是古人智慧和信仰的体现，通过上坟祭祖、祭孔尊师、吃饺子等节庆活动来实现。仪式活动一方面体现了节日集体性记忆，另一方面是人们表达情感和愿望的重要方式。民众在冬至这天进行的各种活动，寄予着民众的集体性记忆，传达出民众渴望身体健康、五谷丰登、家人团聚的美好愿望。当然，民众观看和参与节日习俗的过程，不仅是对节日文化的认同过程，还是对节日记忆的传承过程。这也告诉我们，当下对冬至节的保护需要挖掘节日背后的文化内涵，重视节日信仰的传承。

① 王中加：《冬至的节俗流变及其文化思考》，《求知导刊》2017年第21期。

域外节日

其俗不知正岁四节

——日本民俗学的年中行事研究

[日]岛村恭则 著　陆薇薇 译*

摘　要

在日本民间社会中，人们通常把“节日”一词称作“折目”(orime)或“節”(setsu)，而朝廷贵族及上流武士阶层则称其为“年中行事”。日本历史学和民俗学的研究，往往将历史文献中频繁出现的“年中行事”一词，作为表示“折目”和“節”的学术术语加以使用。日本民俗学年中行事研究的特色是，极为关注历法制度形成之前的年中行事以及存在作为“理想类型”的“连续体的碎片化”模型。日本民俗学这种年中行事研究类型的社会思想意义在于，它是一种“社会变动—生世界”研究。

关键词

年中行事；连续体的碎片化；理想类型；“社会变动—生世界”研究

一、问题的提出

在日本民间社会中，人们通常把“节日”一词称作“折目”(orime)或“節”(setsu)，而朝廷贵族及上流武士阶层则称其为“年中行事”。日本历史学和

---

* 岛村恭则，日本关西学院大学教授；陆薇薇，东南大学外国语学院副教授。

民俗学的研究，往往将历史文献中频繁出现的“年中行事”一词，作为表示“折目”和“節”的学术术语加以使用。

本文试图明晰与日本民俗学年中行事研究相关的下述两个问题。第一，日本民俗学年中行事研究的视角与方法有哪些特色？其有效性是什么？第二，日本民俗学年中行事研究具有何种社会思想意义？

二、视角与方法的特色

日本民俗学中的年中行事研究发轫于20世纪30年代，之后学者们从不同角度开展了相关研究。例如，年中行事的结构研究①，与农耕礼仪的关联研究②，与历法的关联研究③，文献史料中的年中行事与民间的年中行事之间的关系研究④，佛教的影响研究⑤，东亚范围的比较研究⑥，近代生成的年中行事研究⑦，年中行事与消费文化研究⑧等。

如此，日本民俗学在年中行事方面积累了丰富的研究成果，形成了独具特色的视角与方法。本文主要选取最能彰显日本民俗学年中行事研究特色的两点来进行说明：一是关注历法制度形成之前的年中行事；二是“连续体的碎片化”假说。

（一）对历法制度形成之前的年中行事的关注

3世纪末撰写的《魏书·东夷传》的倭人条目中，有这样一条关于日本的

---

① 柳田國男：『民間暦小考』，『定本柳田國男集13』，筑摩書房1963年(1931)，第275～291页；柳田國男：『年中行事覚書』，『定本柳田國男集13』，筑摩書房1963年(1955)，第1～177页；折口信夫：『年中行事—民間行事伝承の研究—』，『折口信夫全集15』，中央公論社1955年(1930・1932)，第47～124页；田中宣一：『年中行事の研究』，桜楓社1992年。

② 倉田一郎：『農と民俗学』，六人社1944年。

③ 平山敏治郎：『歳時習俗考』，法政大学出版局1984年；田中宣一：『年中行事の研究』，桜楓社1992年。

④ 平山敏治郎：『歳時習俗考』，法政大学出版局1984年。

⑤ 坂本要：『農耕儀礼と仏教——盆・祖霊・まれびと——』，『暦と祭事』(日本民俗文化大系9)，小学館1984年，第240～282页。

⑥ 大林太良：『正月の来た道——日本と中国の新春行事——』，小学館1992年；鈴木満男：『環東シナ海の古代儀礼——巨樹、東海浄土、そして水の霊との聖婚——』，第一書房1994年。

⑦ 石井研士：『都市の年中行事——変容する日本人の心性——』，春秋社1994年；石井研士：『日本人の一年と一生——変わりゆく日本人の心性——』，春秋社2005年。

⑧ 岩崎竹彦：『フォークロリズムからみた節分の巻ずし』，『日本民俗学236』，2003年，第72～81页。

记述:“其俗不知正岁四节,但计春耕秋收为年纪。”这表明了日本人不知历法的状况。6 世纪中叶历法传入日本,自 7 世纪后半期开始,日本宫廷中启用了《元嘉历》《仪凤历》,但历法在民间普及开来则是 17 世纪中叶以后的事。换言之,“其俗不知正岁四节,但计春耕秋收为年纪”的状况在日本民间社会中维持了相当长的时间。

以柳田国男为首的日本民俗学者关心的是,历法制度形成之前日本年中行事的存在方式。柳田对于举行年中行事的日期有过如下论述:现行的年中行事,有重视每月第一日即朔日的倾向,这受到了中国历法的影响。(若没有历法,便不可能将看不见月亮的朔日设定为举办节日仪式之日)在没有文字记载的历法的年代,人们往往通过自然观察,尤其是观察月亮的阴晴圆缺来决定何时举行仪式。那时,以满月(14 日、15 日)为中心,恰巧出现半月的上弦日(7 日、8 日)和下弦日(23 日、24 日)格外受到重视。在历法的影响下,正月被设定为 1 月,1 月 1 日为正月初一。但在历法制度形成以前,开始农耕的 4 月 15 日有可能是正月(之一),日本各地实际开展的以及文献所记载的年中行事中,多少留有这样的印记。①

柳田国男之后,和歌森太郎进一步深化了这一研究②,并延续至今。

(二)“连续体的碎片化”假说

柳田国男观察了分布于日本列岛各处的年中行事,发现许多年中行事都是从一个大型祭祀活动中分割出来的。也就是说,一个原本大型的祭祀活动被细分(即碎片化)后,每个碎片被作为一个独立的仪式区别对待。③ 和歌森太郎与直江广治继承了柳田的想法。④ 本文姑且将柳田国男的这一想法称作“连续体的碎片化”假说。

若将上述“连续体的碎片化”假说用图来表示,可以得到诸如以下的图形。(见图 1)

① 柳田國男:『年中行事覚書』,『定本柳田國男集 13』,筑摩書房 1963 年(1955),第 1～177 页。

② 和歌森太郎:『年中行事』,至文堂 1957 年。

③ 柳田國男:『民間暦小考』,『定本柳田國男集 13』,筑摩書房 1963 年(1931),第 275～291 页;柳田國男:『年中行事覚書』,『定本柳田國男集 13』,筑摩書房 1963 年(1955),第 1～177 页;柳田國男:『分類祭祀習俗語彙』,角川書店 1963 年。

④ 和歌森太郎:『年中行事』,至文堂 1957 年;直江広治:『中国の民俗学』,岩崎美術社 1967 年。

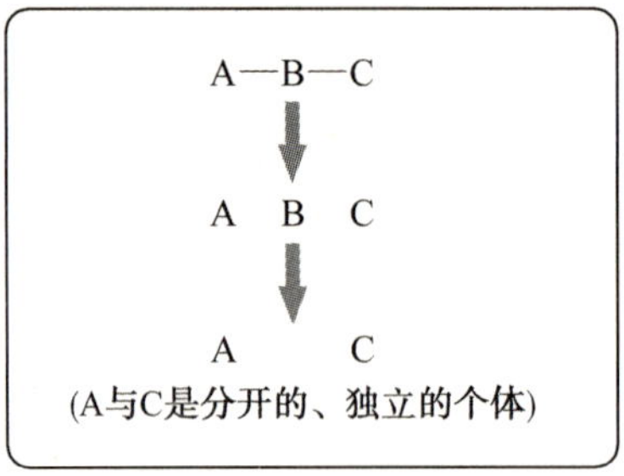

图 1 连续体的碎片化

所谓“连续体的碎片化”假说，指的是原本以 A－B－C 的连续体方式存在的年中行事，之后转变成 A、B、C 或者 A、C 这样独立的个体；反言之，A、B、C 或者 A、C 这样独立的行事，原本是以 A－B－C 的连续体方式存在的。

日本各地传承着“八日事”(koto-youka)的习俗，接下来，我们通过“八日事”这个案例来具体阐释一下“连续体的碎片化”假说。

所谓“八日事”，是指旧历(或新历)的 12 月 8 日或 2 月 8 日，抑或是同时指代这两天(因地区而异)。人们认为，这两天里会有“一目小僧”或“mikari 婆婆”等妖怪入侵，需要举办仪式来驱赶这些邪恶力量。此外，有些地区也把 12 月 8 日的“八日事”称作“事始”，用以表示“开始准备正月行事之日”；将 2 月 8 日的“八日事”称作“事终”，表示“正月行事结束之日”。

柳田国男发现，某些地区会在临近 12 月 8 日的时候，即从 11 月下旬到 12 月初的大约 1 周时间内，于神社和历史悠久的世家中进行斋戒(为了祭神而洁净身躯、谨言慎行)，而斋戒的行为被叫作“mikari”或者“mikawari”。柳田认为，之所以把斋戒称为“mikari”或“mikawari”，是为了表示“把日常的身体变成洁净的身体以便祭神”，也就是“变身(mikawari)”[①]之意，而“八日事”那天出现的“mikari 婆婆”这一妖怪名中的“mikari”，是由“斋戒”一词演变而来的。[②]

和歌森太郎在柳田的基础上察觉到，除了“八日事”之外，有些地区会在 12 月 31 日或 1 月下旬进行严格的斋戒。此外，日本全国各地会在 2 月的节分之日驱鬼，即举行驱除邪恶、污秽之物的仪式。由此，和歌森指出，从 12 月

① 日语中 mikawari 写作“身変わり”。——译者注

② 柳田國男：『年中行事覚書』，『定本柳田國男集 13』，筑摩書房 1963 年(1955)，第 122～129 页。

8日的“八日事”(事始)到2月8日的“八日事”(事终)共有2个月的时间,这两个月有可能是斋戒期。然而,斋戒时间因过于漫长,后逐渐被分化为12月31日的斋戒、1月下旬的斋戒及节分的驱鬼。同时,12月8日的“八日事”和2月8日的“八日事”的含义也发生了变化,失去了原本的斋戒之意,转而表示妖怪来袭之日,或与斋戒毫无关联的“开始准备正月行事之日”“正月行事结束之日”等。①

我们不难看出,上述论述包含着典型的“连续体的碎片化”视角。

三、西南诸岛的事例

上述“连续体的碎片化”假说,单从构思上看十分有趣,然而柳田、和歌森、直江等人提出这一假说时,只是限于一种推论而已。与之相对,若是参照第二次世界大战后调查研究成果丰硕的西南诸岛的事例,那么他们的假说的可信度将会大幅提升。下面举例进行说明。

在冲绳本岛北部的东村,存在作为连续体的一系列祭祀活动,即“行事”,例如在农历5月到6月之间,东村会举行与水稻成熟祈愿以及感谢水稻收获相关的系列祭祀活动。渡边欣雄在20世纪70年代对该村进行了实地考察,根据他的记述②可将祭祀内容归纳如下。

东村在旧历5月会举行名为“5月umachi(御祭)”的祭祀活动,祈祷水稻结果。

具体而言,5月13日在“御岳”③圣域的森林中修建神职人员寄居的小屋。5月14日在被称作“祝女殿内”的祭祀场所祭神。5月15日在祭神活动中和圣域内开始斋戒。村落的祭祀活动结束后,按照“门中”④(父系血缘集团)逐一进行祖先祭祀,普通居民大多认为只有这个部分是“umachi”祭祀。

5月15日到6月上旬的两周,神职人员闭居圣域之中。她们⑤在小屋里仅靠粥和盐维持生活。这一期间会禁止普通居民奏乐(打鼓、三弦等),禁止

① 和歌森太郎:『年中行事』,至文堂1957年,第80～81、87～88页。
② 渡邉欣雄:『沖縄の祭礼——東村民俗誌——』,第一書房1987年。
③ 冲绳人将圣域称作“御岳”(utaki)。——译者注
④ 指代冲绳县同祖同宗的父系血缘集团。——译者注
⑤ 冲绳的神职人员大多为女性。——译者注

他们从事易发出声响的建筑作业或使用肥料的农活，因为这些均被视为妨碍水稻结果的行为。

到了6月上旬，稻穗成熟了，斋戒便结束了。神职人员下山而来。

神职人员下山之后，会举行名为“开御祭”(akiumachi)的祭祀活动。在祭祀活动中，会供上初穗(最新获得的稻穗)和新米煮出的米饭。神职人员用餐后，普通居民方可食用。“开御祭”是收获初穗的礼仪，它结束后，人们开始收割水稻。

待到6月下旬收割结束，便会举行感谢收获的祭祀(叫作uhuuimi，即大折目)。6月23日，神职人员为了酿制神酒将新米磨粉，并举行祭祀礼仪，迎接从东方海上而来的神灵。6月24日、25日，神职人员在酿制神酒的同时，献上供奉之米祭神。6月25日，神职人员在村内各处圣地巡游、祭神。

6月26日是最重要的祭神之日。因为当日会在数个圣地举行祭神仪式，所以神职人员需要在村落间通过海路移动。届时，会安排神职人员登上两艘船，且两艘船会在航行中开展竞赛。赛船之后，神职人员抵达村落，并在那里举行祭神仪式，而普通居民则在庄严的祭神仪式的同时，作为余兴，进行名曰“爬龙”(hari)的龙舟比赛。祭神仪式的最后，神职人员目送神灵返回东方海上。随着神灵的离去，祭祀结束。

上述祭祀活动是在5月13日到6月26日间举行的，包含了途中两到三周的斋戒、普通居民收割水稻等一系列行事。换言之，它是以“连续体”的方式存在的。只有明确这一点，我们才能理解祭祀活动的整体及每个部分的含义。

然而，这只是20世纪70年代的情况，到了大约50年后的2019年的今天，情况发生了不少变化。①

首先，在“5月umachi”到“uhuuimi”的一系列仪式中，在山中圣域进行斋戒的环节消失了。同时，进行祭祀仪式的神职人员人数也从过去的10名左右缩减至现在的寥寥数人。但是，“uhuuimi”的最后一天普通居民开展的龙舟比赛却较过去更为热烈，尤其值得注意的是，龙舟比赛还被命名为“海

① 参考冲绳县东村立山与生活博物馆提供的信息，以及东村的Facebook上的内容(https://www.facebook.com/okinawa.higashison/)。

神祭”。旧历 6 月 26 日举行的赛龙舟，本是从“5 月 umachi”开始的系列稻作祭祀活动的一个环节，然而人们已经忽略了它本来的意义，而将其看作“海神祭”这一独立的祭祀活动，并且认为这一祭祀活动与海相关，与水稻无关。这种变化同样可谓“连续体的碎片化”的表现。

接下来，我们再看一看那霸市及其周边的都市地区是如何举办旧历 5 月到 6 月的年中行事的。[①]

在那霸市以及周边住宅化的区域，大多只在 5 月 15 日这一天举行“5 月 umachi”祭祀活动。当天，区长（男性）和门中的代表者（男性），在地域内部的祭祀设施里进行简单的拜祭。之后，以门中为单位，在各自的宗家举行祖先祭祀。也有一些地区并不举行地域规模的祭祀活动，而只进行门中的祭祀。同样，这些地区也仅在 6 月 15 日那天举行“6 月 umachi”，祭祀活动的内容与“5 月 umachi”相同。

令人饶有兴味的是，包括上述事例在内，都市里的“umachi”祭祀活动在含义上发生了许多变化。近年来，有一些门中在网络上开设了自己的主页，在主页上发布信息。从他们的表述中不难看出，人们已经把 umachi 当作一种“祈祷本族的安泰和繁荣”的祭祀活动。

此外，还常常会听到这样一种关于 umachi 的言说：“举行 umachi 祭祀活动的是历史悠久的世家，他们培养出许多医生、牙医、律师、大学教授，结婚讲究门当户对。”

这些事例表明，“umachi 即与‘门中’（世家）相关”的想法已深入人心。“5 月 umachi”“6 月 umachi”本是在与稻作密切相关的农村地区举行的水稻祭祀活动，然而在都市里，祈祷水稻成熟、感谢水稻收获的含义被遗忘了，umachi 成为与“门中”“世家”相关的祭祀活动。与前文所述的 20 世纪 70 年代东村的年中行事相比，都市里的 umachi 呈现出“连续体的碎片化”特征，不仅如此，行事的含义、人们对行事的认知也发生了巨大变化。

通过这些事例可以看出，柳田国男的“连续体的碎片化”假说具有一定的说服力。

---

① 内容包括笔者田野调查时的观察和采访记录，以及与那原町“与那原大网引”网页上的信息（https://www.town.yonabaru.okinawa.jp/ootsunahiki/index.html）。

四、作为“理想类型”的“连续体的碎片化”模型

如前文所述，柳田国男提出的“连续体的碎片化”假说，后经弟子和歌森太郎、直江广治等人承继，并发表了相关考论。但进入20世纪70年代以后，此项研究逐渐销声匿迹，这与批判“重出立证法”的声音的出现及扩散有关。

所谓重出立证法，是指当存在A、B、C、D等分散、孤立的要素时，通过排列比较可以发现它们之间的类缘关系和一定变迁过程的方法。柳田国男是重出立证法（见图2）的提出者，他受到了乔治·高姆的著作《作为历史科学的民俗学》[①]的影响。柳田指出，“如果收集事象并尝试排列的话，即使不能明晰事象的起源与最初的模样，也能轻松推理出变化的过程”[②]。

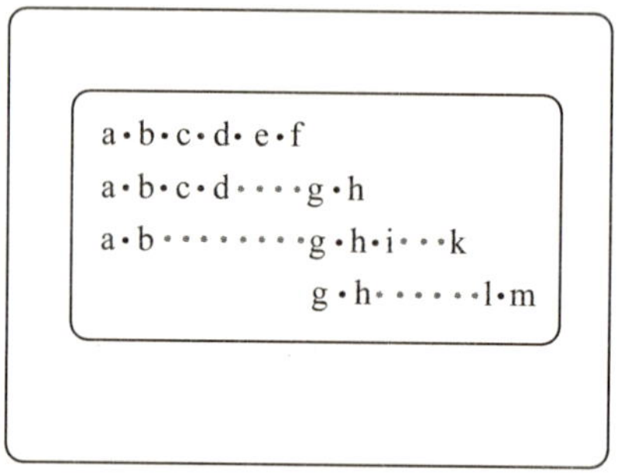

图2　重出立证法

对此，福田亚细男在《日本民俗学方法序说》中作出如下批判：“当我们收集全国各地的案例并尝试将其类型化，假设可以将这些案例设定为A、B、C、D四种类型，并能按照A→B→C→D的序列进行说明。那么，倘若历史确实如此，在D这一现有民俗事象存在的区域，必然经历过A→B→C→D这一变化。同理，在C的区域，也必然有A→B的变化，且C一定是B变化的结果。然而，通过类型化和比较得出的结论，无法证实这些内容。分别被类型化的事象，其原始资料采自不同的地区，割裂这些原始资料与采集地（原生语境）之间的关联，将它们如‘无本之木’般处理而得出的序列，恐怕绝对无

① George Laurence Gomme, *Folklore as an Historical Science*, London: Methuen & Co., 1908.

② 柳田國男：『民間伝承論』，『柳田國男全集28』，筑摩書房1990年（1934），第318页。

法证明变化与变迁的过程。通过比较各种类型，或许可以基于复杂度、技术含量的高低程度或古旧老派的程度，排列出它们的新旧顺序，但那充其量不过是为我们展示出一种可能性，即古旧的、技术含量低的事象可能古已有之，或者说，现在较为新颖的事象类型可能是从那些古旧的、技术含量低的事象类型变化而来的。”①

在此番论述之后，福田指出，重出立证法“无法阐明历史”；同时，他强调了自己提出的“个别分析法”（通过把握个别地域、个别地区的民俗以及把握、分析民俗事象的相互关联，来揭示历史过程的方法）所具的优势。

对于福田的看法，笔者思考如下。柳田的重出立证法派生出的有关“变迁过程”的假说，如果从历史实态的角度考虑，由于缺乏证明变迁过程的手段，确实有其局限性。但如果换个角度，我们不把“变迁过程”的假说当成与历史实态相关的假说，而把它看作在面对纷杂散乱的民俗事象时，为了进行清晰的论述、把握本质特性以及形成因果关系的假说而展开的逻辑建构，也就是说，把这种假说视作一种“理想类型”，那它便拥有了存在的价值。同时，推导出这种“理想类型”的方法，即重出立证法，不也有了它存在的意义吗？

理想类型（idealtypus）是马克斯·韦伯提出的概念。所谓理想类型，是指探究历史上、社会上各种现象的“一般性规则”的逻辑建构物，“理想类型不是获得客观认识的渠道，它不过是人为的虚构，通过把它与各种现象融合，可以实现社会科学式的探究，例如明晰的论述、把握现实的本质特性、形成因果关系的假说等”，“理想类型承认多样化实际存在与一般性逻辑概念之间的脱节，且自觉认识到研究主体无法脱离自身的主观价值判断的事实，在此基础上，借助主观形成的虚构，逼近现实的原本模样”。②

我们如果依据理想类型的概念，重新考量柳田国男的年中行事论，可以得出这样的结论：柳田依据以下四个要素，对诸多事例进行阐释，极富逻辑地建构出关于年中行事变迁的理想类型。这四个要素分别是：（1）祭祀活动以满月日为中心（也有依据水稻的收获时期或者冬至等自然动向，在非满月

① 福田アジオ：『日本民俗学方法序説——柳田国男と民俗学——』，弘文堂1984年，第170～171页。

② 蓮尾浩之：『理念型』，鷲田清一等編：『現代社会学事典』，弘文堂2012年，第1320页。

日进行祭祀的情况),(2)祭祀伴随有斋戒,(3)斋戒有起点日和终点日,(4)斋戒的约束力,从过去到现在逐渐变弱。

然而,理想类型终归只是理想类型,事实上并不存在完全符合理想类型的真实形态。比如,在C被传承的同一场所,若追溯历史,完全无法保证曾存在B和A,也无法确定存在A→B→C的连续体。毋宁说,可能在其他某个场所,C从A→B→C的连续体中分离出来,进而发生了演变(可能被载入文献或被纳入宗教体系)和传播。重出立证法派生出的"变迁图",应该在承认上述情况的前提下,被当作"理想类型",以便我们更好地理解各种事象。

在上文引用的福田的文章中,他提到,根据重出立证法,"收集全国各地的案例并尝试类型化,假设可以将这些案例设定为A、B、C、D四种类型,并能按照A→B→C→D的序列进行说明。那么,倘若历史确实如此,在D这一现有民俗事象存在的区域,必然经历过A→B→C→D这一变化。同理,在C的区域,也必然有A→B的变化,且C一定是B变化的结果。然而,通过类型化和比较得出的结论,无法证实这些内容。分别被类型化的事象,其原始资料采自不同的地区,割裂这些原始资料与采集地(原生语境)之间的关联,将它们如'无本之木'般处理而得出的序列,恐怕绝对无法证明变化与变迁的过程"①。但是,我们如果从理想类型的角度思考,则会发现,"无法证明变化与变迁的过程"是理所当然的。

从理想类型的视角来看,"D这一现有民俗事象所存在的区域里",没有必要"发生A→B→C→D这样的变化",也没有必要认定"C存在的地域,一定产生过A→B的变化,而C是作为B变化的产物出现的"。

无论是批判柳田的福田,还是柳田自身,都未曾想到应该将重出立证法派生出的假说视作"理想类型"。但从今以后,我们应该把从重出立证法中派生出的见解,定位成"理想类型"并加以活用。同时,在此基础上,为了明确柳田提出的"连续体的碎片化"假说是一种"理想类型",我们应改称其为"连续体的碎片化"模型。使用这个模型,我们能更好地理解诸如狂欢节、平安夜等事例。

① 福田アジオ:『日本民俗学方法序説——柳田国男と民俗学——』,弘文堂1984年,第170~171页。

美国民俗学者杰克·桑蒂诺对在伦敦、纽约、多伦多举办的狂欢节进行了考察，这些狂欢节的主角是出生于加勒比海岸沿线的人们。杰克指出，在欧洲的四旬节前举办的狂欢节(谢肉祭)，传播到南美大陆后，当地的黑人开始成为节日的主角。并且，借由从南美移民到欧洲和北美的黑人移民，节日又被传播到欧洲和北美地区，伦敦的诺丁山狂欢节(Notting Hill Carnival)、纽约布鲁克林的西印度群岛狂欢节(West Indian American Day Carnival)、多伦多的多伦多加勒比海狂欢节(Toronto Caribbean Carnival)等，都是以加勒比地域出生的黑人为主体的狂欢节。这些狂欢节已经与基督教历法毫无关联，会在5月的劳动节(Labor Day，劳动节，West Indian American Day Carnival)和8月(Toronto Caribbean Carnival)举行活动。另外，狂欢节的意义也在不断发生变化，如出现了少数民族的文化展示以及对白人的反抗表现等，独具个性。①

狂欢节本是基督教四旬斋前的节日。在庆祝基督复活的复活节(春分日后第一个满月后的星期日)前有一个四旬节的斋戒(为期40天)，人们在“灰色星期三”开始的四旬节前，也就是斋戒之前，会狂欢两到三周，这就是基督教的狂欢节。换言之，狂欢节是(A)狂欢节—(B)断食(斋戒)—(C)复活节的连续体中的一个环节。

然而，上述事例中的(A)狂欢节，从(B)四旬节(伴随着断食的斋戒)和(C)复活节中脱离出来，成为独立的存在；也就是说，发生了“连续体的碎片化”现象。这种碎片化现象超越了地域边界，在全球范围内生成，展现出极富创造性的发展轨迹。当分析伦敦、纽约及多伦多的这些事例时，我们不把“连续体的碎片化”现象当作年中行事的衰退，而将其视为蕴含了崭新生命力的创造性表现，则会更有建设性吧。

此外，我们还可以这样理解圣诞节。圣诞节(12月25日，庆祝基督诞生的日子)在基督教的历法中本是(A)基督降临—(B)平安夜—(C)圣诞节的连续体形式(基督降临可以理解成在圣诞节前的大约4周，指的是“小心等待

① Jack Santino, “American Custom, Ritual, and Holydays”, Simon J. Bronner ed., *A Companion to American Folklore and Folklife*, New York: Oxford University Press, 2019, pp.267-268.

基督降临的期间”，相当于斋戒。平安夜是圣诞当天的夜晚①)，但在非基督教徒人士中，特别是在市场主义社会的消费文化的脉络里，发生了“连续体的碎片化”现象，仅有(B)平安夜的部分被放大，格外受到关注。[②]

五、年中行事研究的社会思想意义

柳田国男希冀复原日本年中行事曾经的样貌，但他也作出了如下论述。以下是对柳田国男文章[③]中相关内容的引用和归纳。

> 历法极具统一的力量，在它所支配的范围内，会要求地方按照中央的统一标准执行。不过这种标准仅限于月与日的计数方法，事实上在过去，行事活动全部是依据地方特色自然发展的。行事也有可能受到外部的影响，但必须得到居民的共同认可才会发生改变。即便是相邻的地区，年中行事的内容也大相径庭，这在当时是很寻常的事。[④]
>
> 到了近代，国家规定了各种各样的法定节日，但由于与大多数国民的感觉不一致，很多国民选择忽视节日而继续劳作。[⑤]
>
> 国家规定的法定历法和节日，存在与季节感、自然运行的错位问题。过去的节日依据月亮的形状举行，之后开始参照历法制度，旧历换成新历，造成了巨大的混乱。遵循新历举办行事的地区及人群、遵循旧历举办行事的地区及人群、依据中历——将旧历延迟整整一个月举办行事的地区及人群并存着，引发了不少混乱。[⑥]
>
> 今后如果重新安排年中行事，希望兼顾天然条件的因素，比如满月时的盂兰盆节、柏树叶长势旺盛时的端午节等，把与天然条件的吻合及调和考虑进去。[⑦]

---

① 在非基督教人士当中大多数人误以为平安夜指的是“圣诞前夜”，然而根据犹太教的历法，以及沿袭了该历法的教会历法(基督教历法)，日落之后为一天的开始，所以普通人眼中的12月24日夜晚，依教会历法来看，实则是25日(圣诞当天)的夜晚。

② 对于日本及中国的非基督教人士来说，关于圣诞节的这点描述非常契合。

③ 柳田國男:『年中行事覚書』,『定本柳田國男集13』,筑摩書房1963年(1955)。

④ 柳田國男:『年中行事覚書』,『定本柳田國男集13』,筑摩書房1963年(1955),第7页。

⑤ 柳田國男:『年中行事覚書』,『定本柳田國男集13』,筑摩書房1963年(1955),第41页。

⑥ 柳田國男:『年中行事覚書』,『定本柳田國男集13』,筑摩書房1963年(1955),第41页。

⑦ 柳田國男:『年中行事覚書』,『定本柳田國男集13』,筑摩書房1963年(1955),第42页。

关于年中行事，如果有打算指导人民的“贤者”，那他们真的需要变得更聪明些才行。[①]

包括上述论述在内，通过柳田国男的年中行事研究我们不难发现，相较于法定的历法，也就是具霸权性质由上而下制定的历法而言，柳田国男更认可在多样的地域中孕育出的富有地域特色的年中行事。在柳田看来，执政者和国民，应分别依据现实生活，对年中行事加以选择和创造。

这样的想法其实一直贯穿着柳田国男的民俗学。笔者曾指出，柳田的民俗学特征为“社会变动—生世界研究”，具体内容如下。

柳田国男的民俗学，考问的是人们的生世界，特别是在那里被生产、被实践至今的“民俗”，在社会的结构变动（在柳田的文脉中特指明治以来的日本社会中急剧发展的现代化）中是如何变化的，或者说，在社会的结构变动中应当舍弃什么？应当保留什么？应当吸收哪些新事物？在此基础上，柳田民俗学还进一步思考了如何将传承下来的事物与新吸收的事物相融合，从而更好地迈向未来的问题。

同时，柳田指出，这一系列的考察，不应仅由一部分专家去开展，而应由市井中的每一位普通生活者自省地进行。

例如，近代的政治制度通过选举推选议员，拥有投票权利的人不依据自己的判断，而是从一名子方的身份出发，遵循自身从属的亲方的判断去投票。柳田认为这样的投票方式暴露出“亲方子方制度”“英雄崇拜”一类的“民俗”的弊端，从而提出应当舍弃这类“民俗”。又比如，柳田指出近代以后制定的标准语（普通话）中，能够完全准确地表达出人们的自我主张的词汇不足，故而应当选择性地添加方言中富含表现力的词汇，以此充实日语的词库。

此外，柳田认为人们的幸福来源于团结和相互帮助，所以主张引入近代社会制度中的工会（同业公会、消费工会等）制度。但他同时指出，仅直接从形式上引进诞生于欧洲的工会制度并没有多大意义，而应当挖掘存在于日本既有“民俗”中的团结自助精神，将之融入工会制度这一形式中。

这种伴随着对“民俗”的取舍而进行的现实的实践性知识活动，正是柳

① 柳田國男：『年中行事覚書』，『定本柳田國男集 13』，筑摩書房 1963 年(1955)，第 42 页。

田所思考的民俗学即“社会变动—生世界”研究。开展这种民俗学研究时，主要的资料是当时人们的生世界中被生产、实践的“民俗”。换言之，柳田有组织地采集的“民俗”，可以被看作开展“社会变动—生世界”研究的资料库。[①]

年中行事研究亦是如此。可以说，日本民俗学，尤其是柳田国男的年中行事研究，是作为“社会变动—生世界”研究的一环而展开的。

六、结　语

本文主要探讨了两个问题：一是日本民俗学年中行事研究的视角和方法中的特色，二是其社会思想意义。

通过上述论述，我们可以得出以下结论：首先，日本民俗学年中行事研究的特色是“对历法制度形成之前的年中行事的关注”和“存在作为‘理想类型’的‘连续体的碎片化’模型”。其次，日本民俗学年中行事研究的社会思想意义在于，它是一种“作为‘社会变动—生世界’研究的年中行事研究”。

① 島村恭則：『現代民俗学』，島村恭則、桑山敬己、鈴木慎一郎：『文化人類学と現代民俗学』，風響社 2019 年，第 56～99 页。

和而不同：朝鲜半岛端午对阵竞技习俗的再认识

陈建华*

摘　要

朝鲜半岛端午对阵竞技风习表现为击毬、脚戏、石战、角抵、拔河（葛战）等，这些习俗在精神内核上虽与中国以阳气驱邪禳灾一脉相承，但辽、金、蒙元对朝鲜半岛也施加了影响，加上特殊的地理环境与统治者的提倡，因此在具体民俗事象的选择上，朝鲜半岛对阵竞技并非中国常见的龙舟竞渡。历史上先进文化流入异国，往往会被当地作必要的修改，而呈现出不同于源文化的节俗样貌。

关键词

端午；竞技；民俗

2005年11月25日，韩国江陵端午祭被联合国教科文组织列入人类非物质文化遗产代表作名录。国内媒体以耸人听闻的标题进行片面报道，旋即在国内煽动起一股夹杂着民族主义与民粹主义的非理性情绪。躁动过后，中、韩两国专家均发表了理性客观的成果，指出江陵端午祭的时间构架虽与中国相同，但它是大关岭祭神系列活动，包括各种巫法和祭祀典礼，还有跳绳、假面制作等传统游戏和体验活动以及精彩的巫俗表演、假面舞、农

* 陈建华，湖北经济学院中国传统文化与哲学研究中心教授。

乐表演等，与吃粽子、划龙舟、纪念屈原的中国端午节是两回事。随后，关于中韩端午节俗的异同亦得到深入探讨。

虽然同处儒家文化圈，但在前现代社会，节日民俗并非如今日之西方强势文化携全球化之力意欲使后发国家与地区均质化，而是更多地与地方经验、地方传统相结合，呈现多元、丰富的样态。正所谓“千里不同风，百里不同俗”，由于山川有险易之别，风气有刚柔之异，人们生长其间，禀质各殊，习尚亦不相同。即使在中国境内，各地端午民俗仍有不小差异。朝鲜半岛的情形，则如《高丽图经》所云：“广谷大川异制，民生其间异俗，夫所谓广谷大川，固未必遐方绝域，盖特其中国之地，川俗或殊，则习俗各异，有不可得而同者，又况蛮夷之限在海外，其习俗岂一端哉？”[①]本文拟专门梳理与探讨古朝鲜半岛的端午“竞技与尚武”之风，揭示此种民俗形成的原因，以期加深对儒家“和而不同”理念的认识。

一、韩国端午的竞技之风

萧放曾指出：“端午娱乐活动，中韩有同有异，相同的是都以户外集体性夺标争胜的竞赛活动为主，不同的是娱乐内容各有传统，中国重在水上赛舟，韩国重在摔跤角力。这样的节俗娱乐适应了夏至时节阴阳二气争锋的需要。”[②]韩国端午尚武竞技之风约略分为以下四类：

（一）击毬

端午击毬之风起于高丽时期。《高丽史·辛禑传二》载：“禑以端午登市街楼，观击毬火炮杂戏。”[③]《高丽史·忠烈王世家三》亦记载：“王及公主以端午宴于凉楼，观击毬。”[④]据《李朝实录·太祖实录》：“太祖年二十二始仕，高丽俗：每于端午，选武官年少者及衣冠子弟习击毬之艺，至其日于九逵设龙凤帐殿，当路中立毬门，王御帐殿观之，设宴会，张女乐，卿大夫皆从之。妇

① （宋）徐兢：《高丽图经·杂俗一》，清文渊阁《四库全书》本。

② 萧放：《18～19世纪中韩“岁时记”及岁时民俗比较》，《江西社会科学》2007年第1期。

③ 郑麟趾：《高丽史·辛禑传二》，奎章阁本。

④ 郑麟趾：《高丽史·忠烈王世家三》，奎章阁本。

女亦结幕于路之左右，饰以锦段，名画彩毯，观者如堵。击毬者盛服饰，竞尚侈靡，一鞍之费，直中人十家之产。分作二队，立于左右。妓一人执毬当殿前唱曰：'满庭箫鼓簇飞毬，丝竿红网总抬头。'进退皆中乐节，掷毬道中，左右队皆趋马而争先，中者得之，余者皆立。"[①]由此可知，击毬兼具仪式性、观赏性与搏击性。其基本规则为盛服而出的少年豪杰们于马背上争先击毬，击中者胜。朝鲜王朝太祖李成桂就是在击毬游戏中脱颖而出，显示过人的力量与技巧的："恭愍王时，太祖与其并行击之时驰马太疾，已垂扬矣。毬忽为石所触，反人马前二足之间，出后二足之间。太祖便仰卧侧身防马尾而击之，毬还出马前二足之间。复击而出之，时人谓之防尾。又行击之时，亦已垂扬，毬激桥柱，出马之左，太祖脱右镫翻身而下，足不至地，击而中之，即还骑复击而出门，时人谓之横防。举国惊骇，以为前古无闻。"[②]高丽末年儒学家李穑《端午日，宰枢观击毬，结棚临广陌。凡击毬者，皆上所落点，非此莫敢与，是以宰相亦出击。予与上党君至市傍，遇新平君，登市楼共寓目焉。明日有雨，喜而歌之》描述道："圣上龙飞今七年，二度寓目飞毬前。飞毬只从月杖力，所击缓急非徒然。初如流星度碧落，渐似闪电超紫烟。老将才高自压众，后生气锐皆争先，南山西崖照白日，飞雨洒尘马蹄疾，清风时来满楼中，浩然兴逸终难笔，脱巾露顶坐盘脚，相与引杯论甲乙。"[③]

击毬与嬉游结合在一起，进入朝鲜时代后，有人对此风俗提出异议，请求移风易俗。但世宗仍沿其旧：

> 上谓代言等曰："击毬之事，廷臣援引高丽之弊，请罢者多。然击毬本以习武，非为戏也。稽之于古，此等事颇多，皆古人为习武为之也。予虽不亲击，然究其击之之理，非善骑马者不能也。其驰骋之能，必倍于骑射，然后可击。故习武之事，无过于此。前朝之盛，亦为习武而为之。但其季世，遂为戏事，服饰鞍马，争尚华侈耳。"向高若海语予曰："前朝之季，君王亦有弄毬之弊，以此言之，则国君玩好虽非击毬，至有为伶人之戏者。岂可独以此为人主之弊乎？但其用心之如何耳。击毬之法，如不宜载诸六典，则录于胜录何如？后若有非之者，则自不为之

① 《李朝实录·太祖实录》卷一，国家图书馆出版社2012年影印本，第12页。
② 《李朝实录·太祖实录》卷一，国家图书馆出版社2012年影印本，第13页。
③ 李穑：《牧隐诗稿》卷二三，《韩国文集丛刊》本，第312页。

可矣。”安崇善对曰：“击毬以备武科三场，载之六典何不可之有?”佥曰：“可录。”上然之。[①]

(二)石战

自高丽时代起，古朝鲜半岛在端午又有石战之俗。石战最初为上元节民俗事象。《芝峰类说》卷十八载：“我国安东俗于每岁正月十六日，金海于四月八日及端午日，丁壮毕会，分左右队，投石以决胜负，虽死伤不悔，谓之石战。”[②]

石战的一般做法为，无赖之徒群聚通衢，分左右队，手瓦砾相击，或杂以短挺以决有胜负。《高丽史》载辛禑王在即位第六年(1379)五月，“禑欲观石战戏。知申事李存性谏曰：‘此非上所当观。’禑不悦，使小竖殴存性。存性趋出，禑取弹丸射之”[③]。由于大臣阻谏，辛禑王做出过激反应，不但命令宦官殴打李存性，还用弹丸射他，可以说到了“无所不为”的地步。此后估计无人再阻拦他，于是辛禑王十二年(1385)五月，禑观石战于郭沙洞，十三年(1386)五月，观石战于鸢严。这种习俗在朝鲜时代也被继承下来，“今俗，自正月初五日至十五日以夜，石战于龙峀山，死伤不问”[④]。

高丽时代李穑曾有诗《绝句》叙及石战：“石战生风斗势顽，高楼俯视亦心寒，如今白发尤相肯，记得当时酒上颜。”[⑤]他的《端午石战》描述石战景象：“年年端午聚群顽，飞石相攻两阵间，马市川边朝已集，僧斋寺北暮方还，忽然被逐轻如药，屹尔当冲重似山，只为朝廷求勇士，残伤面目亦胡颜。”[⑥]显然，石战场面相当惊险刺激与血腥暴力，接近于冷兵战时代的军事演习，是真刀真枪的表演，不是花把式。石战之俗之所以能盛行，与朝鲜半岛的尚勇斗狠的民风有关，统治者甚至保护这种风习，还对破坏这种风习的人士进行弹劾与追究：

门下府郎舍劾司宪侍史金孝恭：“国俗以五月五日大集街路，掷石

---

① 《李朝实录·世宗实录》卷四九，国家图书馆出版社 2012 年影印本，第 51 页。

② 李睟光：《芝峰类说》，《朝鲜群书大系(续)》第 21、22 辑，朝鲜古书刊行会 1915 年铅印本。

③ 郑麟趾：《高丽史·辛禑传二》，奎章阁本。

④ 《朝鲜时代私撰邑志·松京广考·风俗条》，韩国人文科学院，1989 年，第 190 页。

⑤ 李穑：《牧隐诗稿》卷二三，《韩国文集丛刊》本，第 312～313 页。

⑥ 李穑：《牧隐诗稿》卷二九，《韩国文集丝刊》本，第 417 页。

相斗，以角胜负，谓之石战。侍史金孝恭辟道而行，有掷石者不避，使仆隶丁吏等捕之未获，有人击丁吏而逃门下府，以辱命劾之。[①]

司宪侍史金孝恭只因觉得掷石者未避官员，进行了一下小小的权力表演，令仆隶抓捕掷石者，用出轨的权力破坏了风俗，就被抓住了小辫子，进行弹劾。这似乎有些小题大做，但要考虑石战在朝鲜时代已经与中国皇帝秋围狩猎一样，兼具娱乐、军事、体育的多重性质，成为习武练兵、强身健体、振奋精神、谋取收获的一项集体性综合运动。在世宗时代，本为无赖之徒而进行的石战，发展为专门的掷石军，受到国家权力的认可与嘉许：

(世宗)仍观石战，以掷石军分为左右队，募善战者充之。左立白旗，右立青旗为标，相去二百余步，令曰：毋敢越旗穷逐，以夺旗为胜，胜者厚赏。左强右弱，每不胜，权希达、河敬复与骑士击之，左军固拒，石如雨，希达中石坠马而走。骑士愤之，呼叫逐之，左军溃，乃夺白旗以献。上王召左军牌头方复生曰："夺旗，辱也，宜更戮力。"复生等奋击大胜，置酒樽下奏乐，宗亲议政六曹判书等侍，赐掷石军酒肉，赏绵布百匹、正布二百匹、楮货四千张。[②]

掷石军不仅被纳为国家军队，而且上王和国王要亲自观看，并对表现好的军士们予以物质奖励。

石战在训练人们军事素养的同时，实际上也为国家储备了预备役兵源，充分体现了闲时为民、急时为军的特点：

府内居人，以中溪为左右，投石相战，以决胜负，以占一岁丰稔。庚午讨贼时，募为先锋，贼不敢前。[③]

石战之俗，最能体现朝鲜的地方特色，乃至成为外交的必备节目。明宣宗宣德元年(1426)，明朝使者白彦通出使朝鲜，问通事崔云："端午掷石之战，今亦为之乎？"云曰："今亦有之。于五月初四五两日，斗于盘松亭。"[④]白彦通就急切地想看个究竟。

由于石战场面暴烈血腥，禁石战习俗的要求在高丽时代就有了。[⑤] 世宗

① 《李朝实录·太宗实录》卷一，国家图书馆出版社2012年影印本，第56页。

② 《李朝实录·世宗实录》卷十二，国家图书馆出版社2012年影印本，第182页。

③ 《朝鲜时代私撰邑志·永嘉邑志·风俗条》，韩国人文科学院，1989年，第43页。

④ 《李朝实录·世宗实录》卷三二，国家图书馆出版社2012年影印本，第488页。

⑤ 参见郑麟趾：《高丽史·刑法志二》，闺章阁本。

十一年(1429),许稠向世宗进言,因石战"伤躯殒命者"太多,又"恐强悍之徒,交结朋党,或生不虞之变,其无益于国家",他建议裁撤"石掷军",民间私相战斗,也应严禁。世宗却说:"每岁使臣有欲见之者,故不得已而然耳,必欲见之则如之何?"[①]最后采取折中方案:如有外国使臣前来想看石战,可以临时招募人员,不必专门设置石掷军,于是取消了其编制。

(三)角抵、赛马及葛战

朝鲜半岛古代端午习俗中带竞技色彩的还有角抵、赛马与葛战(拔河)。《东国岁时记·端午条》云:"丁壮年少者,会于南山之倭场、北山之神武门后,为角力之戏,以赌胜负。其法:两人对跪,各用右手拏对者之腰,又各用左手拏对者右股。一时起立,互举而抨之,倒卧者为负。有内局、外局、轮起诸势。就中力大手屡赌屡捷者,谓之都结局。……端午日,此戏甚盛。京外多为之。""金山俗,端午日群少会于直指寺为角力戏,远近咸聚,以赌胜负。闻风而观光者以千百计,岁以为常。"[②]据《崔忠献传》:"今俗五月五日,女儿靓妆为秋千之戏,男为角抵戏。"[③]松都风俗也有"五月五日,男女靓妆为秋千之戏,角抵争胜,驰马较才,驰马亦他处所无也"[④]。

角抵的起源于上古时代。据《述异记》,角抵是蚩尤民族的一种作战技能,其士兵"耳鬓如剑戟,头有角,与轩辕斗,以角抵人,人不能向",在与黄帝打仗时,他们头上装备着刀剑一样的尖状物,好像有角的公牛,可以用角抵人。这种"以角抵人"的方式,后世演变为"两两相抵"的摔跤、相扑活动。到了秦汉时期,角抵由训练兵士的方法演变为民间竞技,成为一种带有一定表演成分的游戏活动。后来传入朝鲜半岛,现见较早的图像为高句丽角抵冢壁画。

角抵冢壁画上的两个人相互抓住对方腰间和大腿上的系带,试图通过力量将对方摔倒。角抵在朝鲜古文献里还有多种别称,如角戏、角力、角支、蚩尤戏、相扑、争交等。著名的江陵端午祭,角抵也是其传统的庆祝运动之

① 《李朝实录·世宗实录》卷四四,国家图书馆出版社2012年影印本,第652页。
② 洪锡谟:《东国岁时记·五月·端午》,朝鲜光文会,1911年。
③ 《朝鲜时代私撰邑志·松京广考·风俗条》,日本图书刊行会,1974年,第191页。
④ 《朝鲜时代私撰邑志·松都志·风俗条》,日本图书刊行会,1974年,第40页。

一。蔚山风俗,“五月五日,聚勇士两两相当,以决胜负”[①]。虽未明言,但从“两两相当”来看,应也是角抵之戏。

角抵戏又可变异为拔河与葛战。宋相琦《南迁日录》载其嘉庆七年(1802)看到岭南“端午”景象,当地人民“引绳戏,大绳如股胫,分队引之,先绝者为输,称之马头战,如京之角抵戏,岭南皆行之,未知此或鸡林遗俗耶”。在蔚山,拔河还被赋予了预知未来吉见的功能:“邑人分东西两队,曳索争胜,以占饥穰。东胜则饥,西胜则穰……盖效唐时拔河戏。”[②]《东国岁时记·上元条》载:“岭南俗有葛战,以葛作索,大可四五十把,分队相引,以决胜,谓之占丰。”[③]

(四)脚戏

在端午、七月十五或秋夕,京畿道有脚戏习俗,而在开城等地,正月、四月八日、端午、秋夕有脚戏。

脚戏又称跆跟,其主要特点是利用行云流水般的动作来攻击或绊倒对手;跆跟高手优雅的动作温和与圆滑,但能随时爆发力量和弹性;脚与手的运用同等重要,在独特的音乐节奏之后,比赛选手利用双脚的稳健站位、上踢和飞踢等动作制服对手。在高丽王朝,武术家们改进了这项武术技巧,至朝鲜王朝,脚戏开始大众化。

跆跟是季节性农耕传统的一部分,农闲时透过运动协助社群融合,促进全民健康。因此,这一民俗并非局限于端午。

二、韩国端午竞技之风形成的原因

韩国农历五月五日称“端午节”“重午节”“端午祭”,在官方的语汇里,又称“天中佳节”“车轮日”“成衣翠日”,是韩国四大节日之一,始于新罗时代,传自中国。因此,在很多重要的民俗事象上其与中国的情形相似,比如工曹制扇,门上贴朱砂写的“天中赤符”,儿童取菖蒲汤洗面,以菖蒲根作簪,遍插

---

① 《朝鲜时代私撰邑志·蔚山邑志·风俗条》,日本图书刊行会,1974年,第47页。

② 《朝鲜时代私撰邑志·蔚山邑志·风俗条》,日本图书刊行会,1974年,第47页。

③ 洪锡谟:《东国岁时记·正月·上元》,朝鲜光文会,1911年。

头髻以辟瘟等，甚至在内在精神方面也与中国视端午为“恶日”一脉相承。在先秦时代，五月初五是阳气运行到端点的端阳之时，阴恶从五而生，此时“五毒”（蜈蚣、蝎子、壁虎、蜘蛛、毒蛇）并出，尤为恶日。逢此恶疠病疫泛滥之恶日，人们自然要避邪除恶，消灾免疫、趋吉避凶，清扫卫生、防疫保健，对阵竞技、调理阴阳。就对阵竞技的具体表现形态来说，上节所述韩国古代端午习俗又具有在地化与本土化的特点。一般而言，一种先进文化传入异国，被输入国并非全盘照搬，而是与本土文化融合进行在地化的改造，使之具备新的内容与内涵。同时，文化是多元交汇的过程，并非流水一般从高到低单向流动。就对阵竞技风习而言，其形成原因大致为有以下几个方面。

（一）辽、金、元习俗的影响

朝鲜半岛自古与中国有着密切的关系，自元朝以后关系更加密切，成为中华秩序下藩属国中的典范，素有“小中华”之美誉。直到近代，两国交往辞令中常出现朝鲜“虽在外服而亲同一家”的说法，将大中华与小中华的关系比喻为宗族中的大宗与小宗的关系。但由于地缘及中华文化构成元素的多样性，朝鲜半岛文化在整体上纳入儒家文化圈或汉字文化圈的同时，还具有一定的复杂性与疏离性。

严格地讲，朝鲜半岛端午对阵竞技之风可以追溯到中原文化。但还应看到，由于与辽、金接壤，古朝鲜端午习俗又明显受到北方少数民族的影响，或者可认为是中原文化经由辽、金、蒙元而对其进行影响。此外，朝鲜半岛统治者往往以实用主义态度对待胡汉之别，并非如古代中国那般严格区分夷夏。比如，高丽与明朝建立宗藩关系后，也与退居大漠的北元建立起宗藩关系，高丽从明朝三请官服，将官服从元式变成明式。王禑在洪武二十年（1387）九月获得了明朝所赐的冠带，虽一面晓谕臣僚：“自今服大明衣冠，宜诚心事之！”但他在外出狩猎时仍然穿着胡服，充分显示了政治实用主义态度。汉与胡在高丽人眼中，并非如此泾渭分明，他们只是拿来主义，好用就行。在民俗的借鉴上也是如此。《平壤志·风俗条》载：“自高氏尚武强，建高丽，与辽金接壤，渐染胡俗。”[①]对于击毬的来源，《武艺图谱通志》曰：“案

① 尹斗寿：《平壤志》卷一，哈佛燕京图书馆藏本，第4页。

《金史·礼志》曰:'射柳击毬之戏,辽俗也。凡重五日,拜天礼毕,插柳毬,场以帕识,其枝去地约数寸,削其皮而白之,一人驰马前导,后驰马以无羽横镞箭射之'云云。而高丽击毬亦以端午日,则岂射柳变为射毬欤?"[①]此处所云,指将射柳与击毬相结合而衍生的一种新游艺民俗事象。

中国北方将传统端午称为"蕤宾节",习俗为骑马射柳。射柳,又名斫柳、剪柳、走骠骑。以柳为的,驰马射之。据《金史·礼志》载,女真人乃从契丹人那里学会射柳、击球之戏。射柳之法为"凡重五日……插柳球场为两行,当射者以尊卑序,各以帕识其枝,去地约数寸,削其皮而白之,先以一人驰马前导,后驰马以无羽横镞箭射之,既断柳又以手接而驰去者为上。断而不能接去者次之,或断其青处及中而不能断,与不能中者为负。每射必伐鼓以助其气"[②]。宋朝文惟简《虏廷事实》是他在辽金的所见所闻,其中载:虏人(金人)州军及军前,每遇端午、中元、重九三节,择宽敞之地,多设酒醴、牢饩、饼、饵、果实祭于其所,名曰拜天。祭罢,则无贵贱老幼能骑射者,咸得射柳。中者则金帛赏之,不中者则褫衣以辱之。[③] 这也可作为旁证。尽管《续文献通考·乐考》记载明成祖曾数次往东苑击球、射柳,但射柳之俗在晚明已不为人所知,就连博洽多闻的学者沈德符都不能十分确定其来源:"京师及边镇最重重午节,至今各边是日俱射柳较胜。……内廷自龙舟之外,则修射柳故事,其名曰走骠骑,盖沿金元之俗。"[④]不难看出,射柳之俗源自射礼。

辽、金在重午除了饮宴、射柳之外,还有击毬这一游艺活动。《析津志》载,辽把打马毬作为节日的传统风俗,于端午、重九击毬。《金史·世宗纪上》载:"三年……以重五,幸广乐园射柳,命皇太子、亲王、百官皆射,胜者赐物有差。上复御常武殿,赐宴击毬。"[⑤]其方法为:"各乘所常习马,持鞠杖。杖长数尺,其端如偃月。分其众为两队,共争击一毬。先于毬场南立双桓,置板,下开一孔为门,而加网为囊,能夺得鞠击入网囊者为胜。或:'两端对立二门,互相排击,各以出门为胜。'毬状小如拳,以轻韧木枵其中而朱之。

---

① 转引自《朝鲜时代私撰邑志·高丽古都征·风俗条》,日本图书刊行会,1974年,第50～51页。
② (元)脱脱等撰:《金史·礼志·拜天仪条》,中华书局1975年版,第827页。
③ 参见傅朗云编注:《金史辑佚》,吉林文史出版社1990年版,第8～9页。
④ (明)沈德符:《万历野获编》卷二,清文渊阁《四库全书》本。
⑤ (元)脱脱等撰:《金史·世宗纪上》,中华书局1975年版,第131页。

皆所以习跷捷也。"[①]

击毬，源自打马球，古称击鞠。三国魏曹植《名都篇》中有"连翩击鞠壤"之句。唐代长安有宽大的球场，玄宗、敬宗等皇帝均喜马球。章怀太子墓中的《马球图》，画了唐代马球的兴盛情景：画上 20 多匹骏马飞驰，马尾扎结起来，打球者头戴幞巾，足蹬长靴，手持球杖逐球相击。宋代有"打球乐"舞队。至明代，马球仍流行。明《宣宗行乐图》长卷中绘有宣宗赏马球之场面。当时的官员王直亦写有端午日观打球之诗。[②]

再如石战之俗，据文献，福建仙游、龙海，广东东莞、阳江、广州，湖南黔南，台湾台南在正月、端午或重阳均有石战的风俗，其来源甚至可以追溯到原始社会狩猎时掷石攻击野兽。古朝鲜的石战风俗，则更可能受其地缘较近的东北的影响。在今天的辽西宝鞍山和望宝山王四营子村和四芳台村（分属阜新富荣镇和黑山芳山镇），依然保留着此奇特民俗事象，每年端午流行石战风俗——当地叫作"克仗斗石"。

由于地缘接近，同一区域内的各民族风俗会彼此渗透与交互影响。《旧唐书·渤海靺鞨传》："风俗与高丽及契丹同。"靺鞨为女真，将高丽（即高句丽）、契丹与之并举，说明彼时三者之间交互影响、彼此渗透，只是后来随着朝贡制度的运行，渤海国文化由初年浓郁的靺鞨文化、高句丽文化风格逐渐转变为以唐文化为主。朝鲜半岛同样如此，在强调唐宋文化对其影响的同时，还应看到在其固有居住区域里，各民族文化之间的交互影响。何况，在政府层面，还有人专门提出"四方风俗不一，不须尽从中朝所尚"[③]。这也可以解释朝鲜半岛何以能保持自己特有的民俗。

（二）环境的影响及尚武的风气

朝鲜半岛因自身所具军事地理位置的重要性，因而不可能完全偃武修文，纯粹以文化人，以礼治国。尽管朝鲜半岛接受儒道释为主体的中华文化甚早，"平壤，箕子之古封也，八条之教民知礼义"，但由于生存危机，"及朱蒙

---

① （元）脱脱等撰：《金史·礼志八·拜天条》，中华书局 1975 年版，第 827 页。

② 诗云："玉勒千金马，雕文七宝球。鞚飞惊电掣，伏奋觉星流。炎页过成三捷，欢传第一筹。庆云随逸足，缭绕殿东头。"

③ 《李朝实录·成宗实录》卷一九九，国家图书馆出版社 2012 年影印本，第 479 页。

氏以来，习于骑射，其俗遂变。虽隋唐兵力之盛，莫能下之，其骁勇雄强可想已”。①

社会上层特别是国王本人重力尚武对于培养剽悍的民风具有极大的示范作用。古朝鲜各政权的更迭，主要是靠军事实力，各开国之君皆是勇悍之士，即使守成之君也知道保持尚武之风的重要性：“予见宗亲不可无事终日，故为之射侯礼，必有耦，非以相争。古之圣人亦不废射礼，射实重事，欲使群下与于射，则须在上者躬行以率焉。比见文臣，类皆善射，得才兼文武者用之，岂无所补哉？外人之议者，其无意矣。”②在上者率先垂范，重视射礼，群下自然知道功名当自马上取，以至于文臣也并非手无缚鸡之力的文弱之辈，而是“类皆善射”。甚至在高丽时代，乐部在迎驾时，除大张音乐管弦，还使妇女驰马击毬。③ 因此，端午等节日呈现的对阵竞技之风只是整体社会性景观中的一幕而已。在全民尚武之风的影响下，朝鲜开国之君李成桂起事之地“永安道”，因本与胡人杂处，“王化远隔，人不识《诗》《书》、礼法。日以强悍为习，弓马为业，陵弱暴寡，有同胡俗。文教不张，名校生者，挽弓为甲士，则一族相贺，以此自为箕裘”④。重武轻文之风由此可见一斑。最负盛名的江陵端午祭祭拜对象是统一三国的功臣金庾信将军，虽然夹杂着其在死后变成大关岭山神、信众有求必应的宗教与超验成分，但其本质上还是对英雄与力量的崇拜，也可看成尚武之风的延续。

端午节男人们的摔跤、石战活动可以视作一种成年礼，后来日本的端午节干脆就演变成“男儿节”。高丽时代的石战当时被当成国家仪典，受到朝廷的鼓励，哪怕是死伤众多，有识之士一禁再禁，也是禁而不止，直至1910年朝鲜被日本侵占后，该习俗才彻底消失，这也说明其拥有强大的生命力。一方面因为端午乃是阴阳争斗转化最剧之时，此时石战即对阴阳争斗的模仿，即通过人为努力促进阴阳交合、生化万物而达成人类和万物的繁殖，从而五谷丰登、六畜兴旺；另一方面也包含着接触巫术的思维，通过模拟阴阳相交的石战，人类就能操纵、影响阴阳之交及气候的变化，从而达成风调雨顺、富

---

① 尹斗寿：《平壤志》卷一，哈佛燕京图书馆藏本，第5页。
② 《李朝实录·成宗实录》卷一〇三，国家图书馆出版社2012年影印本，第316页。
③ 参见郑麟趾：《高丽史·睿宗世家三》，奎章阁本。
④ 《李朝实录·成宗实录》卷一七四，国家图书馆出版社2012年影印本，第260页。

贵平安的目的。今天的辽西居民把石战中的负伤当作喜事,认为流血可驱邪避灾祈丰,亦可证明此点。

(三)京城风尚的导向作用

农业时代,人们也许不能将城市文化的辐射作用上升到理论高度,但不妨碍文士们就其观察的现象进行描述。京城文化往往是一个朝代的风向标,礼乐文物均由这里向四方辐射,四方之人均以京师风尚为标准,饮食衣服婚姻宅第,必拟京师,否则会被视为鄙野。正所谓治隆于上、俗美于下,非家喻户晓,唯在能正其本,四方虽远,所正唯在京师。

以击毬为例,即可见出这项活动如何经国王而达官贵人再到民间流行的。高丽时毅宗“游北园,谓左右曰:‘吾击毬之技,无复试矣。已而取毬击之,人莫有及者。’”[①]不仅国王亲自参与,王公大臣也要参与。名臣李穑曾在端午日,于宰枢观击球,当时的场景是“结棚临广陌”,宰相也参与此项竞技活动。李穑与上党君、新平君登市楼共同观赏而作诗一首:“圣上龙飞今七年,二度寓目飞球前。飞球只从月杖力,所击缓急非徒然。初如流星度碧落,渐似闪电超紫烟。老将才高自压众,后生气锐皆争先。”[②]

在高丽历史上,还有过因击球技术精湛而飞黄腾达之辈,其遭遇与《水浒传》中的高俅相似。“奇卓诚,幸州人。美容仪,善射御,初补校尉,毅宗好驰马击毬,擢为牵龙,常在王侧。”[③]尹秀(字吉甫)“善击毬……和少习骑马击毬,弄杖妙绝古今,帝甚叹赏。谓左右曰:‘若非神助,则是幻术。’”[④]史书将尹吉甫归入嬖幸之类,可见其非同寻常的地位与际遇。更奇特的是,还有人因为会击毬而免予法律处罚:“丁未,监察司劾录事崔宗玄、恩德,犯禁饮酒,请罪之。王谓宗曰:‘试尔长技,若能则宥之。’宗即击毬于前,王喜免其罪。”[⑤]试想,因击毬之技而能获法外开恩,一经传开,四方之人如何不趋之若鹜?

---

① 郑麟趾:《高丽史·毅宗世家一》,奎章阁本。

② 李穑:《牧隐诗稿》卷二三,《韩国文集丛刊》本,第312页。

③ 郑麟趾:《高丽史·奇卓诚传》,奎章阁本。

④ 郑麟趾:《高丽史·尹秀传》,奎章阁本。

⑤ 郑麟趾:《高丽史·恭愍王世家一》,奎章阁本。

三、和而不同:“非遗”保护热的反思

民俗文化是动态传承的文化,它从一个地区向另一个地区或民族的传播,往往用“采借”的方式进行。这种“采借”不是被动的,而是主动的、有选择的接受。在“采借”的同时,还要结合本地区、本民族(本国的)需求加以改造,并植入本土文化之中,使其成为本民族文化的一部分。金宗弼《枫严辑话》云:“按,国俗名日与荆楚多仿众者。而正月下五日踏桥不知创于何代也。我国俗节,正朝、寒食、端午、秋夕则为墓祭,三月三日、四月八日、九月九日为宴饮矣。《朱子家礼》:墓祭三月上旬为之,今中朝亦如是,而国俗以为四名日为之,未知其出自何时也。五礼仪,正朝、端午、秋夕祭于祠堂,寒食则阙之,而国俗并为墓祭,亦未知何以也。中朝则上元观灯,而国俗四月八日为之。中朝寒食为秋千戏,而国俗端午为之。俗节所尚,亦未知其缘而异也。国家陵墓之祭极其烦渎,而私家墓祭亦为烦渎,违礼未便矣。”[①]这说明了朝鲜半岛岁时节日民俗既源自中国又与中土习俗有异的事实。

屈原及祭屈原等相关事象很早就传入了朝鲜半岛。高丽朝《圃隐集·端午日戏题》云:“今年端午在邮亭,谁送菖蒲酒一瓶。此日不宜黍,自家还是屈原醒。”[②]可见屈原与端午的民俗意象很早就结合在一起。《旅轩先生续集》卷一《和五月五日忆三闾大夫(次文文山韵)》云:“志士寻常谈笑时。若读离骚泪必垂。况逢今朝五月五。千载尚有悲风吹。当时湘畔几徘徊。竟抱忠贞投渺弥。楚山崔崔楚水明。精英钟出斯人奇。美质元从庚寅受。正则嘉名期不亏。芊业当年势屼嵲。先生进退分安危。几将孤忠抗众猜。岁暮野外枯香芝。空吐琅玕诉白日。白日杳杳天无知。怀沙欲投复踌躇。苦吟几望荃心追。烦云残日知已矣。忍见宗国歌黍离。不受汶汶谢渔父。鱼腹直与彭咸随。芝摧兰折在须臾。忠魂毅魄凭涟漪。浊世苟生非子乐。一死便可游希夷。至今人间名五五。感古非独贾谊悲。君不见三闾大夫此日沈。熊绎旧业从而堕。”[③]可见屈原已传入朝鲜半岛,但没提及该地有龙舟竞

① 金宗弼:《遣闲褉记》,《韩国文献说话全集》第8册,民族文化社,1981年,第38~39页。
② 郑梦周:《圃隐先生文集》卷一,朝鲜肃宗三年刊本。
③ 张显光:《旅轩先生续集》卷一,哈佛燕京图书馆藏本,第18~19页。

渡的节俗。《龟川先生遗稿》“俗节”载：“五月五日，祭汨罗之遗俗，又裹糯米为粽，以象阴阳相包裹未分散。”[①]此处也提到了将粽子投入江中的习俗，但未见龙舟竞渡之举。

回到本文开头提到的问题：为什么朝鲜半岛没有将端午龙舟竞渡继承过去？这其实涉及源与流的区分。先秦时代，五月五日被称为“天中节”，被视为恶日，是阴阳交战的日子。因我国古代阴历纪年法的影响，朝鲜半岛也称五月初五日为“重午”“重五”“端阳”“五月节”，只是增加了一个“上日”的称谓，表示神的日子。因此，禳灾祈福是其原始意义，龙舟竞渡只是后来的流，而非源，属于上古中国端午节的变异。龙舟竞渡、朝鲜半岛的端午民俗与国内一些少数民族比较特殊的端午节俗一样，都是流，属于某种变异，都是对先秦观念的借鉴，南北各异的民俗事象就是用这种选择性的“采借”方式完成的。

这就是民俗学中一种普遍现象，强势的岁时节日围绕着一定的主题不断添加新的内容，其原有的一些内容则可能渐渐淡化。现存的那些节日民俗无一不是历史上的强势民俗事象，由于后世龙舟竞渡逐渐突出，很多人对丰富多彩的其他样式不太了解也就不足为怪了。另外，龙舟竞渡也并非为端午所专，寒食、清明、上巳、重阳、元宵也有关于“龙舟竞渡”的文献记载，但由于其主导的民俗事象已变甚至覆盖了其他内容，故亦不为普通人所知，宋朝文惟简所记的中元、重九之射柳习俗后不为人知，也是同样道理。

自从韩国江陵端午祭成功申报进入世界“非遗”名录后，“非遗”以迅雷不及掩耳之势进入中国人的话语体系，伴随着媒体的造势，夹杂着各种复杂情绪，中国大地上促生了轰轰烈烈、红红火火的“非遗”运动。联合国教科文组织当年制定《保护非物质文化遗产公约》意在保护人类文化的多样性，与费孝通所言的“各美其美，美人之美，美美与共”理念相融相通。在世界范围内，虽然美、英等国对公约采取不冷不热的态度，但在传统儒家文化圈内，中、日、韩、越等国家都铆足了劲儿对昔日留存的有形、无形遗产进行“争夺”。这一区域自古以来就有的“执拗的低音”又一次笼罩在“非遗”无形的竞技场上。战后的南北韩均以中国为参照系，建构了自身的历史话语体系，

① 李光弼：《龟川先生遗稿》卷八，《韩国文集丛刊》本，第165页。

受到立场和成见的影响，此种话语结构与话语方式固然对他者与自身的认识可能存在难以弥合的偏差，但对文化输出国而言，既要以知识考古学的方式梳理相关文化现象的原始内蕴，也应充分考虑文化传播过程中的分疏性与传入地的地缘特色，如何造就了传播的偏差与被改写的客观现实。

因此，除了从学理上厘清相关问题，还原事实就显得相当重要。尤其应当引起警惕的是，出于文化安全的回击固然重要，但切不可忘了公约保护文化多样性的初心，没必要在形式化的大背景下，将本来丰富多样的文化生态进行不同程度的形式化、空壳化，甚至标准化、单一化和乌托邦化。[①] 当然，更不可用标准的官方叙事来代替学术的、历史的、“非遗”的原生态叙事。

① 参见岳永逸：《“非遗”的雾霾》，《读书》2016年第3期。

城市化带来的韩国岁时风俗的变化和特征

[韩]罗景洙 著　张方明 译*

摘　要

以1965年为分界点，韩国开始出现农村人口减少的趋势。随着工业化、城市化进程的加快，首先突出表现出来的是“离农现象”带来的农村人口的锐减。随着农村人口的减少，老龄化现象也随之而来。结果，作为从上一代传承到下一代的民间知识整体，民俗有往下传的上一代，却没有接受传承的下一代。城市化带来的岁时风俗最大特征就是商业化。城市具有消费导向强烈的特点，过去农业社会以祈求丰饶多产的岁时风俗为主流，而城市化却促使风俗朝向推动消费功能的趋势转换。因此出现为促进消费，把想法集中于生产意义的社会现象。

关键词

韩国；岁时风俗；民俗传承；商业化；城市化

* 罗景洙，韩国民俗学会原会长，韩国全南大学教授；张方明，佳木斯大学外国语学院讲师。

一、农村和城市作为民俗传承现场的今与昔

(一)农村基础传统民俗的生存性危机

1. 生态条件的解体

最近到农渔村进行民俗调查的时候,最常听到的话是“原来有人懂这个,也有人会做这个,但是都去世了”。因为提出的都是关于过去事情的问题,所以得到这样的回答也是理所当然的。在现场调查时也常常会听到这样的话“原来有人懂这个,而且有人会做这个,但是都搬走了”。这些情况表明,如今在传承现场已经很难再获得优质的民俗资料。

一般来说,文化具有三大决定性条件,即自然条件、历史条件和社会条件。民俗也是一种文化,因此民俗文化也受上面三大条件的影响。但是,这三大条件并非具有同等的影响力。越是距今时间久远的时代,自然条件的影响就越大;反之,在工业社会,社会条件则具有更大的决定作用。

韩国传统文化的主要生态环境不言而喻就是农渔村社会。大部分民俗文化也以农渔村为母体,走过了生成、变化和发展的过程。然而,在工业化加速发展的进程中,生产方式和生活方式发生了巨大的变化,工业化不仅发生在城市,甚至影响到农村,以至于相当一部分原有的农村传统文化消失了。依靠人力的集约劳动力被依靠机械的动力取代,劳动方式发生了改变;电视以及智能手机的普及,直接导致了传统串门文化和传统会客厅“舍廊房”文化的退化,随之而来的是共同体意识的弱化。以老龄人口为主的“核心家庭化”,不仅从整体上改变了家庭,而且大大改变了村庄的生活文化。

2. 生活周期的变化

生活周期的变化也给传统的乡村民俗带来了变化。不仅是生活当中由使用阴历转变为使用阳历,影响更大的是生活周期的改变,间距从以“月”为循环周期(monthly cycle)转变为以“周”为循环周期(weekly cycle)。

过去农业社会的生活周期和生产周期普遍以“月”为单位,但进入工业社会后,确定下以“周”为单位的生活周期。在民俗赖以生存的这一根基时间单位转变的过程中,有的民俗适应这个变化,有的则不适应或者发生冲

突。不仅是公司、政府单位、工厂和学校,最近连商店以及小企业的生活周期也变成了以"周"为单位。

大体上,植根于时间变化的岁时风俗对此的反应是非常敏感的。除了春节和中秋以外,原本几乎每个月都有的传统节日正在消失。原本传统节日的重要功能之一是休息和娱乐,但随着生活周期改以周为单位,周六和周日代替了这个功能。不仅是岁时风俗,红白喜事和祭礼等仪礼、宗教民俗也受到以周为单位的生活周期的影响。婚礼可以算具有代表性的例子,而更能说明这一点的是人们更喜欢将花甲宴或时祭定在周六或周日,而不是原定日期。

3. 传承主体的脱离

民俗的传承主体不言而喻就是民众,而民众中占大多数的正是农民。开创民俗学的西方学者中,将民众和农民视为一体的也很多。换句话说,传统意义上的民俗就是在农村一直以共同体方式过日子的农民们的生活方式。但是以 1965 年为分界点,韩国开始出现农村人口减少的趋势。随着工业化、城市化进程的加快,首先突出表现出来的是"离农现象"带来的农村人口的锐减。随着农村人口的减少,老龄化现象也随之而来。结果,作为从上一代传承到下一代的民间知识整体,民俗有往下传的上一代(from generation),却没有接受传承的下一代(to generation)了。结果,在民俗的主体民众的正常分布被扭曲的情况下,民俗的自然传承同样面临着危机。曾经在中秋月夜跳"羌羌水越来"跳得腿都肿了的舞者们,都已成了白发苍苍的老奶奶,那时的快乐现在只剩下模糊的记忆了。如果我们把共享同一文化的集团称为民众(传承主体)①,那么现在很难再维持共享过去的民俗并将之传承下去的民众集团了。

4. 期待值的跌落

从 100 多年前开始,朝鲜就有意与传统断绝关系。韩国社会的近现代史上,在过去的 100 多年里,民俗等传统文化经历了黑暗时代。从旧韩末开化思想和外来宗教的传入,到日本帝国主义强占时期的殖民政策、美国军政下

---

① A. Dundes, "Who are the Folk?", *Interpreting Folklore*, Bloomington: Indiana University Press, 1980, pp.6-7.

的慕欧羡美、6.25战争导致的价值空白、推动工业化发展的至上主义，以及开展新村运动所引发的老村消亡等，在过去100年内发生的这一系列事情，在民俗的立场来看就如同在走下坡路，像发生了灾难一样。

在这一过程中，支撑民俗的意识遭到严重贬损，被贬斥为劣等的、无价值的，有时甚至被谴责是不符合道德的。再加上标榜理性和科学思考的政策、舆论和教育等都异口同声地对其进行讨伐，营造出贬低民俗的氛围。从空间角度讲，民族文化被世界文化侵蚀，地方文化被中央文化瓦解，农渔村文化被视作比城市文化低劣的文化，在这一过程中，传统文化呈现出被现代文化压倒的局面。

(二)韩国的人口变动和城市化现状

从20世纪60年代初开始，韩国经济政策发生了巨大的变化。国民经济摆脱了沿袭数千年的重农政策，在推进工业化的同时整个产业结构也发生了巨变。1962年至1966年第一个经济开发五年计划以经济自立和发展为目标，在政府主导下，依靠引进外资及出口，采取了低工资和低粮价政策的发展方式。此时经济政策的目标是纠正所有社会性和经济性的恶性循环和矛盾，为实现自立型经济奠定基础。将打造发展条件的基本方向放在(1)确保电力、煤炭等能源的供给源；(2)增加农业生产力；(3)扩充核心产业，充足社会间接资本；(4)利用闲置资源；(5)改善以增加出口为主轴的国际收支；(6)振兴技术等，围绕这些方面着力推动经济的发展。推进成果被赞誉为获得了成功，甚至出现了“汉江奇迹”的说法。在政府的自评经济规模方面，这一时期的年均增长率为7.8%，超过了预期；各产业领域，特别是矿产部门的迅速发展，大大促进了产业结构的改善。在此期间，韩国政府每年都在发行宣传鼓励型邮票，以推动政策的实施。

随着第一个五年计划的成功实施，以五年为单位的经济政策得以推进，第二个(1967～1971年)、第三个(1972～1976年)、第四个(1977～1981年)、第五个(1982～1986年)、第六个(1987～1991年)、第七个(1992～1996年)经济开发五年计划连续下来，引导和推动了韩国经济的发展。

如表1、图1所示，韩国的产业结构在过去40年里发生了巨大的变化。1965年，以农渔业为中心的第一产业将近占到国民生产总值的40%，但到了

2015 年，仅略高于 2%，第一产业经济比重显著下降。相反，以工业为基础的第二产业和以商业及服务为基础的第三产业出现大幅增长。

表 1　　1965～2015 年产业结构的变化

年度	第一产业	第二产业	第三产业
1965	39.4	21.3	39.3
1970	27.5	24.5	48.0
1975	25.4	27.4	47.2
1980	15.1	34.2	50.7
1985	12.5	36.1	51.4
1990	8.2	38.2	53.6
1995	5.8	38.4	55.8
2000	4.4	38.1	57.5
2005	3.1	37.5	59.4
2010	2.5	38.3	59.3
2015	2.3	38.0	59.7

* 韩国统计厅资料

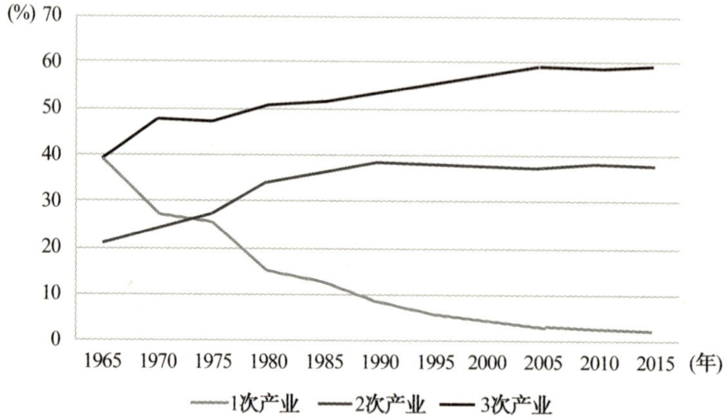

图 1　1965～2015 年产业结构的变化

上述产业结构的变化和经济规模的扩大，自然而然引发了城市化和人口移动现象。如表 2、图 2 所示，1960 年农村人口达到总人口数的 72%，但 2018 年大幅减少至 9%左右，而城市人口占到了全体人口的 91%。

表 2　　1960～2018 年都市 · 农村的人口变动

年度	全国	都市人口		农村人口	
		数(百万)	%	数(百万)	%
1960	24.989	6.996	28.0	17.992	72.0
1965	29.192	9.804	33.6	19.387	66.4
1970	31.435	13.130	41.8	18.504	58.2
1975	34.678	16.773	48.4	17.905	51.6
1980	37.406	21.419	57.3	15.997	42.7
1985	40.419	26.417	65.4	14.001	34.6
1990	43.390	32.290	74.4	11.100	25.6
1995	44.390	32.290	74.4	11.100	25.6
2000	45.985	36.642	79.7	9.342	20.3
2005	48.782	43.445	89.1	5.336	10.9
2010	50.515	45.278	89.6	5.237	10.4
2015	51.529	46.698	90.6	4.831	9.4
2018	51.826	47.147	91.0	4.678	9.0

* 韩国统计厅资料

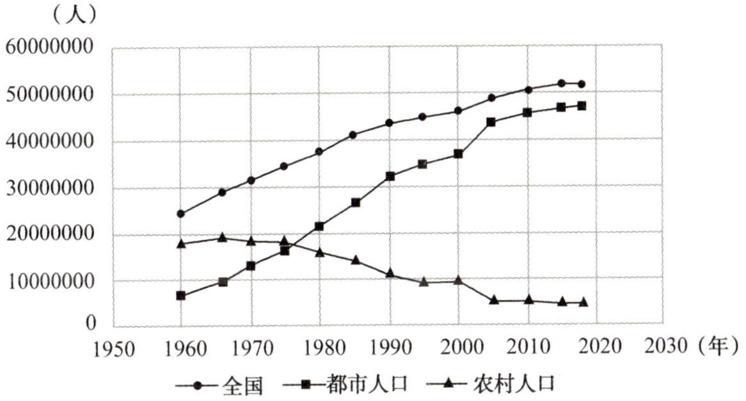

图 2　1960～2018 年都市 · 农村的人口变动

如表 2 所示，城市和农村之间的人口变动和不均衡发展，自然而然地引起了文化的变化，在传统文化逐渐消失的同时，为新文化的产生提供了契机。

二、传统岁时风俗的构成和功能解体的趋势

（一）传统韩国岁时风俗的构成

时间观可以大致划分为两种：一是直线型时间观，二是循环型时间观。① 从直线型时间观来看，每一件事都是一次性的；但从循环型时间观来看，每一件事都是反复的。大自然的时间是无限直线的延伸，但太阳系里发生的地球自转周期是以一天为时间单位的，地球的公转周期和月亮的朔望周期分别是一年和一个月。这些太阳系的天体运动非常有规律，都为每个人共同经历着，且周期不以人的意志为转移。与大宇宙的直线型时间观相比，人类的生活遵循的是太阳系的循环型时间观。岁时风俗也随之彻底以循环型时间观为基准来安排。

1895 年（高宗三十二年）接受西方的格里高历（Gregorian calendar）作为生活日历之前，韩国同时使用了从中国引进的太阳历和太阴历。从开始接受并使用中国历法开始②，直到高丽和朝鲜时代，中国使臣们带给韩国的主要物品之一就是历书。③ 由此根据阴历，韩国每月的节日和阳历的二十四节气构成如表 3 所示：

表 3　　阴历节日与二十四节气

阴历月	节日（阴历）		二十四节气（阳历）		环境
	节日	阴历日期	名称	阳历日期	
1月（孟春月）	春节 十五 立春	1月1日 1月15日 阳历2月4日前后	立春 雨水	2月4日前后 2月19日前后	315° 330°

① Von Franz & Marie-Louse：《时间—节律和休止》，尹元澈译，平旦文化史 1986 年版，第 11～19 页。

② 据“入唐宿卫大奈麻德福，传学历术还，改用新历法”。详见金富轼：《三国史记》卷七《新罗本纪》第七“文武王十四年春正月”条，吉林文史出版社 2003 年版，第 99 页。

③ 参见《高丽史·忠烈王世家三》“忠烈王二十二年三月”条、《高丽史·辛禑传三》“禑王十一年十月”条及《世宗实录》卷一二七“世宗三十二年闰一月二日”条等记录。

续表

阴历月	节日(阴历)		二十四节气(阳历)		环境
	节日	阴历日期	名称	阳历日期	
2月(仲春月)	初一	2月1日	惊蛰 春分	3月6日前后 3月21日前后	345° 0°
3月(季春月)	三月三	3月3日	清明 谷雨	4月5日前后 4月20日前后	15° 30°
4月(孟夏月)	寒食 佛诞节	冬至后105日 4月8日	立夏 小满	5月6日前后 5月21日前后	45° 60°
5月(仲孟月)	端午	5月5日	芒种 夏至	6月6日前后 6月21日前后	75° 90°
6月(季孟月)	流头	6月15日	小暑 大暑	7月7日前后 7月23日左右	105° 120°
7月(孟秋月)	七夕 百中	7月7日 7月15日	立秋 处暑	8月8日前后 8月23日前后	135° 150°
8月(仲秋月)	中秋	8月15日	白露 秋分	9月8日前后 9月23日前后	165° 180°
9月(季秋月)	重九	9月9日	寒露 霜降	10月8日前后 10月23日前后	195° 210°
10月(孟冬月)	上月	整个10月	立冬 小雪	11月7日前后 11月22日前后	225° 240°
11月(仲冬月)	冬至	阳历12月22日前后	大雪 冬至	12月7日前后 12月22日前后	255° 270°
12月(季冬月)	除夕	12月30日	小寒 大寒	1月6日前后 1月21日前后	285° 300°

与二十四节气相比,韩国根据阴历确立的传统节日岁时风俗更为集中。这些节日都遵循一定的构成规则。

第一,重视初始。1月和2月是一年开始的月份,这两个月的第一天1月1日和2月1日都成为节日。

第二,重视阳数。包括1月1日在内的3月3日、5月5日、7月7日和9月9日等,都是阳数重复的日子,具有重阳的意义。

第三，重视十五。1月15日、6月15日、7月15日和8月15日都是节日，与农耕社会祈愿丰饶多产有着深厚的关系。

第四，接受中国节日。寒食、端午、七夕、重阳和冬至等是中国既有的节日，此时进行的岁时风俗也有很多来源于中国的传说或民俗。

第五，也包括属于阳历的节日。立春、寒食和冬至是以阳历为基准确立的节日，由此可见岁时节日中不仅包括农历节日，还包括阳历节日。

第六，受外来宗教的影响。四月初八佛诞节作为节日，源于将佛教定为国教的历史时期。近来非常重视的圣诞节也是受外来宗教基督教的影响。

第七，反映了上古时代的崇天意识和祭天仪式。十月为吉月，人们相信整个十月都是好日子，而不仅限于某个特定的日期。为了纪念檀君王俭创立了古朝鲜[①]，十月三日被定为开天节。高句丽的东盟、涉的舞天和马韩的十月祭[②]等遗俗以及直到高丽时代举行的十月八关会等都与祭天相关。

朝鲜时代被称为“三大岁时记”的《东国岁时记》[③]《洌阳岁时记》[④]和《京都杂志》[⑤]等，详细记载了有关这些节日的岁时风俗。但是到了现代，整理国立机构主持的调查结果发现，很多风俗都已经消亡了。[⑥] 150～200余年间，很多岁时风俗从传承现场消失。岁时风俗消失的原因有很多，但事实上最重要的因素是岁时风俗功能的解体。

(二)传统韩国岁时风俗的功能及其解体趋势

当社会文化功能被削弱或受到怀疑时，民俗的传承力不可避免地出现相应的弱化。传统岁时风俗具有的功能包括历法功能、信仰功能、休息功能、娱乐功能、进补功能和卫生功能等。

1. 历法功能

在近代社会以前，岁时风俗具有历法功能。作为能够解读自然变化的自然历，遵循自然变化安排劳作的生产历，以及为祈丰定期执行的仪礼历等

---

① 参见[高丽]一然:《三国遗事·纪异第二·古朝鲜条》，吉林文史出版社2003年版，第30页。

② 参见(三国)陈寿:《三国志·魏书·东夷传》附《高句丽传》，百衲本景宋绍熙刊本。

③ 洪锡谟:《东国岁时记》，1849年左右。

④ 金迈淳:《洌阳岁时记》，1819年。

⑤ 柳得恭:《京都杂志》，19世纪初。

⑥ 参见韩国国立民俗博物馆:《岁时风俗事典》全6卷，韩国国立民俗博物馆，2007年；韩国国立文化财研究所:《岁时风俗》全9卷，韩国国立文化财研究所，2000年。

三种功能都是通过岁时风俗得以实现的。就算是在高丽时代和朝鲜时代初期,由于尚难自制历书,还需要使用使臣们从中国带来的历书,且历书仅供极少数统治阶层使用,大多数百姓需要通过岁时风俗来计算时间。但是进入近代社会以后,特别是从20世纪中期开始,由于纸制日历的普及,民间的历算逐渐摆脱了对岁时风俗的依赖。

2. 信仰功能

岁时风俗中不仅包含崇拜自然神和祖先神的各种仪礼,还包含俗信和禁忌等民众的信仰思想。自古以来,在相信咒术—宗教力量(magico-religious power)能够左右自然、社会和人生的时代,信仰一直全面渗透在当时人们的世界观和人生观之中。[①] 但是科学和理性的推广,引发了人们对超自然力量(supernatural power)的怀疑,随之而来,不仅是自然神,人们对祖先神荫德的信任度也出现弱化,这一趋势无法逆转。再加上进入现代以后,宗教学界已决定不再使用"迷信"(supersition)一词,而到20世纪中期,这个词仍然被实行殖民统治的帝国主义用作攻击策略,削弱了传统民间信仰的影响。尤其是韩国经历了日帝强占期和美军政期,之后不断接受西方文化的渗透,否定传统文化的认识不断扩散,传统信仰经历了变质期。

3. 休息功能

过去韩国有句俗语说"节日里干活儿,会变成鳏夫寡妇"。意思是说,每月都有的一两次节日里,不要工作,要休息。在农耕社会里,工作不仅仅是种地。自给自足的经济形态下,无论男女老少,平时要做的事情很多,搞不好就会堆积如山。在日常生活与工作同步进行的情况下,为了消除累积的疲劳,需要定期休息,这种休息的必要性由作为惯习制度传承下来的节日承担。但从20世纪60年代中期起,随着农村人口开始减少,城市居民逐渐增多,"周"(weekly)为单位的休息周期比"月"(monthly)更加普遍,公共假日代替了习惯性休息日。再加上传统节日是阴历,相反,随着人们日常生活使用阳历,除国家指定的公休日春节和中秋节外,其他节日的休息功能也消失了。

---

① M. Eliade, *Patterns in Comparative Religion*, R. Sheed trans., New York: New American Library, 1974, p.209.

4. 娱乐功能

与消极休息不同，很多集体性的民俗游戏作为积极休息的岁时风俗备受人们的喜爱。比如互相较量以决胜负的竞戏，在他人面前献艺的演戏（百戏），还有自娱自乐的游戏等传统游戏作为岁时风得以俗流传下来。虽然这些娱乐型传统游戏中有被寄予咒术效果或具有“娱神”和“娱人”复合功能的案例，但整体上随着信仰体系的瓦解，游戏的精神底线崩溃了。另外，作为岁时风俗，传统游戏一直是以儿童和年轻人而不是老年人为中心。而韩国迅速进入了老龄化社会。在农村，早已很难听到孩子们的哭闹声，也很难见到积极参与岁时风俗游戏的年轻一代。例如，韩国具有代表性的节日娱乐活动“拔河”和“羌羌水越来”，曾经是年轻人喜欢的游戏，但如今在乡下已经很难找到强健有力、生气勃勃的年轻人去参加这些活动。正因为如此，许多娱乐型传统游戏自然消失了，到了现代，相较于传统的集体性娱乐，增加了很多新的游戏，而且从国外引进了很多游戏，传统游戏因此逐渐销声匿迹。

5. 进补功能

韩国有两个著名的山岭：一个是有名的让人伤心落泪的“阿里郎岭”，另一个就是“大麦岭”。人们把大麦收获前因缺乏口粮而陷入困境的春荒期，隐喻地称作“大麦岭”。除了人口以外，农业用地不足，再加上旧时代官僚们横征暴敛，日帝强占期时强行征收粮食等，大部分人经常处于营养失调、挨饿的状态。而每到节日，即使生活条件不好，人们也会准备敬祖的供桌，摆上平时吃不到的米饭和可以摄取动物蛋白质的肉。最近在韩国，节日综合征群成为很大的社会问题。这是因为婆婆和儿媳之间为节日饮食产生的矛盾达到高潮而带来的综合征。婆婆这一代人想像过去一样置备很多食物，而年轻的媳妇们则想简单准备，双方由此产生了矛盾。现在，时代已经发展到需要寻求低脂肪、低卡路里的营养过剩状态，再也没有人为了吃好而期盼节日的到来了。

6. 卫生功能

以前为了斋戒的需要，包括家庭清扫在内的清洗餐具、清洗衣服和沐浴等都是必需的。即便平日里无法用心保持清洁，到了节日前夕，人们也会忙着洁净身体、净化心灵、清扫周围环境。不光是各家各户，村里还要进行清掏公共水井、焚烧垃圾等净化环境的活动。时至今日，沐浴设施发达，洗衣机、吸尘器等广泛普及，且随着卫生观念的确立，平时的健康管理也越来越生活化。另外，包括村庄在内的集体居住环境由政府机构负责清扫和消毒等管理，保持公共卫生已经变成了公共机构的职责。

三、城市化带来的岁时风俗新特征和新趋势

（一）城市化带来的现代岁时风俗的特征

韩国虽然在用“城市民俗”这个词，但是对这个术语的使用还不是很确定。韩国的城市民俗学可以分为以下几种研究动向类别：介绍外国城市民俗学的理论与方法论，以此为基础推动韩国城市民俗研究的类别[①]；以韩国城市化进程为基础，寻找韩国的研究理论和方法论的类别[②]，还有相较于理论或方法论，更偏重调查研究实际存在的城市民俗现象的类别[③]。

另外，“城市民俗学”一词本身与乡村民俗或农村民俗相对立，蕴含着与过去或传统民俗相对立的现代民俗意义。但是，这种区分始于西方的民俗学，本来是从建立所谓农村民俗的空间和过去民俗的时间界限开始的，因此这种逻辑是成立的。但是，在用“现传”（now and here）来指称文化现象的汉字文化圈，没有时间和空间的界限，从这一文化圈的“民俗”语义来看，“城市民俗学”一词很难成立。

西方直到19世纪才首次使用“folklore”这个词，相反，汉字文化圈中“民俗”一词至少从2600多年前就开始使用。大约成书于前600年的《管子》一书中首次出现“民俗”一词：

① 朴焕英：《有关英国城市民俗学发展趋势的研究》，韩国民俗学会：《韩国民俗学》2005年第41辑；朴焕英：《城市民俗研究的方法和领域》，《韩国民俗学》2011年第54辑；李相铉：《德国城市民俗学的理论体系和应用性》，比较民俗学会：《比较民俗学》2002年第22辑。

② 林在海：《城市民俗学作为民俗学新领域和新方法的再认识》，安东大学民俗学研究所：《民俗研究》1996年第6辑；林在海：《城市中的民俗文化传承状况和城市民俗学的新坐标》，实践民俗学会：《实践民俗学研究》2007年第9辑；崔午元：《撰写城市民俗志和城市民俗学的可能性》，韩国国立民俗博物馆：《民俗学研究》2009年第25辑。

③ 郑亨镐：《20世纪龙山地区的城市化过程中洞祭堂的传承和变化状况》，韩国民俗学会：《韩国民俗学》2005年第41辑；郑亨镐：《通过个人生平史接近城市民俗学的方法和探索》，实践民俗学会：《实践民俗学研究》2007年第9辑；柳承勋：《用城市民俗学的眼光来看城市贫民区的特征和意义》，韩国国立民俗博物馆：《民俗学研究》2009年第25辑。

古之欲正世调天下者，必先观国政，料事务，察民俗。[①]

晚于管子100多年后的孔子(前551～前479)在《礼记》一书中也用到"民俗"一词：

子曰："上人疑则百姓惑，下难知则君长劳。故君民者，章好以示民俗，慎恶以御民之淫，则民不惑矣。"[②]

"民俗"一词在中国古籍经典中不断被使用，其中最具代表性的几个例子有：

府仓虚则国贫，国贫而民俗淫侈。[③]

楚民俗好庳车。[④]

乐者，所以变民风化民俗也。[⑤]

韩国古文献中也频频出现"民俗"一词。中国的例子如此，从韩国的事例中也可以看出，汉字文化圈里的"民俗"一词既不指示过去这个时点，也不指示农村这个地区。由于文化圈的差异，东方的民俗与西方的"folklore(或Volkskunde)"在字面意义上是不一样的，因而要牢记两者之间是存在一定距离的。[⑥] 特别是从东洋文化圈的民俗这一说法来看，城市民俗或城市民俗学的提法根本不能成立。

民俗是传承集团的无意识知识。民俗的无意识性质也是人们难以理解民俗的重要原因。[⑦] 传统的岁时风俗也因为这种无意识的性质，很难观察其意义和功能。典型的例子比如韩国春节吃的年糕汤和中秋节吃的松饼等各种节日食物，虽然不知道它们具有的民俗性质，但是人们一到那天必定会吃。打个比方，就像人们虽然不懂语法，却能很流畅地说自己的母语。[⑧]

然而到了现代，岁时风俗又呈现出新的性格。与传统的岁时风俗正在缩小、简化和消亡相反，新的城市化带来的新岁时风俗呈现出差别化、全球

① 《管子·正世》，上海古籍出版社2015年版，第321页。

② (元)陈澔注，金晓东校点：《礼记·缁衣》，上海古籍出版社2016年版，第620页。

③ (战国)韩非子：《韩非子·解老》，上海古籍出版社2015年版，第181页。

④ (西汉)司马迁：《史记·循吏列传》，三秦出版社1988年版，第2529页。

⑤ (东汉)班固：《汉书·董仲舒传》，中华书局1999年版，第1902页。

⑥ 罗景洙：《民俗领域体系的扩散和应用》，南道民俗学会：《南道民俗研究》2017年第34辑，第35～58页。

⑦ A. Dundes, *Interpreting Folklore*, Bloomington: Indiana University Press, 1980, p.36.

⑧ 罗景洙：《代表性岁时节令食品的咒术意味》，南道民俗学会：《南道民俗研究》2018年第67辑，第85～116页。

化和商业化等特点。

第一,公共化的特性。每年为了庆祝国家的纪念日,韩国政府将三一节(3 月 1 日)、制宪节(7 月 17 日)、光复节(8 月 15 日)、开天节(10 月 3 日)和韩古尔(韩文)节(10 月 9 日)定为国庆公休日,同时举行各种纪念仪式和庆典活动。① 除此之外,政府根据《关于各种纪念日的相关规定》(总统令)制定并主管国家纪念日(或法定纪念日),由不同的主管部门负责预算,在全国范围内推广这些纪念仪式及相关活动,以周或月为单位开展各种相关活动。目前已指定 51 个国家纪念日。② 国家纪念日本来不是公休日,但是根据《政府机关公休日相关规定》(总统令),部分纪念日被定为公休日。③ 这样一来,人们按照传统节日惯习不工作休息的风俗,如今变成了带有遵从国家法律规定的公共化性质。

第二,差别化的特性。传统节日对每个人都一样,无论男女老少或者不同地区,都没有太大差异地欢度节日,传统节日是一种普遍性的民族文化。然而,在传统节日日渐衰败、新风俗不断涌现的情况下,不同年龄、不同职业或岗位、不同性别显现出差异。特别是,越是新形成的岁时风俗,这种现象越明显。像年轻一代通过互赠纪念品来增进情感的新岁时风俗,老年人就不是很理解,这是不同年龄段之间出现的差别化现象。还有像儿童节和父亲节这样,节日相应的对象出现了年龄上的差别。劳动节,有工作岗位的人不去上班在家休息,但对于普通人来说,却和平常没什么两样。另外,根据不同的政治倾向,保守或者进步,有时候节日的意义也不同,像"世界女性日",则表现出性别差异的特征。

第三,全球化的特性。民俗具有很强的本国或本民族的固有性和顽固的排他性。但是到了现代,随着交通的发达,通信和信息交流的活跃,外国文化更容易被引进。在韩国,过去就有发源于印度的释迦牟尼诞生日初八日(阴历四月八日),中国的端午节、冬至等传入韩国成为传统节日。但从细

① 《有关国庆日的法规》[第 12915 号法规,2014 年 12 月 30 日,部分修订],韩国行政安全部(议政官室),02-2100-4079。

② 《有关各种纪念日的规定》[总统令第 30091 号,2019 年 9 月 24 日,部分修订],韩国行政安全部(议政官室),02-2100-4081。

③ 《有关政府机关公休日的规定》[总统令第 28394 号,2017 年 10 月 17 日,部分修订],韩国人事革新处(服务课),044-201-8434。

节来看，这些节日都是经历了文化适应(acculturation)的过程才转型为本国民俗的。但是，最近出现了脱离东洋圈，在美国和欧洲的影响下或西方传入的宗教的影响下，新增很多国际性岁时风俗的现象，甚至出现了把圣诞节当作韩国最大节日的主张。美国的万圣节(Halloween Day)、感恩节(Thanksgiving Day)、西方基督教的复活节(Holy Week)等传入韩国，并吸引着人们的关注。另外，虽然目前还是少数，但随着韩国社会迅速进入多元文化社会，以居住在韩国的少数移民为中心，还出现了庆祝本国节日的倾向。

第四，阳历化的特征。韩国的传统节日主要以阴历为准。与曾经几乎完全以阴历为主相反，进入现代后，阳历逐渐成为生活历。尤其是在城市里，生活以阳历为主。20世纪80年代以后，韩国大部分新生儿的生日更喜欢使用阳历而不是阴历。阴历和阳历的交替引发了文化的混乱，对仪礼也产生了影响，父母的生日或花甲等纪念仪式也倾向于提前在周六或周日举行；对岁时风俗也产生了影响，越来越多的人不在春节和中秋当天，而是提前到周六或周日扫墓或拜年。另外，观察新形成的岁时风俗会发现，一般以阳历为准的倾向很强烈。

第五，商业化的特性。随着农业基础社会的解体，民俗也大大脱离了农业基础的框架。特别是伴随着城市化现象出现了多种多样的职业民俗，这些都成为民俗学的另一类对象。① 城市化带来的岁时风俗最大特征就是商业化。虽然农村是农畜产品的生产基地，但城市具有消费导向强烈的特点。过去农业社会以祈求丰饶多产的岁时风俗为主流，而城市化却促使风俗朝向推动消费功能的趋势转换，因此出现了为促进消费而把想法集中于生产意义的现象。

(二)随着城市化出现的商业性岁时风俗

1. 新岁时风俗的出现

(1)情人节等14日节

情人节(Valentine Day)原本是为了纪念3世纪左右，因违反罗马皇帝

① Elliott Oring ed., *Folk Groups and Folklore Genres*, Logan Utah: Utah State University Press, 1986, pp.71-98.

禁令，守护情人节的瓦伦丁(Valentinus)。在欧洲，2月14日这一天，男女之间会互相赠送礼物。但日本一家巧克力公司从1958年开始，将情人节的意义变为女生送巧克力给自己爱慕的男生，并由此开始推销巧克力。① 3月14日白色情人节则来源于日本全国糖果工业协同组合从情人节获得灵感，为增进销售额，处理库存，于1980年开始兴起的商业性纪念日。这一天被定为男生送女生糖果的节日。②

这样的商业纪念日从日本传入韩国后，不仅衍生出多种多样的商业性活动③，还出现了制造新的纪念日进行扩大再生产的现象。所谓的“14日节”在韩国扩大的情况如下所示：

1月14日　日记日(Diary Day)：恋人之间互赠日记的日子。

2月14日　情人节(Valentine Day)：女子送巧克力给心仪男子的日子。

3月14日　白色情人节(White Day)：男子送糖果给心仪女子的日子。

4月14日　黑色情人节(Black Day)：情人节或白色情人节没收到礼物的人吃炸酱面的日子。

5月14日　玫瑰日(Rose Day)：恋人之间互送玫瑰花的日子。

6月14日　接吻日(Kiss Day)：恋人之间接吻的日子。

7月14日　银色情人节(Silver Day)：恋人之间互戴银戒指，约定将来的日子。

8月14日　绿色情人节(Green Day)：炎炎夏日里恋人牵手森林浴的日子。

9月14日　合影日(Photo Day)：恋人见面拍纪念照的日子。

10月14日　葡萄酒日(Wine Day)：恋人一起喝葡萄酒的日子。

11月14日　电影日(Movie Day)：恋人一起去电影院看电影的日子。

12月14日　拥抱日(Money Day)：恋人之间拥抱的日子。

中国的光棍节以渴求爱情的年轻男女为对象，取得了成功。与此相同，韩国的“14日节”也是以满足年轻男女的爱情需求作为商业战略的基础。

---

① https://www.mary.co.jp/mary/brandstory/valentine.html，登录访问时间：2019年10月13日。

② http://www.candy.or.jp/whiteday/okuru.html，登录访问时间：2019年10月13日。

③ 乐天世界或爱宝乐园等游乐园针对当天入场的情侣开展促销打折活动，百货商店或大型超市则另外准备礼物吸引顾客。

(2)贝贝鲁(pepero 巧克力棒)节

“贝贝鲁”是韩国特定饼干公司的商品名称。现代人的健康清单中除健康之外,加上的一条便是希望拥有苗条的身材。一般来说,贫穷的社会里会认为胖胖的身材是美人型,而富裕的社会里苗条的身材才是美人的必备条件。特别是以年轻人为中心,体重过重不仅会带来健康上的问题,还会造成仪表上的等等问题,因此要解决这些问题的欲望必然非常强烈。商业把人的心理需要作为必要充分条件,准备了有针对性的供应。“贝贝鲁”这个商品名称原意取自韩文“精瘦”这一单词,形容身体几乎没有肉的状态,酷似现代人特别是年轻人渴望拥有的苗条身材。再加上 11 月 11 日形如筷子的四个字符重叠在一起,字符和夸张的形态也很相似。这里面的根源是过去很多民俗中可以寻找到的一种类感咒术。

(3)五花肉日

五花肉不仅是韩国人,而且是在韩国生活过一段时间的外国人最喜欢的食物之一。猪肉的一定部位肥瘦相间,因而被称为五花肉。韩国人从 20 世纪80 年代开始食用烤五花肉,在此之前,人们一般不会把瘦肉烤着吃,而是把肉做成汤以供更多人食用。但是随着 20 世纪 80 年代韩国经济的好转,人们可以不用将肉做成汤而是直接用生菜包着吃。现在烤五花肉的餐厅也很多。3 月 3 日数字“3”重叠,韩语中“3 叠”(삼겹,sam gyeop)一词与“五花肉”(삼겹살,sam gyeop sal)发音相同,于是人们将 3 月 3 日作为吃五花肉的日子,前往烤肉店吃烤肉。但这种实现五花肉消费振兴的并不是消费者的意识,而是供应商即卖五花肉的餐馆率先发起的,是商业战略引发的现代版风俗。

(4)当当节

韩国人吃章鱼的方法有很多种,可以生着吃、煮着吃、烤着吃。还有一种方法是在菜板上用刀把活章鱼剁成小块,与鸡蛋和牛肉等拌在一起食用。在菜板上剁章鱼时发出的响声拟声词为“当当”。在韩文中这也是枪声的拟声词。卖章鱼的餐厅为了刺激章鱼的消费,造出了“当当节”这个词,就是 10 月26 日这一天。在韩国历史上,10 月 26 日是一个特别的日子:独裁者朴正熙在 1979 年 10 月 26 日遭金载圭枪击身亡,长期集权就此终结;安重根义士在中国哈尔滨站枪杀日本伊藤博文的日子正好也是 1909 年 10 月 26 日;另外，世界海战史上享有盛誉的李舜臣将军击败倭寇的鸣梁大捷是在1597年10月26日，这些都是发出“当当”枪响的日子。这个全新的岁时风俗以历史上同一天所发生的事件为共同要素，是一种旨在促进章鱼销售的商业战略。

2. 商品化带来的岁时饮食日常化

韩国有句俗语说“过年吃了年糕汤就多长了一岁”。这不是说吃年糕汤多长一岁，而是说年糕汤是春节的节日饮食。节日的岁时风俗包括当天必须吃的特殊食物，这和中国在端午吃粽子、在中秋吃月饼是同样道理。韩国的代表性节日饮食有上面说的春节的年糕汤，还有元宵节的八宝饭、伏日的狗肉汤、中秋的松糕和冬至的红豆粥等。[①] 按照传统的岁时风俗，这些节日饮食一般只在相应节日里吃，但是现在餐馆和市场上出售这些食品，任何时候都可以吃到。具有特定咒术、宗教意义和功能的节日饮食进入现代后，随着习惯的解除，实现了日常化和商品化。

但是至今社会上仍有对此争论不休的例子，那就是以前伏天吃的狗肉汤。狗肉汤是用狗肉熬制成汤的指示性名称。出于对名称的厌恶，也改换说法称补身汤或者保养汤，还改称四季汤。所谓四季汤，就是指一年四季都可以食用的食物。从20世纪80年代开始，韩国关于狗肉汤的争论开始激烈起来。1986年亚运会和1988年汉城奥运会举行时，因有可能令外国人产生厌恶感，国家一度限制销售狗肉汤。实际上，1984年首尔市曾下达过禁止销售令。而现在，饲养宠物狗的人越来越多，越来越多的人开始指责狗肉汤的销售。原本包括中国和韩国在内的东南亚等地有食用狗肉的习惯，这是拥有悠久农耕社会历史的民族摄取平时进食不足的动物性高蛋白质的方法。[②] 近来平时也可以摄取到丰富的营养，因此狗肉消费正在减少，但也有建议接受手术的患者和老年人食用的情况。

3. 传统岁时风俗的庆典化

韩国在1995年实施地方自治制度后，各地的庆典活动如雨后春笋一般涌现出来，全国一度出现了1300多个庆典，有乱立的嫌疑。各地区积极构想、开展与地方收入挂钩的庆典活动，对于地方自治团体来说，这是理所当

① 罗景洙：《代表性岁时节令食品的咒术意味》，南道民俗学会：《南道民俗研究》2018年第67辑，第85～116页。

② 马文·哈里斯：《食物文化之谜》，徐镇宁译，HanGil出版社2012年版，第212～220页。

然的地域发展战略。[①] 顺应这种基调，在各种岁时风俗中指定符合地区历史及实情的节日，将节日庆典化的事例有很多。代表性的例子有江陵端午祭。在韩国，江陵端午祭可以算是最成功的庆典之一。虽然与中国有过摩擦，但还是成功列入了联合国教科文组织人类非物质文化遗产代表作名录。此外，庆山慈仁端午祭和法圣浦端午祭等也成为地区庆典。

另外还有特定宗教中将岁时风俗升华为庆典的例子。佛教在四月初八日前夕举行燃灯会，这是单位庆典参加人数最多的大型庆典，达到20万人左右，在首尔市中心举行。燃灯会虽然因朝鲜时代的抑佛崇儒而逐渐衰落，但重新恢复后，摇身一变成了国际性庆典。

另外也出现了由国立和公立机构组织庆典化的情况。博物馆或各种传统文化保存会等在节日里筹备特别活动，举行庆典。位于首尔的国立民俗博物馆就是具有代表性的例子，每到元宵节和中秋节，博物馆就会举办各种民俗游艺活动，提供体验场所。

韩国最普及的节日庆典之一是七夕节庆典。农历七月七日以牛郎织女传说而闻名。这一天，全国各大城市会举行许多庆祝活动[②]，主要是为年轻男女创造见面的机会，或为恋人们准备特别节目。

结 论

民俗和民众(folklore & folk groups)是密不可分的。农村人口的减少是以农村为载体代代相传的民俗变得萎缩或失传的主要原因。与此相反，城市化的推进，又为以城市为中心的新民俗的产生带来了契机。特别是与生活周期和生活习惯有着密切相关性的岁时风俗，由于城市化经历了巨大的变化。对于传统节日的岁时风俗具有的“历法机能、信仰机能、休息机能、娱乐机能、摄生机能、卫生机能”等，由于生活环境的变化及生活水平的提高，人们不再对其机能抱有很高的期望，这些机能也出现逐渐融入日常化的趋势。

---

① 李光熙:《庆典的观光资源化方案》,《韩国庆典的理论和现场》,WorIn 出版社 2000 年版，第 529～530 页。

② 朴明:《韩中牛郎织女型故事的传承和应用研究》,全南大学研究生院博士学位论文,2018 年，第 134～137 页。

韩国传统的民俗由于生态环境的变化而发生改变。传统文化的母体，农村人口的减少导致了传承的改变。因为生活历法由阴历变为阳历，生活周期也由以“月”为周期改为以“周”为周期，这使得人们对岁时风俗历法的依赖性降低。由于工业化的发展及城镇化的推进，农村人口减少，使得民俗有传承的一代却没有接受传承的一代。随着都市化的进程，韩国的岁时风俗有了新的特征，即公共化、差异化、全球化、阳历化、商业化。原本的岁时风俗节日由国家立法逐渐演变为国家公休日，岁时风俗因而具有公共化的性质。父亲节、儿童节等节日的出现，使得节日有了差异化。原本具有强烈本国性和排他性的民俗由于全球化的影响，引入了很多外国文化，例如圣诞节、感恩节等西方节日。原本使用阴历计时的岁时风俗受到阳历的影响，将很多岁时风俗活动放到星期六、星期日。原本的民俗是以农业为框架的，但是随着工业化的推进，城市化促进了消费倾向的转变，使得农村的生产结构发生改变。

随着都市化进程，具有商业性质的岁时风俗开始出现。情人节原本是因守护爱情被罗马皇帝处死的瓦伦丁而产生的节日，现如今由巧克力公司引导，逐渐演变成为喜欢的人送巧克力的日子。韩国的“pepero 节”则是为了迎合年轻人对于自己身材的追求，希望自己的身材像巧克力棒一样苗条而产生的节日。

论万圣节及其戏演的形态与狂欢化特质

——以中国傩仪为参照

王奕祯[*]

摘　要

万圣节的源头可追溯到凯尔特新年——萨温节，是一个具有原始宗教文化背景的节日。"捣蛋"是万圣节的代表性节俗，由欧洲中世纪的装扮仪式剧发展而来，其人物装扮（面具和服饰装扮）表演和"沿门索室"的基本形态与中国傩仪相似，是仪式与娱乐的二元统一。万圣节既非宗教性节日，也非法定假日，却成为美国人钟爱的节日，原因在于其民间性和狂欢化特质。如今它已成为全球性节日文化的代表。

关键词

万圣节；形态；狂欢化；傩仪

万圣节（Halloween）为每年的10月31日，通常指的是万圣节前夜（All Hallows' Eve或All Saints' Eve），其源头可追溯至古代欧洲凯尔特（Celtic）的新年——萨温节（Samhain）。如今，万圣节脱离了原有的外在宗教形态，成为风靡全球的"鬼节"。每到这一日，人们纷纷装扮成各式各样的鬼怪精灵。夜幕降临后，儿童们或提着小篮子，或拿着南瓜灯（Jack-O'-Lantern）①，

* 王奕祯，湖南科技大学人文学院讲师。

① 欧洲萨温节中就有Jack-O'-Lantern，可译为"杰克灯"，由萝卜（turnip）雕刻而成；而万圣节传到美国后，采用了当地盛产的南瓜作为原料，故今习惯称之"南瓜灯"。

口中念着“不给糖就捣蛋”（Trick or Treat）的“咒语”[①]，挨家挨户（door-to-door）去索要糖果。守在各家的大人们顺势“慷慨解囊”，给予糖果，送走“小捣蛋鬼”们，免遭恶作剧（prank）的报复，以保“平安”。这一切的确像极了中国傩仪中“沿门逐疫”以求平安健康的形式与主旨。作为鬼节，万圣节与中国傩仪有诸多相似之处，具有“类傩性”特征。[②]

一、万圣节的原始宗教性

万圣节作为西方季节转换序列中的代表性节日之一，处在由秋入冬的重要节点。一般认为，万圣节是凯尔特异教（pagan）的产物[③]，其源头为凯尔特人的萨温节（11 月 1 日），这一天是冬天的开始，也是凯尔特人的新年第一天。[④] 凯尔特异教是古代凯尔特的原生宗教，相对于基督教而言，其产生较早，与原始宗教有相似的结构，是万圣节的文化根源。而万圣节（萨温节）完全吻合原始宗教的三个基本着眼点——“食物、繁殖（包括人类自身以及可供食用之动植物的繁殖）和死亡”[⑤]。

万圣节首先是一个庆祝丰收的节日，与农牧生活息息相关。凯文·丹纳赫对萨温节是这样描述的：

> 11 月 1 日的萨温节是冬日第一天，也是农民耕作一年的结束之日。所有的庄稼和牲畜都要在最艰难的季节（冬季）来临之前得到妥善的安排。各种各样的谷物、草料、土豆、萝卜、苹果等必须收获完成并与麦垛一起捆扎与储存。牛羊要从远处的荒泽和山间牧场赶回农舍附近的围

---

① 现代万圣节的“trick or treating”以儿童沿门逐户索要糖果为形式，故译为“不给糖就捣蛋”。而节日起源和发展的过程中“treating”的内容不一定是糖果，也有可能是其他饮食或金钱等，而“trick”始终是一种恶作剧式的捣蛋，因此在本文有些行文处直接译为“捣蛋”。

② 参见曲六乙、钱茀：《东方傩文化概论》，山西教育出版社 2006 年版，第 461 页。

③ Nicholas Rogers, *Halloween from Pagan Ritual to Party Night*, New York: Oxford University Press, 2002, p.11.

④ Shirley Toulson, *The Celtic Year*, Shaftesbury, Rockport, Brisbane : Element, 1993, p.20.

⑤ 中国大百科全书总编辑委员会《宗教》编辑委员会、中国大百科全书出版社编辑部：《中国大百科全书·宗教》，中国大百科全书出版社 1988 年版，第 567 页。

圈中。奶牛也要赶进牛棚，而冬日的人工饲养也便由此开始了。[①]

同时，美国学者杰克·桑提诺也认为万圣节中的“南瓜是丰收的象征，进而被制作成的南瓜灯则成为万圣节的标志”[②]。因此，没有农业的丰收，也不会成就这一节日。可见，劳作了一年的农牧民在冬季来临前将庄稼储藏、牛羊归圈，显然是为了更好地越冬，而这一切恰恰体现了原始宗教中的两个着眼点——食物、繁殖(可供食用之动植物的繁殖)。

原始宗教的另一着眼点——死亡，是万圣节的主要特征。作为一年的开始，萨温节“是一年中最稀薄之时节，时间和永恒之间的面纱变得更加清晰透明。从现在开始，黑暗超越了光明”[③]。凯尔特人以日照的长短将一年划分为：光明(夏秋)与黑暗(冬春)两部分；而至日点变化所产生的四季之始，都对应着一个盛大的节日。[④] 黑暗与冬天是死亡的象征，这一夜(10月31日)“在整个欧洲似乎是古时亡人魂魄一年一度回老家探视的时刻”[⑤]，为了平安度过一年中重要的时间节点，爱尔兰人通过盛大的宴会、狂欢和占卜来庆祝。[⑥] 由于人们相信此时阳间(Our World)和阴间(Other World)的界限由于黑暗和光明的转换而变得稀薄，异域灵魂将回归人间，故该夜也被称为“圣灵之夜”(spirit night)。[⑦] 这也是万圣节被称为“鬼节”的原因。

现代万圣节游戏中有很多是由传统习俗进化而来的，如咬苹果(Apple Bobbing或Bobbing for Apples)。维特·赛克斯在《英伦的精灵：威尔士的民间故事、神话、传说和传统习俗》中描述了该游戏的玩法：游戏者们在篝火

---

① Kevin Danaher, *The Year in Ireland: Irish Calendar Customs*, Dublin: Mercier, 1972, p.206. 按，引文原文为英文，由笔者翻译。另，本文中所参考的英文文献内容，如不特殊说明则均由笔者翻译自英文原文，后文不再一一说明。

② Jack Santino, *All Around The Year: Holidays and Celebrations in American Life*, Chicago: University of Illinois Press, 1994, p.146.

③ Shirley Toulson, *The Celtic Year*, Shaftesbury, Rockport, Brisbane: Element, 1993, p.21.

④ 除标志冬季开始的萨温节(Samhain)外，还有春季的圣布里吉德节(Imbolc)、夏季的贝尔丹火焰节(又名“五朔节”)(Beltaine)和秋季的拉莫斯节(Lammas)。

⑤ [英]詹·乔·弗雷泽：《金枝》，徐育新等译，大众文艺出版社1998年版，第889～890页。

⑥ 今天的爱尔兰、苏格兰、威尔士等地是凯尔特文化和后裔的主要保存地，因此在今天的这些地区保留了诸多凯尔特文化的相关内容。(Alexander Macbain, *Celtic Mythology and Religion*, Inverness: A. & W. Mackenzie, 1885; Kevin Danaher, *The Year in Ireland: Irish Calendar Customs*, Dublin: Mercier, 1972)

⑦ Kevin Danaher, *The Year in Ireland: Irish Calendar Customs*, Dublin: Mercier, 1972, pp.200-201.

前围成半圆，用嘴咬吊着的苹果，苹果被固定在小木棒的一端，另一端则是蜡烛。并认为其来源于威尔士古代的枪靶游戏(game of quintain)。[①] 而达文波特·亚当斯考察了苏格兰万圣节"咬苹果"游戏后，认为这与古凯尔特神话传说有关，且具有占卜功能：

> 游戏者要努力用嘴去够咬被放在水桶里漂浮打着转的苹果，当咬到一个后，要仔细地剥下苹果皮，并将长条形的苹果皮在头上顺时针绕三圈，然后扔在游戏者的肩膀上，接着果皮将以游戏者真爱的名字的首字母的形状而落在地上。[②]

万圣节中出现的苹果显然除了季节丰收的现实意义之外，其在西方文化中的含义与两性结合——人类自身的生产有直接关系。

总之，万圣节文化中有大量的巫术内容及意识，如装扮和咒语等，这说明其产生时间甚早。万圣节保留了凯尔特文化中的诸多因素，是早期农牧文明的产物，体现出较为明显的原始宗教特点。换言之，原始宗教就是万圣节的文化根源。

二、万圣节的时空形态与戏演的基本形态

同中国傩仪相比较，万圣节的时空形态和戏演的基本形态与之均有相似之处。首先，二者时间形态相对吻合。上古时期的中国分别在春、秋、冬三季举行傩仪活动[③]，春傩为"国傩"，秋傩为"天子傩"("宫廷傩")，而冬傩则是参与人数广、影响深远的"大傩"("乡人傩")。[④] 这同古凯尔特人的四季观念相似，且均举行相应的祭祀或节日活动(见表1)。

---

① Wirt Sikes, *British Goblins*: *Welsh Folklore*, *Fairy Mythology*, *Legends and Traditions*, Boston: James R. Osgood and Company, 1881, pp.283-284.

② W. H. Davenport Adams, *Curiosities of Superstition*, *and Sketches of some Unrevealed Religions*, London: J Masters and CO, 1882, p.293.

③ 《礼记·月令》:"季春之月……命国难(傩)，九门磔攘，以毕春气。仲秋之月……天子乃难(傩)，以达秋气。季冬之月……命有司，大难(傩)，旁磔，出土牛，以送寒气。"[(元)陈澔注，金晓东校点:《礼记·月令》，上海古籍出版社2016年版，第181、196、209页]另，文中"难"通"傩"，故笔者用括号标注，以示醒目，原文献中无。

④ 《论语·乡党》载:"乡人傩，朝服而立于阼阶。"《礼记·郊特牲》亦载:"乡人禓，孔子朝服立于阶，存室神也。"郑玄注:"'禓'，强鬼也，谓时傩索室驱疫、逐强鬼也。'禓'或为'献'，或为'傩'。"[(清)阮元校刻:《十三经注疏》下册，中华书局1980年版，第2495、1448页]

表 1　　古凯尔特节日与中国上古傩仪对照

季节		冬—春	春—夏	夏—秋	秋—冬
古凯尔特节日	时间	2 月 1 日	5 月 1 日	8 月 1 日	11 月 1 日
	名称	圣布里吉德节（Imbolc）	贝尔丹火焰节，又名“五朔节”（Beltaine）	拉莫斯节（Lammas）	萨温节（Samhain）
中国上古傩仪	时间	季春	无	仲秋	季冬
	名称	国傩	无	天子傩	大傩

由表 1 可知，万圣节的前身萨温节和大傩均在冬季举行。虽然季冬为腊月（公历 1 月），与 11 月的萨温节有些许出入，但大傩的时间意义指向了岁末年终，这与萨温节（凯尔特人新年）完全吻合。可见，岁末年终、季节转换是万圣节类傩性必备的天时条件。

在空间形态方面，“捣蛋”活动和中国傩仪一样，均具有社群性，即活动或仪式发生在固定的社区群体之内，有一定的范围限制。傩仪大多为一个村寨或族群范围内的活动，即便一些赛社活动，其规模范围也相对有限，一般不超过邻近的两三个村社。而万圣节的活动基本是在小镇、社区、校园等范围内进行，参与者之间相知相熟且相互信任，儿童们的“捣蛋”范围也限定在房前屋后的邻居街坊。

“捣蛋”（Trick or Treating）是万圣节的主要活动，体现出仪式（巫术）与娱乐（表演）的二元统一。作为万圣节的戏演样式，“捣蛋”与中国傩仪相仿：“捣蛋”活动的主体是儿童，傩仪是方相氏；活动过程中均要佩戴面具，穿戴服饰，前者是到邻居家敲门骚扰并索要糖果或其他食物，后者则是进入发愿者家中或在门前行傩。两者的基本形态相同，即沿门索室（door-to-door）与面具装扮表演（mumming）。

沿门逐户地进行“捣蛋”活动，源于欧洲的一种表演形式——Mumming，即佩戴面具和服饰装扮，挨家挨户进行表演以获取饮食的一种仪式表演形式。这种仪式性表演有两个要素：一是装扮表演，二是进入主人家换取饮食。[1] 中世纪英国流行的一种民间戏剧(folk play),名为“装扮仪式剧”(Mummers' Play)与此相关。“Mummers' Play”,又叫“Guising”或“Mumming”,是中世纪一种包含模仿因素的民间表演形式,这种仪式性表演是季节性的,大多在圣诞节、11 月 2 日的万灵节(All Souls' Day)、复活节等节日里进行,表演者一般被称为“Mummers”或“Guisers”“Guizards”。[2] 简言之,这是一种装扮性(含面具)的、仪式性的民俗表演形式。

从现存的文本来看,装扮仪式剧的文本很短,主题一般为“英雄—战斗”(hero-combat),角色既有英雄(St. George,圣乔治),也有他的对手(Slasher,有时译作“土耳其骑士”),还有一名医生(Doctor)——在剧作的最后出场将战斗中被杀死的土耳其骑士救活。[3] 这种“战斗—死亡—复活”的模式契合了岁末年终的主题。而表演形式中的装扮讨食这一必要的元素,影响了后来万圣节的“捣蛋”形式。爱尔兰民俗学会在 20 世纪 40 年代记录了这样一条万圣节活动:

> 年轻人有时候会穿着奇装异服,男孩儿们装扮成女孩儿,女孩们则装扮成老头或老太太。他们戴着面具,也有几分像是一个面粉袋或一块儿印花布,在眼睛、鼻子、嘴巴处开了缝,而胡须和眉毛是用鞋油、窗帘或面纱等画成的。他们小队在邻居家挨家挨户走——离家的距离都很近—— 一个成员可能有类似口琴的东西。他们走进厨房,演奏着音乐,跳“半段”舞,然后就跑出来。他们不求金钱或食物,但如果是苹果或者一些坚果,他们会拿走。[4]

从描述中可以看出,面具和装扮是万圣节的标志性造型。而“捣蛋”小队沿门逐户在邻居家进行短小的表演,并索取一些零食,与美国现代万圣节的“不给糖就捣蛋”是相同的形式。

---

① Jack Santino, *All Around The Year: Holidays and Celebrations in American Life*, Chicago: University of Illinois Press, 1994, p.150.

② E. K. Chambers, *The English Folk-Play*, Oxford: Oxford University Press, 1933, pp.3-4. Mummers、Guisers、Guizards 都具有化装者、伪装者的含义,这源于戏剧形式本身,且是对演员装扮后的形象和表现的概称。

③ E. K. Chambers, *The English Folk-Play*, Oxford: Oxford University Press, 1933, pp.6-9.

④ Nicholas Rogers, *Halloween from Pagan Ritual to Party Night*, New York: Oxford University Press, 2002, pp.41-42.

咒语与巫术相关，马林诺夫斯基认为："咒语永远是巫术行为的核心。"[①]沿门逐疫的驱鬼行傩是要念咒语的，同理，"捣蛋鬼"们沿门索室演唱的歌谣，就是他们的"咒语"。如威尔士儿童在万圣节演唱的歌谣：

维塞尔，沃塞尔，面包和波赛尔，
好喝的啤酒，（我们）在房前：
一个苹果或一个梨，一个李子或樱桃，
或者任何能够让我们愉快的好东西。
灵魂蛋糕，灵魂蛋糕，
恳求你，好大姐，（给我们）一个灵魂蛋糕；
第一个献给彼得，第二个献给保罗，
第三个献给那个让我们拥有一切的好人。
道路非常脏，
我们的鞋子很单薄，
我有一个小口袋，
里面放着一便士。
上有水壶，下有锅，
给我们一个答案，我们就离开。
（在门口大声地唱诵）
（白）请给我们一便士。[②]

这是一首万圣节的乞食歌谣，歌谣的唱词和念白之分的结构，神似中国传统戏剧唱白结合。其中灵魂蛋糕（soul cake）是中世纪基督教万灵节（All Saints' Day）的节物，这一天人们将灵魂蛋糕分发给穷人和儿童。从巫术角度而言，该歌谣体现了原始咒术的特点，即"很明显的是要用语言，要语言来

---

① ［英］马林诺夫斯基：《巫术科学宗教与神话》，李安宅译，上海社会科学出版社2016年版，第80页。

② Wirt Sikes, *British Goblins: Welsh Folklore, Fairy Mythology, Legends and Traditions*, Boston: James R. Osgood and Company, 1881, p.282. 此译文为笔者根据歌谣原文所进行的翻译，括号内文字为笔者添加。由于单词中夹杂了部分威尔士语词汇，无法意译的词语用音译替代，但并不影响整体理解。原文唱段为韵文形式，其中第一句原文为"Wissel wassel, bread and possel, Cwrw da, plas yma"。

发动、申述或命令索要的目的”[①]。而乞食歌谣的宗教性质，也与傩戏多了一分相似性。这一切都能归结到万圣节的季节性与丰收背景上来。

宋代中国与傩仪相似的表演形式，谓之“打夜胡”。《东京梦华录》“十二月”条载：“自入此月，即有贫者三数人为一火，装妇人神鬼，敲锣击鼓，俗呼为‘打夜胡’，亦驱祟之道也。”[②]其中的贫者装扮和敲锣击鼓等表演形式源于驱除邪祟的傩仪，这同万圣节“捣蛋”的沿门索室几乎是一样的。在中国，这类沿门索室以换取回报的乞食艺术还有很多，如莲花落、道情、秧歌等，都与傩文化相关，甚至与宗教有关，可称之为“神与乞食的艺术”[③]。康保成教授在此基础上进一步论证，认为传统戏剧中的“‘开’、‘开呵’的最早、最本质的意义是宣示神或佛在普通人门前降临的一种仪式，即沿门逐疫或沿门唱经的仪式。这样，‘开’就意味着角色出场，就需要自报家门”[④]，因而造就了副末开场及脚色登场的唱念程式。这些仪式性内容与傩仪不无关系，其中“自报家门”最初的意义就是在他人家门口说唱，保留了沿门逐疫的痕迹。

万圣节“捣蛋”的沿门索室与装扮仪式剧亦有相似的结构。理查德·萨瑟恩认为装扮仪式剧在角色出场时的自我介绍具有典型性，并将这种自报家门称为“The Vaunt”——这是仪式中固有的且被早期戏剧吸纳的一种程式动作。如“英雄—战斗”剧中包括圣乔治和土耳其骑士等几个角色，开场白均为“我来了，我，某某某，怎样怎样”的结构。萨瑟恩还认为日本能乐的自报家门与这种结构是类似的。[⑤] 日本能乐原本就同中国傩仪有源流关系[⑥]，这也从另一角度证明了装扮仪式剧与中国傩仪的相似性。

“英雄—战斗”剧与艺术戏剧不同，作为仪式剧，可以分为三部分——开场白、正剧和散段。该剧虽然是在圣诞节演出，但保留着“沿门索室”的表演形态，故以此为例。

---

① [英]马林诺夫斯基：《巫术科学宗教与神话》，李安宅译，上海社会科学出版社 2016 年版，第 80 页。

② (宋)孟元老，王永宽注释：《东京梦华录》，中州古籍出版社 2010 年版，第 195 页。

③ 参见康保成：《傩戏艺术源流》，广东高等教育出版社 2005 年版，第 120 页。

④ 参见康保成：《傩戏艺术源流》，广东高等教育出版社 2005 年版，第 131 页。

⑤ Richard Southern, “The Costumed Player”, James L. Calderwood and Harold E. Toliver, *Perspectives on Drama*, New York: Oxford University Press, 1968, p.73.

⑥ 参见翁敏华：《傩文化的日本流与中国源之比较》，《上海师范大学学报》(哲学社会科学版) 1992 年第 2 期。

这部剧由主持人(Presenter)串联，其开场白类似中国传统戏剧的“副末开场”：

[主持人上场]

主持人：我打开门，我进来了。

我希望你们都能祝我们成功。

燃起火焰，点上灯盏，

且看我们今晚祈愿男孩们的表演。

无论我们是站着还是倒下，

我们都竭尽所能使您开怀。

[演员上场，站在一簇]

主持人：让出一些空间，让出一些空间，所有勇敢的勇士们，

请给我们一些空间让我们去唱诵表演。

表演马上要开始。

这是祝福圣诞快乐的时刻，

青春的表演、年轻的表演，

这仿佛是你在平常的舞台上从未看过的表演。

如果你不相信我说的话，

那么请让开一条路，有请圣乔治。[①]

在这里，主持人类似引戏角色，承担“开”的职责，又有仪式表演的吉祥话。同时，还在剧中扮演角色(扮演土耳其骑士的父亲)，将医生角色引出，并与之对答。这种在角色中跳进跳出、自问自答、又引出角色、推动剧情的发展的主持人，与副末功能一样，均是“沿门索室”形态的表现。[②]

剧情发展至医生将土耳其骑士救活后，具有戏剧性的正剧部分则结束了。接着是复沓式结构的散段部分：

[大头(Big Head)上场]

大头：我来了。我是大头。

有一个大脑袋和小智慧。

① E. K. Chambers, *The English Folk-Play*, Oxford: Oxford University Press, 1933, p.6.

② 参见康保成：《傩戏艺术源流》，广东高等教育出版社 2005 年版，第 138～145 页。

我的头非常大，我的智慧特别小。

我给大家跳一段吉格舞(Jig)，让每一个人都开心。

[自由地歌舞]

[魔王(Beelzebub)上场]

魔王：我来了。我是老魔王。

我肩上扛着大棒，我手里拿着滴水盘。

难道你们不认为我是一个快乐的老人吗？

[强尼·杰克(Johnny Jack)上场]

强尼·杰克：我来了。我是小强尼·杰克。

我背着我的妻子和全家。

我的家很大，我很小。

如果你们很开心，请给予我们一点点。

[斗篷鬼(Devil Dout)上场]

斗篷鬼：我来了。我是斗篷鬼。

如果你们不给我钱，我就把你们赶出去。

我想要钱，我渴望钱；

如果你们不给我钱，我将把你们扫进坟墓里去。

[“收集”(quête)][①]

这是短剧中医生救活土耳其骑士之后的延伸部分，类似宋杂剧中的杂扮，是正剧表演后的散段。从文本来看，可以得到以下几点信息。

第一，内容与前段的情节并不相关，可独立成段。大头、魔王、强尼、斗篷鬼这四个角色显然也是装扮的、戴面具的形象。四个角色分别登场，其中前三者应该是调笑表演，同时大头还歌舞表演了一番。强尼和斗篷鬼都有讨要的意思，可知这四个角色表演的目的就是讨要钱物，只不过强尼是乞求，斗篷鬼则是威胁恐吓。

第二，“收集”(quête)，艾伦·布罗迪解释为：“以任何形式巡回‘收集’的一种术语，比如万圣节美国儿童的‘捣蛋’习俗，就被认为一个纯粹的‘收集’

① E. K. Chambers, *The English Folk-Play*, Oxford: Oxford University Press, 1933, p.9.

形式，是表演中最后公开索要钱财或事物的一个惯常环节。”[①]因此，这一舞台动作提示，说明表演者此时开始纷纷走向观众，收集财物。

第三，每个角色登场后的自我介绍，类似于中国传统戏剧中的“自报家门”。此外，角色语言在原文中是韵文式的，每个人或描述了自己的形象、性格，或介绍了自己的装扮、道具，这种表演方式来自仪式，是仪式表演的变体。因为“仪式就是纯粹的动作，当需要做处理的时候，就只能通过动作和目的直白地交代给观众”[②]。顺便说明，今天流行于纽约等大城市的万圣节盛装大游行，其实是这种形式的变体，即“自报家门”抽离了语言形式和内容，仅剩下装扮和动作之后的产物——以纯粹外形和动作进行的队列行进式“表演”。

综上，万圣节处在由秋入冬的季节转换和古凯尔特新年的双重节点上，同冬季大傩相吻合；空间方面具有相对固定的社群性；而戏演的“沿门索室”和“面具装扮表演”等形态特征，也与中国傩仪十分相似。

三、万圣节的狂欢化特质

万圣节是一个民间性节日，是全民参与的盛大节日。每年9月上旬美国劳动节一过，商家们就开始纷纷打出万圣节旗号，或售卖节日相关商品，或仅以之为噱头进行商品宣传。据统计，万圣节仅次于圣诞节和新年，排在全美节日零售额榜单的第二位，每年大约用于面具服饰装扮的商品销售额为15亿美元，而万圣节派对用品的零售额高达30亿美元。[③] 可见，节日经济是节日民众基础的晴雨表。

苏联文艺理论家巴赫金的“狂欢诗学”理论提出：“狂欢节类型的广场节庆活动、某些诙谐仪式和祭祀活动、小丑和傻瓜、巨人、侏儒和残疾人、各种各样的江湖艺人、种类和数量繁多的戏仿体文学等等，它们都具有一种共同

① Alan Brody, *The English Mummers and Their Plays: Traces of Ancient Mystery*, Philadelphia: University of Pennsylvania, 1970, p.14.

② Alan Brody, *The English Mummers and Their Plays: Traces of Ancient Mystery*, Philadelphia: University of Pennsylvania, 1970, p.29.

③ Nicholas Rogers, *Halloween from Pagan Ritual to Party Night*, New York: Oxford University Press, 2002, p.6.

的风格，都是统一而完整的民间诙谐文化、狂欢节文化的一部分和一分子。”[①]由此观之，万圣节确是一个全民参与的狂欢节，狂欢化特征是其民间性的内核。

从节俗表现来看，万圣节作为狂欢节，所有活动同舞台戏剧演出不同，没有演员和观众的分别。每一个人“不是袖手旁观，而是生活在其中”，“它是全民性的”。[②] 如“捣蛋”活动，它并非艺术戏剧的演出，看上去与生活本身并无二致；虽然活动主体是儿童，但是成人也完全在其中配合。面具服饰装扮是这个节日的特点，几乎人人通过道具、化装等方式扮演其生活之外的角色，这些角色可能有小丑、傻瓜，更多的则是鬼怪精灵，“在狂欢节上，是生活本身在表演”，“体现着一种特殊的生活方式”。[③]

从节日形式来看，万圣节是非官方的、广场性的节日。节日本身打破了常规的、日常的界限和规则，突破了固有的等级关系，表现出一种脱序的状态和颠倒的新秩序。以“捣蛋”为例，平日里打扰邻里的禁忌被打破，在节日阈限时间内，儿童们沿门逐户地敲门、叫喊、威胁，并索取糖果。同时，常规的“成人—儿童关系”（Adult-Child Relationships）被颠倒为有限度的“儿童—成人关系”，而成人对儿童的威胁恐吓是这一节日的禁忌。[④] 一切秩序在此时脱离原有轨道，万圣节成为“一年中乾坤颠倒，自然秩序颠覆的”节日[⑤]，这是其狂欢化的典型表现。

从节日功用来看，万圣节具有解放天性、疏通心理的作用。如美国俄亥俄州查格林福尔斯（Chagrin Falls，Ohio）小镇的高中生们在这一夜会举行一年一度的“滚南瓜比赛”（Pumpkin Roll），而南瓜是他们提前从周边农场和住户家“偷”来的，农户将“砸碎我”（smash me）的字样标记在南瓜上，任由人去“偷”。这种“偷摸”一如我国中秋节的“摸秋”、元宵节的“偷青”等习俗[⑥]，

① ［俄］巴赫金：《巴赫金全集》第六卷，李兆林、夏忠宪等译，河北教育出版社1998年版，第4～5页。

② ［俄］巴赫金：《巴赫金全集》第六卷，李兆林、夏忠宪等译，河北教育出版社1998年版，第8页。

③ ［俄］巴赫金：《巴赫金全集》第六卷，李兆林、夏忠宪等译，河北教育出版社1998年版，第9页。

④ Jack Santino, *All Around The Year: Holidays and Celebrations in American Life*, Chicago: University of Illinois Press, 1994, p.152.

⑤ Lesley Pratt Bannatyne, *Halloween: An American Holiday, An American History*, New York: Facts On File, 1990, p.158.

⑥ 参见叶大兵、乌丙安主编：《中国风俗辞典》，上海辞书出版社1990年版，第93、84页。

是节日对人性缺点的网开一面，具有积极的疏导作用。[1]

当然，与中国傩仪的闹热性相比，万圣节的狂欢化与之有明显的差异。一方面，闹热通常指视觉上人员多、场面大、技巧炫酷，听觉上声音响亮、嘈杂且吵闹的视听感受。万圣节是闹热的，但闹热的傩仪却有相对严格的秩序，是较严肃的仪式活动。即便傩戏表演，虽有狂欢化的元素（小丑形象、调笑动作、部分内容指向肉体的下部等），但其作为傩祭仪式的组成部分，相对更具秩序性。

另一方面，闹热性的傩戏表演以舞台区分了观众与演员，其中的参与者并未完全抛弃日常的社会角色[2]，这与万圣节戏演活动的狂欢化区别显著。当然今天纽约万圣节大游行，其社会意义愈加突出（每年的游行都有社会性主题），表演虽是行进式、广场性的，但参与观看和表演的人也明确了“舞台”与“看台”的界限，与传统万圣节活动有所区别。然而狂欢化与闹热性的区别还是本质性的，狂欢节侧重于参与和融入，而闹热则注重的是“看”之感受。

要之，万圣节既不是宗教性的节日，也不是政府的法定假日，却是美国当下最受热捧的节日，其原因就在于狂欢化特质。这种全民、颠倒、脱序、打破等级的特点，正是巴赫金所谓的“第二个世界和第二种生活”[3]。

综上所述，万圣节起源于欧洲凯尔特人的萨温节，具有古老的原始宗教文化背景，作为西方鬼节，以其独特的节俗文化而闻名。万圣节戏演活动与中国傩仪在沿门索室和面具装扮表演等形态方面具有相似性；而万圣节也是一个典型的狂欢节，其狂欢化特质与傩仪的闹热风格有着本质区别。如今，万圣节已成为风靡世界的节日文化，但它始终不断发展着，以我们需要的状态变化着、呈现着。

① 参见翁敏华：《中秋节俗主题及其戏曲演绎》，《上海师范大学》（哲学社会科学版）2010 年第 4 期。

② 参见王奕祯：《中国传统戏剧闹热性研究》，花木兰文化出版社 2019 年版，第 232～235 页。

③ ［俄］巴赫金：《巴赫金全集》第六卷，李兆林、夏忠宪等译，河北教育出版社 1998 年版，第 6 页。

我们的节日·南京

多元合力："我们的节日"传承与践行路径

——以南京市为例

龚冬梅　黄伟清　蒋筱云*

摘　要

无论是从国家战略层面对于传统节日休假体系的规范化设置，还是全国各地从遗产保护视角对传统节日文化的创造性发掘，"我们的节日"正被逐渐塑造为中华优秀传统节日文化的一种标志性符号。南京市作为中央宣传部支持的"我们的节日"传承与践行工作试点城市之一，在促进传统节日文化保护与节日生活化传承等方面做了大量的探索性工作。当地探索并逐步构建的政府引导、商家推动与民众参与三位一体的节日践行模式，对传统节日文化的传承弘扬具有一定的助推作用和激励效应，形成了"我们的节日"地方实践的多元合力。

关键词

"我们的节日"；传承；践行；南京行动

最近几年来，如何传承和保护好中华优秀传统节日文化成为社会各界普遍关心的热点问题。起初，中央宣传部和中央文明办首倡探索"我们的节日"文化传承路径，当前这一节日文化品牌已在全国各地形成了较大的社会

---

* 龚冬梅，中共南京市委宣传部干部处（文化人才工作处）处长；黄伟清，中共南京市委宣传部文艺处处长；蒋筱云，中共南京市委宣传部文艺处四级调研员。

影响力。在萧放看来，中国传统节日是人们在长期的历史社会生活中逐渐形成的划分日常生活时间段的特定人文符记，也是民众精神信仰、审美情趣、伦理关系与消费习惯的集中展示与传承的文化空间，在非物质文化遗产中占有至关重要的位置。[①] 事实上，无论是从国家战略层面对于传统节日休假体系的规范化设置，还是全国各地从遗产保护视角对传统节日文化的创造性发掘，“我们的节日”正被逐渐塑造为中华优秀传统节日文化的标志性符号。南京市作为中央宣传部支持的“我们的节日”传承与践行工作试点城市之一，在促进传统节日文化保护与节日生活化传承等方面做了大量的探索性工作。本文主要梳理了南京市发挥政府、企业、学校与普通民众等多元合力的在地化传统节日传承和保护经验，分析和探讨其引导中国传统节日文化有效融入当代社会生活的可行性路径等问题。

一、传统节日文化的当代传承困境

众所周知，传统节日文化作为中华优秀传统文化的重要组成部分，在实现中华民族伟大复兴进程中具有重要的文化战略意义，推动传承和弘扬优秀传统节日文化也是当下中国社会面临的时代命题之一。冯骥才曾指出，“传统节日作为文化遗产，既是公众的财富，亦是个人精神的财富”[②]。党的十八大以来，党和国家高度重视中华优秀传统文化的继承和弘扬工作。如何继承和弘扬优秀传统文化，让优秀传统文化推动社会主义事业发展？早在2014年，习近平总书记在文艺工作座谈会上的讲话中就强调：“传承中华文化，绝不是简单复古，也不是盲目排外，而是古为今用、洋为中用，辩证取舍、推陈出新，摒弃消极因素，继承积极思想，‘以古人之规矩，开自己之生面’，实现中华文化的创造性转化和创新性发展。”2017年，习近平总书记在中国共产党第十九次全国代表大会上的报告中也提及：“深入挖掘中华优秀传统文化蕴含的思想观念、人文精神、道德规范，结合时代要求继承创新，让中华文化展现出永久魅力和时代风采。”不难看出，“古为今用，推陈出新”

① 参见萧放：《传统节日：一宗重大的民族文化遗产》，《北京师范大学学报》（社会科学版）2005年第5期。

② 冯骥才：《当前非物质文化遗产保护需要统一认识》，《民俗研究》2012年第4期。

“实现创造性转化和创新性发展”是习近平总书记屡屡强调的重要方法论。

当然，中国传统节日的传承和弘扬工作，不仅需要党和国家从政策制定层面推动城乡民众“上行下效”，而且应关注并呼应城乡基层群体的普遍性节日诉求，不断激发其对传统节日的自我传承和保护意识，从而在现代社会中探寻传统节日有序传承的多元互动之道。尤其值得反思的问题是，一方面，在当今城乡社会不断发生变迁的大背景之下，面对这种名义上的“我们的节日”文化形象塑造过程，其能否真正转化为普通民众所共同体认的“我们”？另一方面，这种通常被视为优秀遗产的中国传统节日文化，又如何能够长期保持民众集体性传承的热情和自觉？毕竟，经历了不同时代的社会和历史语境变化，如果没有建构出一种符合中国传统节日特性的传承与保护机制，即便这种节日文化传统在名分上是属于“我们的”，但在其实际的传承发展过程中，也许并不一定会在城乡社会中孕生出一种较具普遍性意义的文化认同。因此，对于传统节日的传承和弘扬实践，国家和地方政府在努力塑造“我们的节日”文化形象的同时，也须注意厘清政府引导“过节”与民间自发“过节”的文化边界问题。地方政府由于在倡导传承传统节日文化的过程中，往往会不自觉地与民间社会的节日传统划分出一道屏障，从而习惯和热衷于为传承中国传统节日文化“搭台唱戏”，却又容易引发“只听热闹吆喝声，民众参与感不足”等新问题。

二、“我们的节日”：南京行动与节日传承实践

破解传统节日当代传承的困境与难题，理应在不同地区的节日文化实践中探寻经验和出路。王文章、李荣启认为，我们要利用传统节日弘扬中国传统文化，不仅要倡导文明、和谐、喜庆、节俭的过节理念，充实和丰富传统节日的内容和形式，更重要的是要深入挖掘传统节日的文化内涵，使广大民众了解传统节日的源流及其蕴含的文化精神，唤起国人参与节庆活动的热情，并形成守护精神家园的文化自觉，使中国传统节日成为展示和传播优秀民族文化的重要阵地，成为弘扬和培育伟大民族精神的重要载体，成为满足

人民群众精神文化生活需要的重要渠道。[①] 南京作为“我们的节日”传承弘扬试点城市之一，如何在彰显“创新名城、美丽古都”城市特色的同时，进一步打造地方城市传统节日文化传承的样板？在此背景下，为深入贯彻落实中办、国办印发的《关于实施中华优秀传统文化传承发展工程的意见》和省委办公厅、省政府办公厅印发的《江苏省实施中华优秀传统文化传承发展工程工作方案》的精神和要求，深入挖掘中华传统文化价值内涵，传承和弘扬中华优秀传统文化，进一步增强文化自觉和文化自信，进一步激发中华优秀传统文化的生机与活力，在2018年春节前夕，南京市全面启动“我们的节日”——传承弘扬优秀传统文化南京行动。“我们的节日”南京行动尤其注重既要丰富传统节日文化内涵，又倡导在推进形成新的节日习俗方面发力。构建“我们的节日”南京工作室运行机制，坚持以人民为中心的工作导向，坚持以社会主义核心价值观为引领，重点在“理论研究、活动策划、文化遗产保护传承、文艺精品创作、提高青少年参与度”等方面，开展大量有关传统节日传承弘扬的探索实践工作，大致实践内容主要涵盖以下四个方面。

（一）坚持政策导向，拓延“我们的节日”文化传承空间

首先，坚持政策导向，紧紧围绕近年来党和国家关于传统节日传承弘扬的总体思路方针，发挥决策引领作用。2019年初，南京市专门制定出台了《“我们的节日”——传承弘扬中华优秀传统文化南京行动方案》，为南京传统节日的创造性转化与创新性发展提供了政策性支持，重点对丰富春节、元宵、清明、端午、七夕、中秋、重阳等传统节日以及二十四节气的文化内涵，形成新的节日习俗等方面进行了全面工作布局。依托南京丰富的科教资源优势，探索成立“我们的节日”南京工作室。工作室着力引进驻宁高校和南京文化系统等专家智库资源，注重挖掘南京传统节日文化内涵，做好南京节日理论研究工作，主要侧重于阐释传统节日和现代生活的关系、节日文化和城市特点的关系、习俗传承和形式创新的关系、教育普及与自觉参与的关系、既有习俗和倡导新习俗的关系等多方面内容，形成了一系列节日理论研究成果。

---

① 参见王文章、李荣启：《中国传统节日的文化内涵》，《艺术百家》2012年第3期。

其次，倡导构建“政府引导、学界主脑、民众主体”的传统节日传承弘扬工作机制，不断拓延“我们的节日”文化传承空间。例如，在每一个传统节日时间节点，一是南京市充分利用《南京日报》等地方主流报刊平台刊载节日理论研究最新成果，邀请学界专家在《节日研究》等专业学术期刊撰写、发表南京节日理论研究文章。二是通过“我们的节日”等融媒体专栏频道对节日理论成果予以持续发布，提高南京节日理论研究的社会影响力和市民普及度。三是立足行业高起点，以中国民俗学会为依托，聘请国内节日理论相关研究领域专家担任“我们的节日”南京工作室学术顾问，承办传统节日研究专题学术会议，搭建节日文化理论研究高地。如在2019年冬至期间，由“我们的节日”南京工作室牵头，汇集国内节日研究学术共同体的研究力量，凝聚东亚地区传统节日研究资源，在南京筹备召开了“2019中日韩传统节日振兴”国际学术研讨会，有力推动了南京传统节日前沿理论成果的学术交流与互鉴。以“工作室”带活动，以“人才”带活力，以“热闹”带影响力，逐步倡导建立了“政府引导、学界主脑、民众主体”的南京传统节日传承弘扬工作机制，探索形成了具有一定地域特色的“我们的节日”南京工作模式，传统节日文化的传承空间由此得到不断拓延。

（二）深挖传统节日内涵，全面营造“我们的节日”文化氛围

王霄冰认为，“改良和创新传统节日，首先应该遵循文化记忆的逻辑性。节日的行为程序，应该设计得合情合理，能够反映其承载主体的价值取向，能够激发参与者的文化认同”[①]。南京市注重优秀传统文化的传承和弘扬，创新运用南京传统节日的地域文化要素，充分挖掘传统节日内涵，组织开展了一系列传统节日践行活动。“我们的节日”南京工作室根据南京市“创新名城、美丽古都”的文化品牌总体要求，在春节、元宵节、清明节、端午节、七夕节、中秋节等中国传统节日到来之前，提前部署传统节日践行工作方案，重点打造符合南京传统节日主题特色的节日文化符号。最近两年来，南京接连策划春节城墙挂春联、元宵秦淮灯会、清明纪念高校先贤、七夕紫金山荧光跑、中秋森林音乐会等传统节日文化活动品牌，在江苏省乃至全国范围

① 王霄冰：《文化记忆、传统创新与节日遗产保护》，《中国人民大学学报》2007年第1期。

内形成了较大的社会影响力。

春节挂春联习俗始于宋代，至明代由南京逐渐推广至全国各地成为一种普遍性春节习俗，这也是南京对传统节日习俗传承的重要贡献之一。通过挖掘春节文化内涵，南京连续数年举办“城门挂春联，南京开门红”活动，使其成为一项融中华优秀文化遗产于一体的创新活动，既向全世界展示了南京这座六朝古都的城市文化和独特内涵，也更广泛地宣传了南京城墙这一较具代表性的南京文化地标。春节“城门挂春联”特色节俗活动自举办以来，已带动近七万余人(次)投稿，掀起了全城撰春联、写春联、送春联、挂春联的春节新习俗、新风尚。这一创造性春节节俗活动入选了中宣部2019年度传承弘扬优秀传统文化主要活动，《人民日报》、新华社、中央电视台等中央级媒体纷纷加以报道，称赞南京在“喜乐融融的春节氛围中感受传统文化的魅力”。同时，将传统节日文化传播平台覆盖至传统纸媒、网站、微博、微信、客户端等媒介，节日主题网络传播数达1.1亿次，活动影响力蜚声海内外。此外，南京还创造性传承传统节日文化，创新发展新兴节日习俗，在促进传统节日框架性传承的基础上，倡导形成新习俗，不断丰富创新南京城乡民众喜闻乐见的新兴节日习俗内容。黄涛认为，“节日文化内涵的现代性与部分传统习俗的合理存续并不矛盾。一方面，部分特色古旧习俗在现代社会本身就有展演和纪念的意义，另一方面，这些旧俗也会转生出新的意义”[①]。南京各部门先后打造了建邺区青奥艺术灯会、正月十六爬城头、七夕爱情地铁线等新兴节日主题活动，利用无人机等现代化方式表达时代主题。借此引发城乡民众的节日情感共鸣，使其能够充分感受到“我们的节日”所滋生的文化魅力。

(三)鼓励青年群体广泛参与，推进“我们的节日”文商旅融合发展

首先，南京市鼓励青年群体广泛参与传统节日习俗传承工作，提升传统节日文化品牌在青年群体中的认知度和认同感。例如，在2019年七夕节期间，南京主打紫金山七夕千人浪漫荧光跑活动，美龄宫“最美项链”在此时也被点亮。作为南京年度“最青春、最浪漫、最闪亮”的千人夜跑，本次颇具创

① 黄涛:《开拓传统节日的现代性》,《河北大学学报》(哲学社会科学版)2008年第5期。

新性的节日活动吸引了大量年轻人的参与。不仅中央广电总台国际在线、中国新闻网、新华网、新浪网、搜狐网等多家媒体积极参与报道，抖音、好看、秒拍等短视频平台也集中上线宣传，这一类节日活动深受青年群体的认可。此外，南京高校和中小学众多，“我们的节日”南京工作室充分发挥青年学生群体资源优势，不断增强传统节日在青年群体中的接受度。一是通过组建高校节日联盟等多种方式，推出传统节日新习俗“南京青年计划”，鼓励用年轻人喜欢的方式创新传统节日表达渠道，突出传统节日在青年群体中的影响力。二是探索组建新媒体南京联盟，构建传统节日新媒体传播数据库，增强南京传统节日的传播影响力。综合运用自媒体账号、新媒体海报、短视频、漫画书、手绘本及口袋书等年轻人喜闻乐见的新媒体传播形式，推动传统节日跨领域、多平台传播。三是在南京80余万中小学生群体中推广普及“薪火相传——我们的节日”主题教育活动，发放《我们的节日——青少年读本》，带动“我们的节日”文化形象进课堂、进校园。通过班会课、情景剧、创意园内社团活动等形式，宣传展示中国传统节日的历史渊源与礼仪习俗，使传承弘扬中国传统节日文化入心入脑。

其次，南京整合发动多方力量，调动商家和社会团体参与节日文化构建的积极性，不断推进“我们的节日”文商旅融合发展。在高丙中看来，传统节日以习俗的力量让民众自动在同一个时间经历相同的活动，在相同的仪式中体验相同的价值，一个共同的社会就这么让人们高兴地延续下来。这就是传统节日最经济、最有效的生活文化再生产功能。① 南京通过动员商家和社会团体参与传统节日践行活动，由此形成的节日商业习俗也深刻影响着地方社会的节日生活方式。一是经南京市商业协会与餐饮商会牵头，包括苏宁易购、苏果、德基在内的南京数十家主要商业体和数百家连锁店参与了“我们的节日”年度主题宣传活动。二是基于南京传统节日饮食（《随园食单》《白门食谱》《冶城蔬谱》等）、节日服饰（传统节日礼服）、节日礼俗（特色文创）等专题，鼓励商家主动参与“我们的节日”南京元素系列文创产品研发，形成“课题研究＋产品开发”综合节日研究成果，进一步拓展了传统节日传承弘扬的市场化传播路径。三是借助新媒体传播，扩大传统节日文化影

① 参见高丙中：《对节日民俗复兴的文化自觉与社会再生产》，《江西社会科学》2006年第2期。

响力。近些年来，中央及省市媒体每到传统节日前后，多次聚焦南京进行新闻报道，如新华网《城门挂春联 书写金陵春》、《人民日报》之《新年俗：博物馆里过大年》、央视新闻频道《金陵闹元宵 桨声灯影秦淮岸》、CCTV1、新华网、央视网《清明节：寻访文化先贤 传承城市文脉》、央视新闻联播《“我们的节日”——汤山新时代文明实践活动》、央视网《2019 紫金山七夕荧光跑浪漫开跑》等。仅在 2019 年一年之中，中央电视台新闻联播栏目刊播“我们的节日”南京行动达 11 次之多。此外，每逢重要传统节日，南京利用市内 500 多块户外商业大屏，在南京开放性城市公园、商业空间、各类文化公共场所加强新媒体平台的互动传播，发起“我们的节日”文化形象宣传活动。同时，根据不同传统节日节点，发挥南京地铁全线站点宣传优势，如在南京地铁 2 号线沿线，专门以绘画、浮雕等大型壁画形式综合展现中国七大传统节日的文化魅力。借助营造“我们的节日”文化氛围，推进实现传统节日传承的文商旅融合发展。

（四）凝练城乡节日习俗特色，打造传统节日文化践行高地

张勃认为，“从我国传统社会官方与节日的关系看当下语境中官方对传统节日的积极干预，还意味着通过更多的途径肯定传统节日的现实价值”①。南京在探索传统节日文化传承弘扬过程中，尤其注重凝练当代城乡节日习俗特色，重点打造传统节日文化践行高地。首先，利用南京历史底蕴深厚的文化优势，发挥博物馆集群的节日文化集聚效应。南京市内博物馆众多，近年来，南京博物院、民俗博物馆、南京科举博物馆、六朝博物馆等以“我们的节日”为主题，相继举办“博物馆里过大年”“岁时节庆走进博物馆”等丰富多样的节日活动。不断增强博物馆与民间社会的互动特性，让传统节日文化“动”起来，让传统节日历史“活”起来，让城乡民众在多姿多彩的节日活动中吸收、感悟中华优秀传统文化的内在魅力。又如，2019 年，南京被联合国教科文组织评为“世界文学之都”。当年端午节期间，“我们的节日”南京工作室在代表南京厚重历史文化的朝天宫举办金陵吟“我们的节日 · 端午”南京快闪活动。以吟诵界翘楚、93 岁的南京著名文化学者俞律先生为主演，带领

① 张勃：《从传统到当下：试论官方对传统节日的积极干预》，《民俗研究》2005 年第 1 期。

南京青少年代表吟诵谢朓《入朝曲》，并伴以金陵琴派古琴名家演奏。活动举办期间，结合系香囊、点雄黄等民俗仪式展演，创作“南京端午吟诵快闪”短视频，这不仅彰显了南京“创新名城，美丽古都”的独特文化魅力，还是节日文化集聚效应的活态表达。

其次，南京充分利用历史文化村落数量众多的优势，开展南京传统节日文化田野调查，规划打造一批传统节日民俗体验基地，构建“我们的节日”南京文化标识。“节日是广大民众的节日，只有得到民众的广泛认同与参与，一个节日才能真正保护与传承下去。”[①]为有序引导传统节日活态传承与实践，重点营造城乡共享的节日文化空间，扎实推进南京传统节日文化基地研究和挂牌工作。例如，高淳区东坝周边村落流传有端午划龙舟节日习俗，当地村民每年自发开展划龙舟活动，参与人数近万人，进而设置“端午节东坝龙舟文化基地”；江宁区横溪七仙大福村传承着董永和七仙女的民间传说，所以就地设置了“七夕文化传承基地”；每年中秋节，南京连续5年投资千万举办世界水准的森林音乐会，吸引南京及周边地区市民前来赏乐，因此在中山陵音乐台设置“中秋节钟山文化基地”；浦口区弘阳广场主动申请建设“我们的节日”演出基地，自掏费用创排话剧“重阳节”，传播重阳敬老文化。这一系列“我们的节日”南京文化标识的形象塑造，构建了南京传统节日文化传承的多元阵地。

再次，南京市鼓励、支持、推动传统节日南京文艺精品创作，增强传统节日文化符号的感知力，把传统节日多形式地贯穿于文化教育始终。一是运用南京城市特色和历史文化禀赋，从传统节日文化价值中提炼题材、获取灵感、汲取养分，把传统节日和时代特点结合起来，运用丰富多样的艺术形式进行当代表达。如以中华优秀传统节日及金陵本土人文为背景，结合南京白局曲艺与现代说唱特色，创作发布“我们的节日”南京原创主题曲。又如，南京面向全社会征集“我们的节日·南京”LOGO（标识）设计方案。最终确定选用的LOGO，整体由七个传统节日的象征图案与篆体“节”字组合而成。七个图案分别代表着七个节日（春节——福字、元宵——汤圆、清明——风

① 王加华：《全面普查与摸底、保持节日传承的“神圣性”——对“我们的节日”传统节日振兴工程的一点思考与看法》，《节日研究》2019年第2期。

筝、端午——粽子、七夕——喜鹊、中秋——月饼、重阳——菊花)。二是围绕传统节气主题进行舞蹈剧、周末讲堂文艺创作，出版南京传统节日研究系列丛书。依托传统二十四节气与江南美景，南京艺术学院创作了大型民族舞蹈剧《节气江南》，在江苏大剧院公演后广受好评，成为南京的常态演出项目。结合南京文学之都建设，出版《珍藏中国节》丛书，系统梳理了传统节日习俗、诗词及楹联等内容，注重对南京地域节日历史文化的挖掘。与新华报业集团合作，拍摄"传世名著中'我们的节日'"系列视频短片，通过新媒体在中央、省、市融媒体平台广泛传播。三是发挥全市文艺工作者们在"我们的节日"南京行动中的带头作用。例如，在庆祝中华人民共和国成立70周年之际，邀请卞留念等南京籍艺术家推出快闪"巨幅国旗披上明城墙"，引发新媒体聚焦；春节期间，邀请南京市书法家协会的书法家们开展"书写金陵春，共享小康年"专场活动达800多场次，共书写并送出春联15万余幅；在建邺区、江宁区开设二十四节气周末讲堂，传播传统节气文化知识。通过凝练城乡节日特色，不仅丰富了南京传统节日践行的载体，而且有助于深入打造传统节日文化践行高地。

简而言之，梳理近两年来工作实践历程，"我们的节日"南京行动无论在理论研究、品牌打造，还是在文商旅融合发展与城乡民众参与度层面，一定程度上为我国传统节日的创造性转化与创新性发展提供了较具代表性的节日案例[①]。南京城乡民众在丰富多彩的节日民俗活动中传承传统节日文化，实际上也凝结着中华民族的节日集体记忆。一方面，当地探索并逐步构建的政府引导、商家推动与民众参与三位一体的节日践行模式，对传统节日文化的传承弘扬具有一定的助推作用和激励效应。另一方面，当地通过采用"节日人才＋节日工作室模式"，调动全社会资源开展传统节日践行工作的具体思路和运行机制，同样值得进一步反思。

① 例如，"传承发展优秀传统文化的新探索——'我们的节日'南京行动"被评为江苏省宣传思想工作创新奖，并入选江苏宣传文化工作创新案例选编，这意味着"我们的节日"南京行动工作得到了政府层面的肯定。

三、践行传统节日过程中的多元合力

“我们的节日”蕴含着深厚的中华优秀传统文化和传统美德。高丙中曾指出，“中国的节日体系既为社会提供时间容器，也是塑造社会的时间模具。……人们在平日忙于生计，节日的设计固然是让大家休息、享受的，但是节日毕竟是一种公共文化，主要是用来传递文化价值，为人们建立、维护一定的社会关系提供机会的”①。认识到优秀传统文化的重要性，如何在“我们的节日”南京行动实践中大力弘扬中华优秀传统文化，共同守护精神家园，并且积极与先进文化结合，在继承和弘扬中实现创造性转化和创新性发展，引导城乡民众了解传统节日、认同传统节日、喜欢传统节日、过好传统节日，增强他们的爱国情感和凝聚力，在推进传统节日践行过程中，则需注意发挥政府、商家与普通民众三者之间的多元合力。

（一）发挥地方政府引导功能，创新传统节日现代传承机制

苑利、顾军在论述传统节日遗产的保护问题时提出了“民间事民间办”原则，这一原则的重要前提是“在党和政府的统一领导下，充分调动民间社会的积极性，利用民间的热情、民间的经验，将传统节日遗产原汁原味地保存起来，传承下去”②。“传承”不是照搬古人的做法，而是取其精华，去其糟粕，充分挖掘传统的精神和文化意蕴，与时俱进地赋予新的时代内涵，融入具有时代气息和时代特色的先进文化。通过发挥地方政府在传统节日传承弘扬过程中的引导功能，在保证基本文化内核稳定不变的“传承”要求基础上，“我们的节日”工作要更加注重了解现代人的需求，不断创新传统节日现代传承机制。例如，2020年元宵节期间，因新型冠状病毒肺炎疫情影响，地方政府倡导城乡民众采取居家“云拜年”“云团圆”的形式在线上聊天、聚会。与此同时，南京积极引导各单位按照防疫要求“不见面不聚集不增加人员接触”，创新节日形式。暖心行动、创意亮灯仪式，“元宵送一线”等落地执行的

① 高丙中：《民族国家的时间管理——中国节假日制度的问题及其解决之道》，《开放时代》2005年第1期。

② 苑利、顾军：《传统节日遗产保护的价值和原则》，《中国人民大学学报》2007年第1期。

公益行动，与网络节日晚会、H5、动画故事、线上逛灯会等云平台产品观看互动遥相呼应，将疫情时期的元宵节活动变得积极而温馨，展示了南京城的博爱之气度、文化之风韵。就此而言，挖掘节日文化内涵，引导广大民众特别是青年群体“老节新过”，倡导形成新兴节日民俗，探索构建传统节日现代传承机制，是促进“我们的节日”不断传承发展的关键所在。

（二）整合文商旅资源，构建社会参与多方联动模式

事实上，“政府办节导致的文化变异、传统节日内涵的流失与部分内容的凸现不能用节日的原有标准来判断，保护不是指一成不变的保留，而是顺应社会需求不断调适”[①]。首先，南京通过社会化、市场化运作，整合各方节日资源特别是文博场馆、商业体、老字号等，推出与传统节日有关的营销活动、公益广告，提升“我们的节日”工作广覆盖率和渗透性。其次，南京注重乡村原生态节日文化保护和文旅融合，培育一批传统节日文化体验基地，使之成为弘扬中华优秀传统文化的重要阵地，让更多城乡民众了解“我们的节日”，过好“我们的节日”，传承好“我们的节日”。再次，南京注重节日氛围营造，利用新媒体拓展节日文化传播渠道。在每个传统节日到来之时，通过各种媒体运用各种形式，注重其文化内涵和意义解读并进行广泛传播。相比较而言，新媒体传播方式更加适合思维活跃的年轻人群体。采用年轻人喜欢的方式创新传统节日表达，运用短视频传播方式，打造现象级传播产品，通过转发分享形成链式传播效应。最后，充分调动商家和社会团体的积极性和主动性，注重在开放性城市公园、商业空间和各类文化公共场所、媒体平台上互动传播，充分整合文商旅资源，探索构建社会参与的多方联动模式。

（三）强化民众主体地位，共享城乡节日文化公共空间

践行传统节日文化，需要进一步强化普通民众的主体地位，推动城乡节日文化公共空间的共建和共享。实如萧放所言，“我们在传统节日元素中应该充分重视节日的仪式形态，培养节日的仪式感觉，让民众的情感、民众的

① 徐赣丽：《当代节日传统的保护与政府管理》，《西北民族研究》2005年第2期。

信仰在节日仪式中得到顺利表达，从而充分发挥传统节日在文化传统的传递与社会教育方面的重要功能”①。对普通民众而言，传统节日无疑是调谐民众日常生活节奏的重要节点。“我们的节日”植根于中华文化沃土，加强传统节日文化的研究和践行工作，有助于弘扬和传承中华优秀传统文化和传统美德。开展“我们的节日”系列主题活动，也有利于践行和培育社会主义核心价值观。例如，2020年清明节，正值国内疫情防控关键时期，南京倡导绿色、文明、节俭、安全祭祀，以城乡民众为主体参与的“云祭扫”“代祭扫”“网上预约”等清明祭祀形式成为主流，广大民众通过多种方式追思先人，寄托思念。南京多地举行代祭活动，并融入传统“孝”文化的内涵，将传统祭祀仪式融入集体祭扫，在一定程度上构建了城乡民众共享的节日文化公共空间。此外，注意发挥民众在传统节日文化践行过程中的主体地位，能够带动节日饮食、节日服饰、节日礼仪等传统节日习俗的框架性传承。进一步而言，通过激发民间社团群体的传统节日自组织活力，激发广大民众参与践行传统节日的自发性和主动性，地方政府、学者群体等才有可能在“我们的节日”践行过程中适时地“退居幕后”。

结语

当前，我国城乡社会正经历着前所未有的新变局，传统节日文化在城乡之间的人员流动过程中也发生着新的变化。从南京的在地化节日传承经验来看，国家和地方政府塑造的“我们的节日”文化形象并非一蹴而就，这也意味着践行传统节日文化需要多元力量的参与和介入。首先，利用政策导向，拓延“我们的节日”文化传承空间；其次，深挖传统节日内涵，全面营造“我们的节日”文化氛围；再次，鼓励青年群体广泛参与，推进“我们的节日”文商旅融合发展；最后，凝练城乡节日习俗特色，打造传统节日文化践行高地。就此而言，全面调动和激发城乡民众参与中国传统节日文化传承的积极性与主动性，增强人们对于传统节日文化内涵的认同感，无疑也需要政府、商家、学者等外在力量的助推。既要不断创新传统节日现代传承机制，也要构建

① 萧放：《传统节日的复兴与重建之路》，《河南社会科学》2010年第2期。

社会参与多方联动模式，还要共享城乡节日文化公共空间。历史经验表明，在国家引导和地方参与（如商家、普通民众等）的多重力量支撑下，才能真正推进实现中国传统节日文化的有序传承。

新媒体创新与传统节日文化的传播实践

——以“我们的节日”南京行动为例

梁建恕　计青*

摘　要

在新媒体时代，传统节日媒介环境不断发生变化，各种新的媒介传播手段层出不穷，这为重塑传统节日文化的传播生态带来了新的发展机遇。近年来，南京作为“传统节日振兴工程”试点城市之一，当地媒体工作者紧紧围绕“我们的节日”主题，深度参与传统节日文化传播实践工作。本文尝试聚焦、讨论新媒体语境下传统节日文化传播的创新逻辑和实践路径，提炼传统节日文化传播的地方经验，不断拓展传统节日振兴工程的媒介传播空间。

关键词

传统节日；新媒体；南京行动；媒介传播

传统节日是传承和弘扬中国传统文化的重要载体，在实现中华民族伟大复兴的历史进程中发挥着十分重要的战略意义。[①] 在当今社会，新媒体飞速发展，各种与传统节日文化有关的信息传播速度不断提高，海量的节日要素和传播内容包罗万象。有学者曾指出，民俗展现和节日仪式传播是在仪

---

* 梁建恕，南京报业传媒集团融媒体中心编委、“我们的节日”南京工作室研究员；计青，南京报业传媒集团融媒体中心记者、“我们的节日”南京工作室研究员。

① 参见朱振华：《以民众为本位：当代节日志的价值旨归与实践追求》，《民俗研究》2018 年第 1 期。

式中借助各种符号表征方式，使人们对于民族文化的种种想象落到实处，以重建文化的“想象的共同体”，使中国传统文化在这种建构中焕发现代意义，从而获得外部世界更多的接纳和认同。[①] 一方面，新的媒介传播手段为传统节日文化拓宽了传播面，使得传统节日民俗更加贴近现代人的生活；另一方面，新媒体创新也赋予了传统节日以鲜明的时代感，不仅丰富节日习俗，使其蕴含新意，而且为传统节日文化传播实践带来更多可能性。近年来，南京市立足于传统节日文化的传播实践，紧紧围绕“我们的节日”主题，探索成立“我们的节日”南京工作室，旨在聚焦传统节日文化内涵深挖、阐释节日现代意义、引领节日新习俗等核心内容。“我们的节日”南京工作室在具体运行过程中，探索使用新的媒介传播手段传承中国传统节日文化，得到业界的普遍关注。这些新媒体的创新实践与地方经验，为进一步拓展传统节日振兴工程的媒介传播空间提供了新的可能性。

一、新媒体时代传统节日文化的传播现状及问题

在全球化和信息化时代，新媒体的文化内涵得到不断拓展。一般认为，“新媒体”属于一种“数字化互动式新媒体”，它具有高度的互动性和数字化特征，其传播过程具有非线性特点。[②] 近些年来，从初兴的BBS、博客，再到当下火热的微博、微信和抖音等新媒体，媒介信息的传播呈现出碎片化、信息量大等特点。随着地方社会生活习俗的不断发展和变迁，节日文化不断吸纳新的内容，融入新的内涵。例如，在南京传统节日传承实践过程中，当地新媒体从业人员以春节、元宵节、清明节、端午节、七夕节、中秋节、重阳节为重点，坚持贴近实际、贴近生活、贴近群众，注重热在基层、热在青少年、热在氛围，积极创新载体、形式和内容，提升节日文化内涵，丰富节日文化生活，倡导形成新的节日习俗。新媒体传播与传统节日文化相融合，丰富了当下传统节日的传承和弘扬路径。

身处新媒体时代，尤其是随着党和国家对弘扬中华优秀传统文化的不

① 参见邵培仁、范红霞：《传播仪式与中国文化认同的重塑》，《当代传播》2010年第3期。

② 参见匡文波：《“新媒体”概念辨析》，《国际新闻界》2008年第6期。

断重视，每逢重要传统节日，相关节日习俗话题更容易形成现象级的媒体传播案例，引发民众热议。张武桥、黄永林曾指出，“我国政府部门积极寻求宣传中国、传播中华文化的载体形式，如何利用大众喜好使用的社交网络媒介，创新中国传统文化的传播形态，是当前节日研究的重要课题”[①]。简要梳理当下各类新媒体对传统节日文化的相关报道，不难发现，其研究大多涉及以下四个方面的热点内容：一是节日知识的普及，包含节日的起源、节日的地域特色、节日民俗等；二是节日情感表达，即包含着对于家国情怀、个人情感的集中表达；三是商业活动，即围绕商家对节日进行包装营销，将节日与消费嫁接；四是节日主题活动，即对于节日开展活动的报道。

值得注意的是，一方面，尽管在新媒体时代，一只手机就能变身为信息传播工具，完成拍照加采写的功能。记者、自媒体编辑、参与活动的市民等，人人都能变身传播者；不仅传统节日的信息传播量剧增，而且传统节日文化的知名度不断提升。但另一方面，它们在传播过程中也存在着一些不可忽视、不容回避的现实问题：一是对不同传统节日的报道存在一定的偏颇。具体说来，在中国的七大传统节日中，春节作为传统节日的“年度大节”，报道数量较多，形式丰富，对节日文化的内涵挖掘也比较深入；但对于七夕、重阳节等其他节日的关注，因为受众不能涵盖全年龄层次等情况，有关报道的数量、内容还很薄弱。二是存在偏活动层面、少深度报道的情况。社会学家拉斯韦尔认为，大众传媒的基本社会功能主要包括环境监视功能、社会协调功能和社会遗产传承功能。[②] 在新媒体时代，每个人都可以成为传播者，不同传播者传播信息的能力有所不同，存在着不了解专业知识、不理解节日文化内涵、较难实现社会遗产传承功能等诸多问题。三是受众对节日本身的关注度有所下降，给传播带来难度。

---

① 张武桥、黄永林：《移动互联时代的非物质文化遗产对外传播研究》，《广西民族研究》2015年第5期。

② 参见[美]哈罗德·拉斯韦尔：《社会传播的结构与功能》，何道宽译，中国传媒大学出版社2012年版，第37页。

二、南京实践：新媒体介入传统节日文化传播的几点特征

（一）节日传播主体多元化，构建全媒体传播新格局

新媒体的迅猛发展，传播主体不再是单纯的报纸、电视、广播，微博、微信公众号、客户端成为网络中的新鲜力量。周文认为，“既要积极制造电视媒介事件、媒介仪式以扩大社会影响，同时更要结合传统节日的文化内涵、固有仪式，开拓创新，充分发挥电视的媒体与艺术功能，创造出传统节日文化富有时代特色的崭新的具体节目仪式”①。当前，社交媒体和自媒体层出不穷，为节日文化传播提供了更多交流的平台。新媒体时代，主流媒体则寻求积极转型，构建线上线下一体、内宣外宣联动的主流舆论格局，试图建立以内容建设为根本、先进技术为支撑的全媒体传播体系。

首先，在传统节日传播的南京实践中，南京报业传媒集团以《南京日报》《金陵晚报》纸媒为理论平台，节日期间推出“我们的节日”专版，涵盖理论文章、节日活动；“我们的节日”南京工作室在 2019 年以紫金山新闻为线上平台，开设“我们的节日”频道，围绕全年七大节日及二十四节气，运用文字、海报、视频、动画等多种新媒体形式开展节日工作报道，全方位全流程呈现南京节日活动开展，使其成为作为全市节日文化传播的宣传阵地②。

此外，互联网时代应运而生的新媒体平台，深受青年群体喜爱，此类平台用年轻人喜欢的方式创新传统节日表达，让传统节日文化在青年群体中的影响力得到了显著提升。例如，在 2020 年“我们的节日 · 元宵”系列活动中，南京 8 处地标性建筑楼体大屏配以祝福的标语，传达南京全市抗击疫情的决心和信心，以省市级媒体为核心传播媒体，商业媒体通过自身传播矩阵增加宣传力度，相关自媒体平台跟进发布，进一步扩大传播范围，加深了节日文化在年轻人中的印象。其中，南京发布工作室联合金锋团队出品的记录视频《你有没有看过，南京城一起亮起来的样子?》成为众多报道中的现象

① 周文:《传统节日:文化、仪式与电视传播》,《中国地质大学学报》(社会科学版)2010 年第 5 期。

② 据统计,2019 年全年,该频道共计发稿 465 篇,其中新媒体产品 60 多件,全频道内阅读突破 600 万,平均阅读量 1 万以上,阅读量整体逐月呈现大幅度上升趋势。

级产品，在发布后1小时获得10余万点击量，收到了较好的节日文化传播效果。

（二）节日传播内容丰富化，指向传统节日文化传承弘扬

崔莉萍认为，“节日传播的文化空间建构与当前国家中央政府倡导的文化软实力建设与国家形象塑造关联甚密”[①]。互联网技术飞速发展，网络空间带来海量信息储存，使得传播内容更加广泛，极大突破了传统信息传播的信息承载量，实现传统节日文化以“节日内涵”为核心，快速、丰富的传播，这些举措均指向传统节日文化的传承弘扬。

其一，传统节日文化的传播旨在引导受众进一步了解传统节日、认同传统节日、喜欢传统节日、过好传统节日，增强爱国情感和凝聚力。因此，立足传统节日当代振兴，挖掘传统节日文化内涵，是节日文化传播的基础，充分认识节日文化内涵，有利于开展活动与传播活动。其二，在新媒体时代，节日文化传播内容的多元化，让不同年龄、喜好、各具特点的受众在获取信息时，有了更多的选择。以南京春节活动为例，在中国传统节日春节里，年画、舞龙、写春联……每一样都蕴含着中国人过年的“仪式感”，2020年，南京举办多场民俗活动，全网相关信息近78万条，点击总量5000余万次。全媒体对于南京传统春节海量活动的迅速报道，让受众第一时间接收到自己感兴趣的节日信息。而在媒体具体报道中，“城门挂春联 南京开门红活动”让楹联文化走近大众，焕发新的生机；“明俗·南京首届春节文化大型市集暨2020美丽乡村欢乐汇”活动则将传统“非遗”元素原汁原味地搬上活动现场，集中展示南京独有的饮食文化、“非遗”文化、旅游文化……在新媒体时代，全媒体的传播报道，不仅丰富了民众的南京节日民俗文化体验，而且可以让市民从更立体的视角去感知南京厚重的节日文化。

（三）节日传播方式具有交互性，注重民众节日活动体验感

新媒体环境下，节日传播的受众不再是被动地接收信息。微博、微信和短视频等新媒体平台，可以主动选择观看的节日传播内容和交互形式，成为

---

① 崔莉萍：《节日传播的文化空间建构》，《新闻大学》2012年第4期。

新媒体和传统媒体之间最显著的区别。徐赣丽曾指出,“现代传媒的出现,使得民俗可超越时空局限传播和传承。而且大众传播媒介对传统民俗文化的传播使得许多人既能增长知识又能增加生活的乐趣”①。具有交互性的新媒体节日传播形式则实现了人际关系网络与媒体信息传播网络的同步发展与互动,有助于提升民众参与节日文化活动的体验感。例如,2019 年中秋节,南京开展“我们的节日 · 我在秦淮品诗赏月”活动——《扬子晚报》12 小时全媒体直播,邀市民、游客共赏秦淮文化,品味中秋佳节,通过有交互性的直播互动,活动传播总量超 3 亿次,成为节日活动中独树一帜的“爆款产品”“网红 IP”。对于传统节日文化而言,融入 H5、直播等互动性和感染力极强的新媒体形式,让受众能够在节日文化传播中有更强的活动体验感。2020 年元宵节,南京推出网络节日晚会、H5、动画故事、线上逛灯会等云平台产品,将疫情特殊时期下的元宵节活动变得积极而温馨。“云过节”的方式,激发了年轻群体对传统节日的关注,塑造了南京文明新风貌。

三、新媒体参与传统节日文化创新性传播的社会价值

(一)活态传播,助力传统节日文化研究走向纵深

事实上,新媒体凭借其技术优势和特点,丰富着节日文化传承的内涵,扩大了节日文化传承的时间和空间,其时效快、表现形式丰富等特点,反映着节日生活及变迁,让传统文化的研究成果更能直接展现在受众面前。有学者曾提出,“作为社会动员的工具,大众传媒无疑负有‘传统节庆活动的组织者’之责。而真正能将受众动员到‘民俗仪式与庆典’中,以实现传播仪式观所揭示的传播的文化意义与价值,大众媒介必须积极策划,对保存完整的民俗活动,借助现场直播、现场参与和现场报道的方式予以强化”②。南京通过策划春节与元宵节航拍视频、快闪活动、公益宣传、系列报道、专题采访以及大量原创新媒体产品,在南京本地节庆活动中挖掘、传承和弘扬中华优秀

① 徐赣丽:《当代民俗传承途径的变迁及相关问题》,《民俗研究》2015 年第 3 期。
② 郭讲用:《传播仪式观中传统节日文化的传播》,《新闻爱好者》2010 年第 24 期。

传统文化，传播文明和谐、喜庆节俭的节日理念，让越来越多的人喜爱传统节日、过好传统节日，向更多国人展现南京历史与文化品牌，进一步扩大南京的软实力与影响力，提升城市首位度。

首先，发挥新媒体传播的“讲故事”优势，展示南京传统节日文化内涵。卞冬磊认为，“媒介具有另一种能力：通由媒介行为参与到非节日事件进行节日化处理，从而建构新的节日仪式”①。“我们的节日”南京工作室携手《新华日报》“新华红”短视频工场，结合新媒体手段，实地探访拍摄制作《传世名著·我们的节日》系列纪录片，以南京为拍摄重点，以时间为线，通过实地探访、专家访谈、史料重现、动画包装等形式，在24部传世名著中寻找传统节日元素，展现《后汉书》《红楼梦》《儒林外史》等传世史籍、名著中的节日故事，展现出南京深厚的节日文化底蕴。学习强国（江苏学习平台）、新华网、B站等主流媒体、自媒体平台参与报道，聚焦文化研究成果展示，深入研究、阐释、挖掘传统节日的文化价值和当代意义。

其次，运用当下流行的新媒体传播手段，提升传统节日文化传播深度。刘弋枫、刘广宇认为，“由于融媒体、智媒体本身的娱乐性、大众性和中国传统节日倡导的遵循自然、祈求祥和的精神内涵，二者的结合以更柔性的方式打开了中国文化走向世界的民间渠道，成为在海外塑造国家形象的有效窗口”②。金陵吟天下，千秋咏流传，作为六朝古都、十朝都会，南京素有“诗国”“诗城”“诗都”的美誉。如何传承诗词文化？如何创新呈现方式？南京进行了一系列探索。如2019年端午节前夕，为纪念诗人屈原，弘扬爱国主义情操，南京挖掘本土传统文化内涵，以极具中华传统文化特色的诗词吟诵，在朝天宫棂星门外举办了一场“金陵吟”端午吟诵快闪，并进行新媒体传播。在快闪朗诵声中，龙舟绳结、艾叶香包、葫芦画五彩吉缯、缤纷绒花等南京各种端午节“非遗”民俗一一呈现。古诗词与端午“非遗”相结合，表现形式和手法上有了创新尝试，快闪视频通过新媒体推送，彰显着“人文与创意”。

再次，在传统节日文化的传承与传播过程中，新媒体不仅融会贯通，而且极富创新性与包容性。晏青、沈成菊指出，“媒介化的传播互动将传统节

① 卞冬磊：《从仪式到消费：大众传媒与节日意义之生产》，《国际新闻界》2009年第7期。

② 刘弋枫、刘广宇：《节日传播与文化景观：媒介与逻辑》，《贵州民族研究》2019年第10期。

日之中的等级秩序进行脱冕，打乱传统文化自上而下的交往规则，破除宏大叙事的魔咒，解除身体在场的桎梏，将媒介编织到价值的象征秩序之中”[①]。例如，2019 年清明节期间，中共雨花台区委宣传部、雨花台烈士陵园管理局共同发起“心愿之盒”红色互动活动，以“为英雄实现一个心愿”为主线，通过申领心愿、完成英雄心愿、上传“心愿盒”等环节为雨花台的英雄们实现一个个未竟的心愿。又如，南京市建邺区文明办“定制”二十四节气系列歌曲，深度挖掘传统文化的精神内核，不断推进“二十四节气”知识的普及与价值功能认识，实现其在社区、家庭、学校的落地生根。南京市栖霞区委宣传部（区文明办）出品的“漫说我们的节日·重阳”，用漫画长图的方式创新宣传形式，提升南京“我们的节日”网络传播影响力。这种活态的节日文化传播形式，有助于传统节日文化研究更加深入。

（二）呼应时代，推动节日文化传播融入社会生活

新媒体在传播传统节日中发挥着重要作用，也让传统节日文化在传播过程中有了仪式感和时代感。一定程度上看，“在媒介介入的节日仪式中，仪式的参与者不再仅仅限于宗族内的空间……比较纯粹的祭祀仪式已经演变成了不分姓氏、民族和区域的全民性的文化表演”[②]。以南京端午活动为例，长期以来，端午节在南京一直有两大主题：一是禳灾辟邪、卫生保健，二是纪念屈原。2020 年端午节期间，南京结合疫情防控现状，充分融合“视、听、赏、体验”等内容，创新性举办多场活动，让南京端午更有节日感、仪式感、时代感，推动节日文化传播融入社会生活。

一是在节日文化传播中激发创新动能，培育新粉丝群体。围绕 2020 年南京创新周——“创匠技艺”主题，南京市民俗博物馆（南京市非物质文化遗产馆）推出端午节专辑，在节日期间，通过视频的方式，邀请葫芦彩绘、南京面塑等 9 位“非遗”传承人在线展示并介绍“非遗”文化的魅力，获得了近百万点赞量。同时，6 月 25 日南京市民俗博物馆还以在线直播方式，邀请市民

① 晏青、沈成菊：《从空间赋值到关系嵌入：传统节日文化的传播转向》，《内蒙古社会科学》（汉文版）2020 年第 1 期。

② 陈力丹、王晶：《节日仪式传播：并非一个共享神话》，《中国地质大学学报》（社会科学版）2010 年第 4 期。

“云上”游览，讲述“非遗”文化价值，传播优秀传统文化，赋予“非遗”崭新的时代内涵，直播共计44.21万人次观看，这使得传统节日文化在时代传播潮流中可以培育更多的新粉丝群体，节日文化传播的受众范围也得以拓展。

二是聚焦社会热点事件传播，为节日文化传承实践赋能。例如，驱邪避毒一直是端午节日文化内核的重要导向之一。2020年端午节期间，由“我们的节日”南京工作室主办，南京报业传媒集团、南京市民俗博物馆、南京市中山小学共同承办的“薪火相传——我们的节日”端午节主题活动，旨在传承端午节日文化的同时，提醒人们筑牢卫生防疫安全防线。在活动现场，中山小学还与湖北省黄石市中山小学进行了视频连线，两所学校的孩子们“云端相聚”—— 一起度过传统节日，分享节日体验。而在端午节日习俗的文化内涵拓展层面，“我们的节日”南京工作室通过主办“乐享新端午·遇见夜金陵”活动，为节日文化传承实践赋能。该活动涵盖“非遗”展示、国风集市、精彩演出等，通过媒体报道、市民自发打卡拍照，在南京形成“端午网红集市”。博物馆作为历史文化集中保存、展示的重要空间，又是现代民众日常的文化生活空间。以“现代日常”去重新“诠释”传统生活文化，吸引了大量民众参与其中，让传统进入现代生活，实现了遗产的“活化”。

三是坚守传统节日活动宣传阵地，拓延节日自媒体传播矩阵。“节日是对既有文化系统诸要素之间关系的民俗式的记录与解读，又是历史的抽象化的现实影像；节日是对既有文明的认定与维护，是文化传播与传承的媒介与工具，又是对民众施以文化濡化的重要途径。”[①]在疫情防控的特殊节点，南京端午融入新内涵，新媒体传播效果同步增强。从传播媒体来看，传统主流媒体占领主舆论场，推动事件直接进入各类用户终端，让正能量传播更广泛、更深入。同时，一些更年轻化的新兴传播渠道和平台加入传播范围，以更新颖和鲜活的方式进行二次传播。系列活动以央视新闻、ChinaNews国际在线、中国新闻网、江苏省广播电视台、新华网、南京发布、南京广播电视台、《南京日报》、紫金山新闻、《金陵晚报》等为核心传播媒体；新浪网、澎湃新闻、抖音等商业媒体通过自身传播矩阵扩大传播范围。

① 吴宗友、曹荣：《论节日的文化功能》，《云南民族大学学报》（哲学社会科学版）2004年第6期。

结语：传统节日文化与新媒体创新性传播策略反思

在纷繁复杂的信息化时代，媒体参与传统节日文化传承究竟应该采用什么样的传播策略？这一问题值得广大媒体工作者反思。一定意义上而言，媒体工作者肩负着传播传统节日文化、弘扬传统节日内涵的责任。也有学者指出，“当前节日文化传播需要突破既有传播框架，亟须对传统节日文化进行趣味性、实用性转换……需要对节日文化进行故事化、可视化、个体化和游戏化传播，使得民众可以参与其中”①。对南京传统节日文化的简要梳理不难发现，当地媒体工作者对于传统节日文化传承形成了一定的工作经验和在地化传播策略。

首先，立足城市文化形象，全方位、立体化打造传统节日新媒体运营品牌。对于新媒体工作者来说，除了在节日期间做好报道外，也需要树立“理论与实践结合，传承与创新并行”的传播理念，树立品牌意识，对节日做整体的包装设计，做好节日文化传播的窗口工作，全方位、立体化打造传统节日新媒体品牌。例如，南京立足“我们的节日”南京工作室实践平台，推动紫金山新闻APP与“我们的节日”南京工作室合作，通过开设“我们的节日”频道，集“理论文集＋活动报道＋专家点评＋新媒体产品”为一体，打造南京节日特色展示平台，形成特色品牌产品。针对传统节日文化内涵挖掘，频道内开设“节日·理论”专栏，邀请全国顶尖民俗学家围绕重点节日撰写理论文章，厘清节日本源，阐发现代意义，并针对节日主题活动开展给予指导。同时，专栏形成新媒体产品传播矩阵，向央媒及自媒体分发。针对全年七大传统节日，除了多渠道多产品报道外，均在节日活动报道后形成传播报告，以传播报告总结活动开展及媒体传播情况，为后期节日传播活动的开展打下坚实基础。

其次，注重节日传播内容策划和特色创新，强调重要传统节日增量传播。综观新媒体时代下各类媒体，国家级媒体、省市媒体、区县媒体、自媒体、社交媒体，媒体种类多，数量大，如何才能在浩如烟海的信息潮中突围取

① 殷乐：《新媒体平台的文化传承：问题与对策》，《现代传播》2015年第12期。

胜，是不少媒体关注的热点。在创新传播内容上，应注重内容上有特色，同样是一篇活动报道，可以从多角度、多维度去观察策划，形成报道。加强重大节日活动报道，推动实现传统节日增量传播。需要注意的是，各类新媒体平台应抓住重大节日这一主战场，充分挖掘节日内涵，与民俗专家充分沟通，制订传统节日宣传计划，将传统节日理论与当下环境相结合，更好地开展内容报道工作。

最后，推进节日传播手段创新，关注城乡民众节日文化需求。传统文化的传承创新，不仅是需要在内容上推陈出新，传播手段上的创新同样重要。想让更多民众耳目一新，创意传播手段是必不可少的。例如，南京发挥新传媒传播手段，创作传统节日主题曲《我们的节日·金陵好时节》，邀请南京白局传承人、南京青年、儿童共同献唱，歌曲以中华优秀传统节日及金陵本土人文为背景，创新运用传统白局和现代说唱技巧，融入流行音乐元素，展现南京"创新名城，美丽古都"风貌。新媒体传播手段层出不穷，H5、直播、快闪等应用已趋成熟，新媒体可在VR等更多领域不断尝试探索，让传统文化搭上现代潮流的快车，焕发新的光彩。活动与传播的有机融合互动，增加了节日的互动性和记忆点。

一言以蔽之，传统节日的媒介环境正不断发生变化，各种新的媒介传播手段层出不穷，这为重塑传统节日文化的传播生态带来了新的发展机遇。传统节日是中华优秀传统文化中不可替代的一部分，新媒体为传统节日的传承与发展注入新元素，传统文化与现代科技的碰撞，更能吸引受众了解、参与、传承传统节日文化，诠释传统节日文化的生机与活力，进而不断拓展传统节日振兴工程的媒介传播空间。

民俗主义视角下的南京大福村七仙女传说

高鹏程*

摘　要

民俗主义的产生与发展，推动了民俗学从聚焦于老去的传统到关心时下潮流的转变，甚至成为解决现实问题的理论源泉。随着国家"乡村振兴战略"的提出，旅游成为有效推动乡村发展的内在动力。因此，如何发掘乡村旅游资源并加以利用，成为当前民俗主义研究的重要议题。在这样的时代背景下，南京大福村"七仙女传说"在商业投资、文学创作、数字传媒等多方力量的介入下，实现了从民间叙事向地方旅游资源的蜕变。究其原因与运作机制，无疑对我们讨论乡村发展和民间叙事文化资源的互动关系问题，具有一定的启发意义。

关键词

民俗主义；七仙女传说；乡村发展；七夕节

一、民俗主义作为理论方法

有学者认为，现代化不断前进的过程中，逐渐发展出两个极端，在引领人们向前发展的同时，又唤醒了人们对于过去的追忆和珍爱，对已经或者即

* 高鹏程，南京农业大学2019级民俗学专业硕士研究生。

将逝去的传统的留恋。[1] 这种眷恋不舍的情感于都市中的民众无法宣泄，于是转向传统文化保存较好的乡村寻求寄托。随着党的十九大提出“乡村振兴”发展战略并提出“产业兴旺、生态宜居、乡风文明、治理有效、生活富裕”的总要求以来，乡村发展逐渐走上快车道，同时一改产业单一化的弊端，各地区乡村结合自身优势，因地制宜地发展不同的产业，打造特色乡村。在此过程中，乡村中曾被认为不符合时代发展的食物、服饰、方言、游戏、舞蹈、信俗、节日、传说等民俗事象被重新拾起，冠以传统文化的美名，成为乡村对外宣传的特色产业。对此，徐赣丽教授指出，“在当代开放的、流动的都市社会和消费语境下，民俗文化因为具有地方和传统文化符号特征，而被发明或挪移。这种应用民俗的做法，在我国各地非常普遍，在这样的背景下生产的民俗也呈现出新的特点，从而也为民俗学提出了新的问题”[2]。

针对这种对于民俗的应用，民俗学者们很早便有所关注。自 20 世纪 60 年代以来，“民俗主义”的概念由德国民俗学家汉斯·莫泽首次提出，经过几十年的发展及各国民俗学家的努力，“民俗主义”概念的范围变得更加广泛，其内涵也变得更为深刻。於芳指出，正是因为民俗主义的出现，“民俗学者的眼光由对民俗文化的历史性、文学性的研究转向了现代社会民俗文化的多样性上”[3]。汉斯·莫泽在他 1962 年的文章《论当代的民俗主义》中认为，民俗主义是一种“使用民俗的现象”(the evidence of the use of folklore)，它的存在有三种形式：第一种是由传统上和功能上决定的民间文化的要素，在该文化的地域或阶层共同体之外进行的表演；第二种是指社会的另一阶层对于民间母题的嬉戏性模仿；第三种是指在任何传统之外对“类似民间的”要素的有意发明和创造。[4] 其实，民俗主义的概念并非汉斯首创，“在三四十

① 参见徐赣丽：《民俗旅游与“传统的发明”——桂林龙脊景区的个案》，《文化遗产》2009 年第 4 期。

② 徐赣丽：《当代都市消费空间中的民俗主义——以上海田子坊为例》，《民俗研究》2019 年第 1 期。

③ 於芳：《民俗主义的时代——民俗主义理论研究综述》，《河南教育学院学报》(哲学社会科学版) 2007 年第 3 期。

④ 参见杨利慧：《“民俗主义”概念的涵义、应用及其对当代中国民俗学建设的意义》，《民间文化论坛》2007 年第 1 期。

年代，法国民俗学者已开始使用‘新民俗主义’作为表达文化的一种新观点”[1]。令人遗憾的是，汉斯“民俗主义”概念的提出，不过是将20世纪二三十年代欧洲出现的一些零散的概念进行理论整合，因此显得较为松散、难成体系，这也为后人对“民俗主义”理论的完善提供了上升空间。德国另一位学者海曼·鲍辛格也为民俗主义概念的发展做出了贡献。他试图对汉斯·莫泽的理论进行完善、扩充与发展，认为民俗主义指的是那些引人注目的“对民俗现象的运用”(the observable use of folklore)和“表达性的民俗表现”(expressive folkloristic manifestations)[2]，也就是将过往的民俗运用在当下的世界，并将民俗当作一种商品。与此同时，为了让民俗能够更好地适应市场的需求，必须对其进行一定改造，民俗主义的现象便在这样的过程中发生了。

两位学者之后，“民俗主义”的概念在欧洲、美国、日本及中国等落地生根、蓬勃发展，各国民俗学者结合本国国情，不断对“民俗主义”的概念进行扩充与更新。20世纪90年代的日本，因农村人口的大量流失及老龄化现象的日益严重，乡村发展出现停滞甚至后退，为使乡村恢复活力，以“观光”为核心的旅游振兴法案被提出。在观光热潮的蓬勃发展中，日本民俗学界围绕这一现象对“民俗主义”的理论方法进行了研究讨论。河野真认为，“那些古老的民俗往往并不是原封不动地延续着它们原本的意义和功能，而是伴随着今天的状况在发生变质。因此，民俗的属性并不会随着时间的推移而全部消失，而是会逐渐演变为现代社会之文化的有机构成要素”[3]。加原奈穗子观察到，在日本旅游观光热潮背景下，冈山地区挖掘利用日本传说中“桃太郎”形象打造乡村观光的卖点，从而成为创造地域意识的“核心”力量。[4] 发掘乡村中的民俗资源并打造与之有关的观光景点，一方面可以推动民俗的当代化、活态化传承，另一方面对于乡村发展亦有较好的推动作用。

① 杨利慧：《遗产旅游语境中的神话主义——以导游词底本与导游的叙事表演为中心》，《民俗研究》2014年第1期。

② 参见杨利慧：《“民俗主义”概念的涵义、应用及其对当代中国民俗学建设的意义》，《民间文化论坛》2007年第1期。

③ [日]河野真：《现代社会与民俗学》，《民俗研究》2003年第2期。

④ 参见[日]西村真志叶：《民俗学主义：日本民俗学的理论探索与实践——以〈日本民俗学〉“民俗学主义专号”为例》，《民间文化论坛》2007年第1期。

日本乡村的发展路径对于当下中国，尤其是乡村发展中旅游资源的开发提供了很好的经验。

位于南京市江宁区境内的西岗社区，近年来以当地家喻户晓的七仙女传说作为重要的旅游资源，从2007年开始，先后修建了如七仙大福村、辞郎桥、大槐树、土地祠等与七仙女传说有关的景点，结合中国传统节日“七夕”的爱情故事，力求将其打造成远近闻名的“中国爱情之乡”。本文以该地区为例，从民俗主义视角切入，就乡村发展及传统节日的打造如何利用民间叙事资源的问题进行研究讨论。

二、大福村的七仙女传说

大福村位于江苏省南京地区的正西部，毗邻安徽省马鞍山市，距离城区约50公里，依山傍水，风景秀丽。该村为自然村，行政上归属江宁区横溪街道西岗社区，现下辖33个自然村、54个村民小组，常居户1271户，合计4760人。社区总面积为15.06平方公里，耕地面积5600亩，旱地面积10000余亩，山林面积10000余亩。①

此地古称“丹阳”，与安徽省马鞍山市当涂县小丹阳镇董山里村不过数百米，且两处丹阳原为一处。据《丹阳镇志》，清康熙六年(1667)之前，两处丹阳行政归属相同，之后才改江南省为安徽、江苏二省而治，丹阳镇因此而一镇两属，南属安徽省当涂县，北属江苏省江宁县，至民国元年(1912)时江苏省废江宁县，改江宁府为南京府。②

七仙女传说除在湖北孝感、江苏东台及山东临沂等三地的影响力较大外，在全国其他地区亦有广泛流传。在对大福村进行田野调查的过程中，笔者发现，七仙女传说也是当地家喻户晓的民间故事，村里许多地名都与七仙女传说紧密相连，如饭山、仙女脚印、张坳、七仙山等。“仙女脚印”位于七仙山山顶，面积约1平方米，为裸露状岩石，周围生长着的一圈仙人掌将脚印包围在其中。当地人说，仙女脚印的神奇主要体现在两方面：一方面，脚印岩

① 访谈人：高鹏程，访谈对象：陶顺生，访谈时间：2020年4月20日，访谈地点：西岗社区活动中心。

② 参见江宁区丹阳镇人民政府：《丹阳镇志》，内部资料，1995年，第56页。

石中空，如果用木棍敲打，会听见隆隆的鼓声，因此其也被称为“石鼓”；另一方面，仙女脚印成为当地民众消灾祈福的地点，如果家中遇见难事，只要来仙女脚印摸一摸它，难事不久就会消除，因而多年来信众颇多。

在当地，与七仙女董永传说有关的最早文字记载，是1987年张晓楠在江宁县小丹阳镇所记录的访谈记录，题目为《七仙山和饭山》[①]：

江宁县和安徽搭界的小丹阳乡，有座有名的七仙山。据讲，当初七仙女下凡时，头一脚就踩在这座山尖上，山上有她走过的脚印，山下有她坐过的七仙墩。老早，当地人还盖了座七仙庙来纪念她。离七仙山不远还有座饭山，看上去就像一碗堆得尖尖的饭。这饭山又怎么来的呢？是七仙女的儿子闯了祸，平地里长出来的。原来，七仙女下凡后，破千难过万险，和董永做了夫妻，斗输了傅员外，两口子高高兴兴离开了大傅村，就在七仙山脚下的张坳村搭了个草棚棚过起日子来。第二年生了个儿子，原指望过几天好日子的，哪晓得被天将发现了，禀告玉皇大帝，硬把七仙女捉拿回天上去咪。走那以后，董永就带着儿子，咬口生姜喝口醋，又过起苦日子来啰。儿子长到十四岁上，有天跟村上的娃子吵架，那娃子骂他：“你没有妈妈！你没有妈妈！”董永的儿子一路哭回家，问董永要妈妈。董永心想：“儿子也大了，就告他真话吧。”便说：“你妈妈是个仙女，住在天上，不能跟我们一块过日子的！”儿子一听，哭得更凶，高低要见妈妈一面。董永叹了口气说：“真要见你妈妈，每年七月初七，到小丹镇的西桥头，把鞋子顶在头上看巧云，就能看到她了。”儿子照着话去做了，果真见到天上飘下七个仙女来，他赶紧奔上去，一把抓住他大姨，大姨指指最后头：“你妈妈在那块哩。”他连三跑到后面一把抓住七仙女，哭着要跟妈妈一块儿上天去。七仙女心痛得像刀绞一样，说：“儿呀，凡人怎么能和仙家住一块呢？”儿子死劲抓住不放：“妈妈呀，那你就不要上天去了，跟我们一道过吧，我爹在家等你哩！”七仙女好不伤心：“不行啊，我是天上的人，一辈子要受天上的爷娘管呐！”儿子高低不依。七仙女在腰里拿出个药葫芦，对儿子说：“葫芦

① 访谈人：张晓楠；访谈对象：王正英，67岁，江宁县小丹阳镇新庄村农民；访谈时间：1987年12月；访谈地点：江宁县小丹阳镇。

里有七粒米，你每天每顿把它放在饭锅里，想吃什么就喊什么，你和你爹就天天有好吃的了。”儿子一听，高兴了，拿着药葫芦回家。有了药葫芦，董永爷俩就天天吃好的喽，董永还是天天上山砍柴、种田，一刻也不歇。儿子哩，慢慢就好吃懒做起来。有一回，该烧饭啦，儿子心想：“天天要把药葫芦放在锅里，天天要喊，多费事！干脆把七粒米一齐倒下锅煮，煮出来留着慢慢吃，不就省事了嘛！”他这么想，就这做唻。他把七粒米倒下锅，盖上锅盖，一边烧一边喊：“大米饭，快快长，大米饭，快快长！”正喊着，董永砍柴回家一看，晓得不好，连三奔到灶跟前，把锅盖一掀，“呼”！白米饭从锅里“呼”地一下冒出来，眼霎工夫，就长成了一座山，把董永爷俩一起埋在饭山肚里啦。后首，这座山就叫饭山啰，紧靠在七仙山的西边。这饭山旁边有个洞，要是你在洞口喊他们爷俩一声，就会听到山肚里有人应你话哩！

1995年出版的《丹阳镇志》也收录了关于七仙女的传说，且故事情节与1987年的访谈并无差别。[①] 西岗社区2019年设立的“七仙女托子”主题雕塑下亦雕刻了完整的七仙女与董永的故事，但与之前两个版本的故事不同，雕塑所刻故事的结尾发生了变化。前者是七仙女与董永分别，并在临别时将儿子托付给董永，之后二人能否重逢，故事并未提及。而后者则在结尾写道“玉皇大帝得知七仙女的儿子一生下来就会笑，没有满月，竟然会说的第一句话是叫他外公，猛然勾起了他的舐犊之情，并在王母娘娘和六个仙女的反复劝说下，他终于改变了看法，亲自下凡化妆考察董永，对董永的仁义、孝道深为满意。最后，玉皇大帝被七仙女和董永的真情打动，同意七仙女与董永在人间相伴永远，恩爱一生，成就他们惊天地、动人心、泣鬼神的美好爱情。”[②]

除七仙女以外，另一主人公董永的故事在当地亦有流传。董永之名最早见于《汉书·景武昭宣元成功臣表第五》：“元寿元年，侯武嗣，二年，坐父宏前为佞邪，免。建武二年五月己巳，侯永绍封。”[③]此处的侯永即是董永。而董永最早的形象出现于汉代的砖画之上，《孝子传》《灵芝篇》《搜神记》《太

① 参见江宁区丹阳镇人民政府：《丹阳镇志》，内部资料，1995年，第414页。

② 摘录自南京市江宁区七仙大福村七仙女董永雕塑上所刻石碑。

③ （汉）班固：《汉书·景武昭宣元成功臣表第五》，中华书局1999年版，第557页。

平御览》等书都认为董永是汉代人。可见,董永传说至少在汉代以来便有流传。[①] 而在流传的地区中,山东千乘、江苏丹阳、湖北孝感等地都被认为是董永的故乡,且都有相关文献记载。如在山东地区,至今保存着最早记载并描绘董永行孝故事的武梁祠画像石。干宝所撰的《搜神记》也记载了董永的籍贯:"汉,董永,千乘人。"此处的千乘便是今天的山东省博兴县一带。唐代以后,董永的家乡便从山东千乘转移到湖北孝感地区。敦煌发现的《董永变文》中有"孝感先贤说董永"的文字,这里的"孝感"二字有两种理解:一是形容董永的孝行感动了天地,二是指如今的孝感地区,至于孰是孰非,今已不可考。而丹阳一说,明代《清平山堂话本》里《董永遇仙传》也有记载:"淮安润州府丹阳县董槐村,有一人,姓董名永,字延平。"明代传奇《织锦记》提到"董永、字延年。润州丹阳县董槐村人"[②]。此处的丹阳也有两种说法:一说是指镇江地区的丹阳,另一说则是指南京江宁县的丹阳,即如今的南京市江宁区西岗社区的大福村。

> "董永卖身葬父的目的是什么呢?他在大傅村的纺织厂打工,后来父亲死了,没钱葬。他自己的意思呢,是卖身葬父。从历史来说是搞不清楚的,因为很多老人都不在了,我也说不清楚。但是我们按照谱来说,我们宗上来说,都是有董永。我们新谱是 2015 年修的,但是我们的老谱上面也有,我们也搞不清楚,大概几百年了。老谱在马鞍山博物馆,我们有复印件。""原来 53 年(1953 年)陆洪非,安徽省文剧团到我们这里演出《天仙配》,那时候刚刚解放。《天仙配》是按照我们家的谱和宗来拍摄的,你要有根据,你没有根据不行的。为什么到我们家呢?因为我们家有这个根据,谱上面也有,宗上面也有。""原来是(农历)三月初一我们吃宗酒,现在我们改了清明。为什么改了清明呢?因为我们放假的人多,大概有 20 桌,就在祠堂吃。原来三月初一吃宗酒是我们的老传统,现在国家改了,那我们也就变了。"[③]

民间传说在长期流传的过程中,民众结合自身的价值取向对其进行加

① 参见蒋蔚:《董永遇仙故事跨文本研究》,陕西理工大学硕士学位论文,2019 年,第 16 页。

② 纪永贵:《董永遇仙传说戏曲作品考述》,《戏曲研究》2004 年第 3 期。

③ 访谈人:高鹏程;访谈对象:董山里村村长;访谈时间:2020 年 4 月 23 日;访谈地点:安徽省马鞍山市董山里村村长家中。

工、改编和再创作，几乎是古今中外概莫能外的惯例，而七仙女传说结尾取向的转变，正体现着民众向往团圆、美好的价值追求，尤其是1956年版黄梅戏《天仙配》上映后，这种转变体现得更为明显。在《天仙配》电影中，编剧将故事情节划定为七场，分别为《卖身》《鹊桥》《路遇》《上工》《织绢》《满工》及《分别》，而在村中对老人进行访谈及查阅相关资料时，当地所有七仙女传说，其故事情节都跳不出这七场。

听我父亲讲，原来董永家就在这一块，叫董山里。后来七仙女下凡了。傅员外府就在我们这里。大福村原来是有大槐树的，现在被砍掉了。土地庙还在，就在宁马高速那里。老人讲，傅员外把乱纱给了七仙女。她把难香一烧，姐姐们就下来了，帮她织布。哪晓得傅员外就说她是偷来的，就陷害她。后来我就不太清楚了。如果追溯到《天仙配》的黄梅戏，应该就是他们赢了傅员外，因为有那个夫妻双双把家还嘛。[①]

通过对村里多位老人的访谈发现，他们讲述的七仙女董永传说，其情节都与电影一致。西岗社区活动中心大厅展板上的传说介绍也分为七个情节，分别是“董永卖身葬父”“仙女下凡路遇董永”“槐阴树下结姻缘”“织绢十匹赎债身”“比翼双飞在人间”“怀子泪别人间”“槐阴树下子归还”。

三、从遗产到资源：打造“七夕”情人节

“丹阳”地名自古即有，《史记·秦始皇本纪》载：“三十七年十月癸丑……过丹阳，至钱唐。”因见山多赤柳，故例定名“丹杨”。隋开皇九年(589)，因避帝讳，杨字去“木”，而从“阜”，“杨”遂改为“阳”。丹阳又名“小丹阳”，其因有二：一因丹阳名多。《中国古今地名大辞典》载：“吴之丹阳有四：一为汉郡，二为吴郡，三为秦县，四为唐县，为区分位次关系，故在名前冠小。”[②]二为区分县镇之间关系。《至正金陵新志》载：“丹阳县废，而存丹阳镇，但镇江有丹阳县，故亦呼小丹阳，镇江为大丹阳。”[③]1956年，由上海电影制片厂摄制，石

① 访谈人：高鹏程；访谈对象：朱治东，81岁，原陶高村村长；访谈时间：2020年4月22日；访谈地点：陶高村朱治东家。

② 减力禾等编：《中国古今地名大辞典》，上海书店出版社2015年版，第108页。

③ 南京市江宁区横溪街道志编纂委员会：《横溪街道志》，方志出版社2005年版，第1页。

挥执导，严凤英、王少舫主演的《天仙配》成功上映并在全国引起热烈反响，因影片中一句“家住丹阳姓董名永，父母双亡孤单一人”[①]的唱词，各地丹阳纷纷通过出版传说故事集、修改地名、兴建旅游景点、发展文化节等途径对“七仙女故乡”进行认领。其实在数千年的历史中，“丹阳”二字特指苏皖交界一带，唐人李泰的《括地志》中就有“丹阳(郡)故城在润州江宁县东南五(十)里”[②]之记载。贺次君的《括地志辑校》引宋人《太平寰宇》云：“今南京市东南五十里接安徽当涂县界小丹阳镇即是。”[③]直到清嘉庆十六年(1811)《新修江宁府志》中仍有称此地为“丹阳”的记载，如“丹阳旧京所在人物繁盛”[④]，“江宁府在秦时，其县名见者三，一曰丹杨，始皇本纪二十七年过丹杨是也”[⑤]。“汉地理志，九江郡秦置，而历阳为其属县，按项羽本纪，范增已为历阳侯，意历阳亦秦旧县矣。今江宁江浦之县后置，推之于秦汉，大约其南临江地，得历阳之东境焉。”[⑥]

在田野调查的过程中笔者发现，当地村民在向外来人介绍七仙女传说时，总是会先强调丹阳就是我们这里，并对苏皖交界处的丹阳是董永的故乡这一说法显得极为自信。“我们江宁区是两个小丹阳，还有一个大丹阳，是在镇江。我们属于中华门外小丹阳。我们董山里的家谱是有记载的，他们大丹阳没根据的。我们有书的，有老书记载，有家谱。大丹阳他们还原不出来。”[⑦]此外，董山里至今保存着完整的董氏祠堂、宗谱，老家谱中也有关于董永的记载，他们以董永为祖先，秉承着其“孝感天地”的德行，叙述着忠孝传家的故事。

正如张士闪所言：“在一个有着比较稳定的系统结构的社会中，不同的叙事文本乃是由各社会阶层在较长的时段中逐渐建构出来。”[⑧]为了让这种叙事不断延续，并成为当地开发旅游产业的重要资源，近年来，当地立足流

① 《〈天仙配〉路遇唱词》，http://www.yutangshu.com/huangmeixi/changciShow.asp? id=81，2020-4-22。

② (唐)李泰等著，贺次君辑校：《括地志辑校》，中华书局1980年版，第233页。

③ (唐)李泰等著，贺次君辑校：《括地志辑校》，中华书局1980年版，第233页。

④ (清)吕燕昭：《新修江宁府志》卷十一，清嘉庆十六年(1811)刻本，第1页。

⑤ (清)吕燕昭：《新修江宁府志》卷四，清嘉庆十六年(1811)刻本，第2页。

⑥ (清)吕燕昭：《新修江宁府志》卷四，清嘉庆十六年(1811)刻本，第7页。

⑦ 访谈人：高鹏程；访谈对象：朱治东，81岁，原陶高村村长；访谈时间：2020年4月22日；访谈地点：朱治东家。

⑧ 张士闪：《传统妈祖信仰中的民间叙事与官方叙事》，《齐鲁艺苑》2007年第6期。

传数百年的七仙女传说，结合中国传统民俗节日，致力于打造全新的“七夕”情人节，目前已成为七仙大福村最具特色的旅游品牌项目。

哈布瓦赫指出，“‘过去’是一种社会建构，如果不是全部，那么也是主要由现在的关注所形成的，这就是他的‘现在中心观’的基本理念”①。对于过去的关心利用，其出发点必定是当下所需。为了招徕更多的游客，必须对七仙女传说进行改编、利用，将其作为一种独特的旅游资源进行“七夕”情人节的打造。周星教授指出，“正是在‘农家乐’在地实践的过程中，发生了诸多灵活变通的民俗主义”②。七夕又名“乞巧节”，源于古老的自然天象崇拜，中国古代女子在这一天都会向仙女祈求女红技艺的提高。如《帝京景物略》曰：“七月七日之午丢巧针。妇女曝盎水日中，顷之，水膜生面，绣针投之则浮，看水底针影。有成云物花头鸟兽影者，有成鞋及剪刀水茄影者，谓乞得巧。”③七夕的节日内涵本与爱情无关，而随着近20年来部分学者、商家、民众的集体参与，“七夕”逐渐转变为中国的情人节。在七仙大福村，为讲好七仙女传说，打造好“七夕”情人节，当地开展了符合地方实情的探索性节日实践工作，具体表现在以下四个方面。

第一，当地政府部门牵头指导，对景区打造“七夕”情人节进行布局实施，通过官方认可，赋予七仙女传说权威性的话语。《董永传说》及《七仙女与董永》的民间故事分别被纳入国家级非物质文化遗产代表性项目名录及马鞍山市市级“非物质文化遗产保护名录”。在对景区发展规划上，当地政府及文化部门协同商讨发展纲要，结合当地文化特色，因地制宜地对景区打造“七夕”情人节进行布局，一方面可以充分调动当地资源促进景区发展，另一方面尽可能使景区在发展过程中规避不必要的风险。

第二，对当地村民进行集体异地搬迁，令其物质生活得到保障。大福村的开发，首先面临的问题即是原住民生活的破坏。如果拆迁后村民离开此地，那么作为民间传说传承主体的民众将不复存在，七仙女传说的生存土壤也将不复存在。据社区原主任介绍，景区以每年向村民支付补贴款的方式进行土地及水面的流转租赁。在村民搬迁方面，大福村所在集团在充分征

---

① 张士闪：《传统妈祖信仰中的民间叙事与官方叙事》，《齐鲁艺苑》2007年第6期。

② 周星：《“农家乐”与民俗主义》，《中原文化研究》2016年第4期。

③ （明）刘侗，（明）于奕正：《帝京景物略》卷二，明崇祯八年（1635）刻本，第44页。

求村民意见后，通过“以面积换面积”的方式，对当地村民进行拆迁补助，在等待新舍落成期间，村民将会搬迁至过渡房生活，每年获得一定的过渡费。[①]季中扬认为，“民众在传承传统节日的过程中，自身的身份界定和节日生活空间也在不断发生变化，其中还内嵌着地方民众独特的节日文化结构。因此，首先应当尊重传统节日传承的内在规律，需注意把握符合民众美好生活需求的节日时间、节日空间与节日符号”[②]。

第三，景区加大对相关景点的建设，为七仙女传说提供实物性载体。当地还修建恢复了观音寺、董永草棚、辞郎桥、月老祠等景点供人们游玩缅怀。对观音寺的重建，采用异地搬迁及就地恢复的方式进行。异地搬迁的寺院坐落于七仙山山顶，毗邻仙女脚印，现由定林寺作为下院在荒山上恢复重建，已建成大殿、藏经楼、观音阁、厢房等几十间殿堂，三层七千米丹墀业已竣工，寺貌已初具规模。全寺殿内供奉观音圣像为主尊，如三十三观音像、三十二观音应身像等。而对观音寺的旧址也进行了恢复重建，并且供奉了七仙女、董永及三位姐姐的塑像，之后还将在此兴建辞郎桥、董永草棚、竹林等，意将观音寺旧址打造为七仙女传说的民间信俗场所。

第四，与多方资源广泛合作，吸引专家学者、网络媒体等参与景区“七夕”情人节文化的打造。2019 年 5 月，“我们的节日”南京工作室挂牌成立，为南京市各单位开展节日文化研究提供了学术支持；南京报业传媒集团设立的人才工作室，也为培养节日文化媒体人才搭建了平台。谋划筹办传统节日当代振兴主题论坛，聘请国内民俗学者开展传统节日理论探讨，组织有关传统节日当代振兴的学术研究工作。[③]“游客在情人节活动到景区的时候，可以把我们景区的照片、视频配上文字在抖音、微博等平台推送，同时只要加上特定的超级话题，就可以获得我们的一些小礼物和折扣。我们还会请一些‘网红’对景区的活动进行直播推广，再拍一些视频进行宣传。基本上我们的房间现在已经被预订到了下半年，所以我们是不太担心客流量的。”[④]

---

① 访谈人：高鹏程；访谈对象：陶顺生；访谈时间：2020 年 4 月 20 日；访谈地点：西岗社区活动中心。

② 季中扬：《传统节日当代振兴的机制、模式及其经验》，《节日研究》2019 年第 2 期。

③ 参见季中扬：《传统节日当代振兴的机制、模式及其经验》，《节日研究》2019 第 2 期。

④ 访谈人：高鹏程；访谈对象：董侠，大福村酒店副经理；访谈时间：2020 年 4 月 21 日；访谈地点：大福村酒店大堂。

余　论

正如西村真志叶认为的那样，民俗主义“主要指某种民俗文化事象脱离原来的生存空间，以新的功能、为了新的目的而得以再现。简言之，民俗学主义便是第三者对民俗文化的利用”[①]。在民俗主义理论视角下，南京大福村当地七仙女传说的流传延续，早已脱离了其原生态的语境，而被放置于当下的乡村发展语境中，通过旅游开发、文学创作、数字传媒等方式被加工重塑、表演利用并赋予新的内涵。经过现代重塑，“七夕”情人节推动了作为一种民间叙事的七仙女传说的文化重构与当代传播，通过所谓“民俗主义”的理论方法，被转化为当地独具特色的旅游资源。

① [日]西村真志叶、岳永逸：《民俗学主义的兴起、普及以及影响》，《民间文化论坛》2004 年第 6 期。

南京端午节俗的演变与意义生成

——从避瘟消灾到嘉年盛会*

张　娜**

摘　要

南京端午民俗是由精神信仰体系与物质体系构成的文化系统，大致可以将其民俗传统分为卫生防疫、节日饮食、竞技娱乐三大类，其中避瘟消灾乃是南京端午节俗体系的核心思想，至于原因则与端午节的起源密不可分。传统文化并非一成不变，端午节的节俗诠释始终处于动态的发展过程之中。从原先的辟邪禳灾到后来的爱国情怀，端午文化在诠释重构中释放出强大的精神力量。如今南京端午"新民俗"更加丰富多彩，在卫生防疫、龙舟竞渡、端午饮食服饰、传承诗词文化等多个方面挖掘继承端午节日精神，政府带动民众积极打造出一个多层次、立体化的端午民俗空间，且以端午节日为契机塑造了"非遗"展示与体验空间。这些实践使得南京端午节从古老避瘟消灾的民俗记忆走向大众更乐于接受体验的嘉年盛会。

关键词

南京；端午节俗；避瘟消灾；节俗诠释

---

* 本文为2018年度教育部哲学社会科学研究重大课题攻关项目"非物质文化遗产美学"(18JZD019)中期成果；江苏省社科基金项目"大运河江苏段民俗艺术传承与文化空间建设互动研究"(20YSB003)前期成果。

** 张娜，南京农业大学人文与社会发展学院讲师，"我们的节日"南京工作室成员。

端午节作为夏季最盛大的节日，以其故事传说的多样性、节庆习俗的丰富性早已成为中华民族久远鲜活的文化记忆，并活跃在现代社会的节日空间。南京的端午民俗源远流长，既汇聚了普遍意义上的端午民俗事项，又在节物、节俗、节信等方面展现出本地的特点。本文将以南京的端午节俗为例，对其节俗的历史演变与意义生成作出阐释，进而探究端午节活态传承的可能性及其路径。

一、避瘟消灾的历史叙事：老南京端午节俗

南京端午民俗是由精神信仰体系与物质体系构成的文化系统，从《金陵岁时记》《岁华忆语》等文献中可一窥老南京的端午节俗踪影，大致可以将其民俗传统分为卫生防疫、节日饮食、竞技娱乐三大类。尽管端午节俗涉及方方面面、不一而足，但总体来说其节俗文化系统基本都贯穿着驱邪避害的主题。进而言之，避瘟消灾乃是南京端午节俗体系的核心思想，至于其原因，可以说与端午节的起源说密不可分。

如今在民俗学界，虽然关于端午的发源众说纷纭，但一般来说驱邪避害应是端午的原始意涵。端午节，又有"端阳节""端五节""天中节""重五节"之称。"端"即阳气之端点，"午"按《淮南子·天文训》即"午，忤也"，《说文解字》中将其训为"五月阴气逆阳，冒地而出"[①]。从历史文献来看，端午节形成于战国时期的判断较为可信，例如《礼记·月令》早就有记载，"是月也，日长至，阴阳争，死生分。君子齐戒，处必掩身，毋躁。止声色，毋或进。薄滋味，毋致和。节耆欲，定心气。百官静，事毋刑，以定晏阴之所成。……是月也，毋用火南方"[②]。也就是说，"端午"乃由盛阳之转衰之始，阴阳消长，疾病瘟疫容易流行。按照民间的说法，"五月五"是毒气盛行的"恶月恶日"，所以要采取防疫措施禳灾避害，送灾驱疫。再比如，通常认为成书为战国的文献《夏小正》也称，"此日（按：仲夏午日）蓄采众药，以蠲除毒气"[③]，这里的"仲夏午日"即午（五）月午日。在此特殊时节需要"采药""沐兰"，即采集各类药

① （汉）许慎撰，汤可敬译注：《说文解字》第五册，中华书局2018年版，第3209页。

② （元）陈澔注，金晓东校点：《礼记·月令》，上海古籍出版社2016年版，第187～188页。

③ （梁）宗懔撰，（隋）杜公瞻注，姜彦稚辑校：《荆楚岁时记》，中华书局2018年版，第48页。

材，用浸泡了兰草的热水来沐浴，以达到将身体中的邪气毒气驱除的目的，这应该是较早的端午习俗活动，奠定了禳灾辟邪的基调。事实上，在后世的发展中，端午辟邪的风俗有增无减，在汉代即有较为成熟的避瘟消灾的端午阐释。如东汉应劭的《风俗通义》曾记录，“夏至著五彩，辟兵，题曰游光。游光，厉鬼也，知其名者无温疾。五彩，避五兵也”①。《后汉书·礼仪志中》亦有“五月五日，朱索五色印为门户饰，以难止恶气”②之记载。可见，五月作为“恶月”并非一个令人欢欣鼓舞的节日，相反乃是邪气丛生、瘟疫容易横行的晦月，甚至在战国、汉代有将五月五日出生的婴儿丢弃的习俗，以防止其危害父母。防疫避害乃是端午节的第一要义。围绕辟邪的基本寓意，端午节在历史发展演变中逐渐构建出一系列节俗语言。

南京的端午习俗总体上既延续了禳灾避瘟的理念，又发展出自身的特点。首先，从卫生防疫来看，这些趋吉避凶和祈福平安的朴素信仰充分反映在由悬挂艾草、佩戴彩丝、饮雄黄酒等构成的端午节俗形式中。一般来说，过去的南京人在端午节通常会把一套辟邪去毒的功夫做足：一是“破火眼”。这是南京独有的端午民俗，《金陵岁时记》对此记载，“浸雄黄于水，曝诸日中，阖家洗目，曰破火眼。冀免目疾”③。简而言之，即将雄黄放在清水中，在端午节的正午时分洗眼睛，以此预防红眼病。二是挂辟邪图、菖蒲艾叶。张天师、钟馗历来在民间被认为是避恶的顶天人物，悬挂其图来消邪斩恶是端午节的重要民俗景观。夏仁虎在《岁华忆语》中概括了南京清末民初年间的这一景象，“端午节人家，自五月一日，即用菖蒲叶，剪作剑形，并艾叶悬户上，张钟馗像于堂，云可辟邪”④。剑形菖蒲叶象征着张天师的宝剑，虎形艾叶喻指老虎守门，目的都在于将疾病挡之门外，祛除疫病。三是折五毒牌。五毒牌在明代是用彩帛、通草制就而成，状似五毒虫，缀于艾叶，插挂在门上；到了清末则演变成“以无色纸折之使方，刻书五毒虫形，贴之门楣、床檐”⑤，这也是老南京人禳灾的一种办法。四是系五色线、老虎被等。五色线是用青、白、红、黑、黄五种吉祥色编织的线缕，系在孩童的手腕、手臂处。这

① （汉）应劭撰，王利器校注：《风俗通义》，中华书局2010年版，第605页。
② （南朝）范晔撰，（唐）李贤等注：《后汉书·礼仪志中·桃印条》，中华书局1999年版，第2117页。
③ 潘宗鼎：《金陵岁时记》，南京市秦淮区图书馆，1993年，第23页。
④ 夏仁虎：《岁华忆语》，南京出版社2006年版，第66页。
⑤ 潘宗鼎：《金陵岁时记》，南京市秦淮区图书馆，1993年，第23页。

源于古代的五行观念，有除恶、长命之意，也被称为“长命缕”，后制作愈发精致，遂逐渐变成一种民间工艺品。此外，给小儿系上天师骑虎形状的老虎被，用雄黄在小儿额头上画“王”字等，都是南京端午丰富多彩的辟邪符号。林林总总，并不能完全概括南京端午驱邪害的节俗全貌，不过从中可以看到端午节实质上也是过去南京人祛病防疫的重要节日，体现出南京人对健康、卫生的重视。

其次，从端午饮食来看，粽子当之无愧亦是南京端午节最具标志性的符号，这一点与全国范围的端午习俗无异。粽子能成为一种风靡大江南北的端午食物，主要是其具有节令象征意义。晋代《风土记》记载了粽子的原始做法，“用菰叶裹黍米，以淳浓灰汁煮之，令烂熟”[①]。对此，学者乌丙安指出，“粽子作为节日食品，其原义不在于祭祀的需要，主要是节令的需要”[②]。被称为天中节的端午恰好处于夏至前后，而粽子以苇叶包裹糯米煮熟晾凉，充分体现了阴阳相裹、互相调和的状态。六朝烟水气滋养下的金陵地，自然对饮食极为讲究。粽子作为南京人通过味觉感知与表达端午节令的象征性食物，也被南京人吃出了花样。《金陵岁时记》中对南京人的端午粽作了如此描述，“粽，角黍也。取箬叶裹糯米为三角形，或杂以腊肉名火腿粽；或以红豆实之，端午之新品也”[③]。可见，清代南京人已经吃上令人垂涎欲滴的火腿粽，南方吃咸粽并非现代才出现的现象。另外，还有枣子粽子、红豆粽子、肉丁粽子、百合粽子等不同馅料的粽子及三角粽、四角粽、五角粽等不同形状的粽子，可谓端午佳节“粽叶香飘十里”。秦淮人家善于吃出特色，另发展出食“五毒菜”“雄黄豆”的独特端午食俗。所谓五毒菜，要“取银鱼、虾米、茭菜、黑干杂炒，名曰炒五毒”[④]，即以五种食材来代指蜈蚣、蝎、虎、蛇、蜘蛛；所谓雄黄豆，就是用雄黄炒蚕豆，具有清热解毒、理气润肠的功效。这些吃法都与扫除毒瘟寓意有关，试图通过隐喻性或药理性的端午饮食来防病防灾。据陶思炎《南京民俗》，南京人还会“吃五黄”“吃五红”，包括黄鱼、黄瓜、黄鳝、鸭蛋、黄豆芽以及苋菜、红油鸭蛋、烤鸭、河虾、红烧黄鱼等，饮食不可谓

---

① 转引自(北魏)贾思勰：李立雄、蔡梦麒点校，《齐民要术》，团结出版社1996年版，第370页。

② 乌丙安：《文化记忆与文化反思——抢救端午节原文化形态》，《西北民族研究》2005年第3期。

③ 潘宗鼎：《金陵岁时记》，南京市秦淮区图书馆，1993年，第22页。

④ 潘宗鼎：《金陵岁时记》，南京市秦淮区图书馆，1993年，第22页。

不丰富。

再次，从端午的竞技娱乐来讲，南京过端午划龙舟的传统兴盛，场面宏大壮观，相关记载至少可追溯到明代以前。若要深究龙舟的文化含义，实际上亦与防疫祛病有关。根据江绍原先生的考证，“竞渡本是一种用法术处理的公共卫生事业”[①]，端午划龙舟是原始巫术仪式的一种残留，通过举行送船仪式来呈现送瘟神的寓意，后因人口增加才逐渐演变成一种竞技形式。金陵水系发达，适宜开展大型龙舟赛事，每逢端午秦淮河一带观者如云。元代文人舒頔曾在《水龙吟》中回忆南京龙舟盛景“因想金陵佳丽，闹秦淮、龙舟称绝。牙樯锦缆，翠冠珠髻，画阑罗列”。明代张瀚称“竞渡惟留都（按：今南京）为盛，闽中次之。一舟可容十人，大者可二十人，鼓枻而前，顷刻数里，往来如飞，以先后为胜负”[②]。《金陵岁时记》记录了清朝光绪三十年(1904)的一则轰动社会的新闻，水西门外某茶寮临河一轩，因观龙舟竞渡的人太多，文德桥不堪重负倒塌，溺死与受伤者众多，由此可见南京龙舟鼓声阵阵、观者如潮的壮景。《岁华忆语》还详细呈现了南京龙舟会的“帮派”，根据龙舟制作方的不同分为本地秦淮船户的“河帮”、外来船户的“江帮”及常驻在上新河木商的“木牌帮”。在竞技之日，各大帮派聚集在夫子庙前的泮池赛龙舟，扎着彩亭、彩球的龙舟上有表演的、敲锣鼓的、玩游戏的，热闹非凡。沿岸皆人山人海，人们还投掷银钱，放鹅鸭下水，引舟人下水争抢“夺标”。即使富裕人家想买舟观看也必须提前预订，不然临时是寻不到位置的。可见，南京赛龙舟是当时一项参与度极高的体育盛事，虽本为沿袭楚俗以表悼念屈原之意，却在全民热情高涨的氛围中增添了娱乐与狂欢的色彩。

二、端午意义重构：节俗诠释的必要性

进入现代社会以后，端午节在节日政策的变动及外来文化的冲击下一度没落，而随着传统文化的复兴，被列入世界非物质文化遗产名录，端午节重新融入当代社会文化空间具有了更多的可能性。事实上，传统文化并非

① 江绍原：《江绍原民俗学论集》，上海文艺出版社 1998 年版，第 206 页。
② （明）张瀚撰，盛冬玲校：《松窗梦语》，中华书局 1985 年版，第 137 页。

一成不变，传统的发展始终是根据时代的需求不断被重构的过程。萧放指出，“一种事物是否为人们接受、认同，就看它是否具有认知的价值与生活的意义。传统节日是在数千年的文明传承中形成的时间生活传统，它不仅是一个时间段落标志……节日表达着中国人的情感与信仰”[①]。可以说，传统变迁乃是世之常态，传统文化在现代社会的落地与繁茂，关键在于找到古今价值的对接点，真正符合现代人的需求，提供情感价值、文化价值与审美价值。就传统节日来说，其融合了传统节气、时间历法、祭祀信仰、民俗理想等多重文化体系，是古老文化记忆的一种综合形式表现，呈现出丰富的文化内涵与广阔的阐释空间，埋藏着中华民族的文化精神与文化根基。而现代社会的技术时间思维仅仅将时间视为一种计时手段来组织现代生产生活，剔除了时间表皮下所包裹的精神文化含义，这就在一定程度上造成了现代人对传统节气时令、节日的淡然与漠视，更难以体会节日载体包蕴的民族情感。因此，传统节日的现代发展、复兴与繁荣需要挖掘其背后的文化蕴意，跳出技术时间的框架，积极寻找有力的文化阐释，对接时代精神，从而构造属于现代人的精神归属与生活仪式感。

实际上，端午节的节俗诠释始终处于动态的发展过程之中。例如，流传甚广的祭祀屈原传说也并非端午节兴起的源头，其本身即是节俗重构的结果。端午节祭祀先贤确实由来已久、深入人心，不过屈原并非唯一的被祭祀对象，而是呈现出地域性差异，如楚地祭祀屈原兴盛，吴越地区则以伍子胥、勾践、曹娥等人为尊，此外还有广西的陈临、道教创始人张道陵也为当地人所追悼。当然，屈原是影响力最大的端午人物，吃粽子、划龙舟成为追念屈原的“标配”活动，但是根据各类文献可发现这一耳熟能详的习俗并不是一开始就有的，而是从南朝时才被纳入端午节俗的。南朝梁代吴均的《续齐谐记》最早记录了端午吃粽子祭祀屈原的传说，“屈原以五日投汨罗，楚人哀之，以五彩系菰叶裹黏米谓之角黍，投江以祀。当时以舟楫拯之，今竞渡是其遗迹”[②]。而南朝梁代宗懔所撰之《荆楚岁时记》也记载了为抢救屈原而开展龙舟竞渡的传说，“五月五日竞渡，俗为屈原投汨罗日，伤其死，故并命舟

① 萧放：《端午节俗的传统要素与当代意义》，《民俗研究》2009年第4期。

② 转引自(明)张瀚撰，盛冬玲校：《松窗梦语》，中华书局1985年版，第137页。

楫戈以拯之”[①]。从这两则传说出处可以看出，即便是看起来较为稳固的端午节俗，其本质也不过是一种“传统的发明”，并不是端午节的根本主旨，而是在原始信仰、辟邪习俗基础之上的发展与添加。对此，学者黄涛将这种诠释归结为“传承动力”需要，他指出，“到了魏晋南北朝时期，‘神话时代’已经过去，社会思想比以前相对开明，人们的原始信仰观念有所衰退、淡化，端午节的早期主题的传承动力逐渐减弱。这种变化的标志就是产生了用纪念历史人物的传说来解释端午习俗的记载”[②]，目的在于为端午节传承提供新的动力。

可以说，这是对端午节吃粽子划龙舟习俗的一次全新阐释与重构，通过增添民众对伟大爱国人物屈原的崇高纪念，来聚焦、放大家国情怀与国族意识，无疑加深、提升了端午节的民族文化精神，增强了文化凝聚力。从原先的辟邪禳灾到后来的爱国情怀，端午文化在诠释重构中释放出强大的精神力量，并逐渐在唐宋以后成为全国性的重大节日，这与历史人物传说的增添阐释有着重要关系。回顾端午节发展的历程，能够发现每个历史时期的端午节俗各有变化与侧重，比如先秦两汉注重原始信仰、神灵崇拜；魏晋南北朝唐宋趋向用历史先贤传说来释放端午精神，体系完备，内容丰富；元明清更偏向于道德教化与祭祀祖先，受儒教影响较深。总而言之，端午节俗的演变与历朝历代的文化风气、社会需要紧密相连，在满足官方意识形态与民众需求的过程中不断重构、传承与创新。

三、端午精神活态传承：南京端午“新民俗”

时至今日，传承端午文化精神，回归端午文化传统，仍是在当下多元化语境中发扬节日文化的重要方面。高丙中认为，“端午习俗完全可以借助现代物质条件、城市空间得到恢复，并且获得新的发展。……它的丰富多样的活动和内涵使它在当前显得比其他节日习俗更有复兴、发展的潜力。……它能够在复杂的历史中演化而成，它就可能有更大的适应力与感召力。关

① (梁)宗懔撰，(隋)杜公瞻注，姜彦稚辑校：《荆楚岁时记》，中华书局 2018 年版，第 47 页。
② 黄涛、杨雯雯：《端午节的历史传承与当代复兴》，《温州大学学报》(社会科学版)2011 年第 4 期。

键要注入新的资源，给予新的舞台”[①]。为活态传承端午文化，南京市立足于民众的文化需求，开展一系列文化实践来增强端午节的吸引力，绽放南京端午文化魅力。如今南京端午“新民俗”更加丰富多彩，以挖掘继承端午节日精神为中心，政府带动民众积极打造出一个多层次、立体化的端午民俗空间。总体来说，这一活态实践是在“新”与“旧”的交汇对话中，凸显传统节日的精神力量，对接现代社会需求，具体表现为以下几个方面。

一是凸显端午节“卫生防疫”的本真性意涵，开展公共卫生普及教育。古今中外，卫生防疫的社会需求始终有增无减。从现代医学来看，端午节饮用雄黄酒、采药挂艾的诸多习俗都能起着杀菌消毒、防病防疫的作用，端午节当之无愧是中国古代最早的卫生防疫节日。这一点与现代社会的诉求是直接相通的。随着人口密度日益增大、人员流动愈发频繁，爆发大规模疾病的概率大大提高，尤其是全球仍处在新型冠状病毒阴影中，如何提升公众的防疫认知与预防知识，显得更为迫切。南京抓住端午卫生防疫的基本点，一方面以端午节为载体普及公共卫生知识，促进公共卫生体系建设；另一方面立足于端午防疫精神传承，注入现代公共卫生的理念与精神，使之成为人们普遍接受、认可且深感重要的节日。例如，面向中小学生开设特殊的端午实践体验课，以“端午课堂”为样板，开展公共卫生知识普及活动，提升公共防疫意识，展示艾叶、香囊等端午防疫元素物件，让端午防疫教育从小抓起，落地生根。

二是发扬龙舟竞渡精神，打造吸引力强、参与度广的公共节庆活动。端午节赛龙舟的意义不可小觑，作为端午节最有特色、最有热情、最有声势的一项体育活动，龙舟竞渡不仅符合民众对节庆狂欢的潜在需求，而且容易成为公共文化空间的一道亮丽风景线。自古以来，南京的龙舟竞技都是当时社会的重大体育盛事，以其激昂振奋的生命力与竞技精神吸引了众多人的目光。如今，南京延续了既往辉煌的赛龙舟传统，积极在秦淮河、玄武湖、八卦洲、百家湖、卧龙湖小镇等众多水域组织举办端午节龙舟比赛，再现南京龙舟竞渡盛景，吸引市民广泛参与，感受激昂生命力，并引起媒体的广泛关注。节日传承与其本身是否具有富有吸引力的、活泼生动的节俗活动密切

① 高丙中：《端午节的源流与意义》，《民间文化论坛》2004年第5期。

相关。赛龙舟恰好是群众喜闻乐见的、激扬燃情的竞技运动，且其组织所需人员众多、可参与度广，必须在公共场所、节庆时段举办；从其发生的条件来说，赛龙舟乃是不可多得的能够调动民众参与积极性的公共性活动。南京充分利用公共空间，创造各种物质条件来举办端午赛龙舟活动，不仅以群众为基础，活态传承端午讲究健康、竞技的理念与精神，而且以节俗活动的组织开展为中心，重新将人、物、节庆聚集统合起来，塑造出更加充满活力与参与度的公共文化空间。

三是发展端午饮食服饰文化，增强群众的传承主体性与能动性。节俗的群众基础性最鲜明地体现在吃与穿方面。饮食、服饰也是能最直观传递出节日特色的符号，对其重视与发扬有助于贴近百姓，抽取民间熟悉的节俗语言来传递端午精神。为进一步扩大端午传承的基础，增强群众传承的自觉意识，南京不仅在多个地方举办了包粽子活动，例如联合餐饮商户，现场教学包粽子，现场煮熟即食，亦可打包带走，增添了许多共同体验亲手包粽子的乐趣与情意；而且注意呈现南京端午的饮食特色，现场准备雄黄酒、咸鸭蛋、苋菜等，让南京“吃三红”的民俗文化发扬光大。此外，端午的服饰文化也是值得挖掘的方面，从手臂系五色彩带、佩戴精致香包到穿着漂亮，讲究外在打扮固然是为了辟邪，不过也蕴含着对“美”的追求，这就为发展节日服饰文化提供了较好的切入点。为此，南京在端午节举办了诸如“美丽古都·礼韵玄武”青年华服节，将传统端午服饰与文化礼仪充分融合，分“正行、尚礼、华裳、同乐”四个篇章，吸引了数万名游客关注，隆重传递出节日华裳尚礼精神。

四是以屈原为精神号召传承传统诗词文化，提升世界文学之都的气度。一方面屈原以文采、诗才名垂千古，是中国文学开创性的人物，最适合在端午期间以屈原为精神象征来开展各类诗词文学活动，以达到传承优秀诗词文化的目的；另一方面南京历史文化积淀深厚，孕育了众多文学大家，举办端午诗词类比赛亦有助于擦亮其作为世界文学之都的标识度。基于自身优势，南京在朝天宫棂星门外举办了“金陵吟”端午吟诵快闪活动，以当下流行的快闪形式实现了屈原伟大文学精神与南京世界文化之都气质的碰撞，既弘扬了爱国主义情操，又促进了传统诗词文化的传播。

此外，以端午节日为契机来塑造“非遗”展示与体验空间，让端午“非遗”

的主题呈现在不同层次的公共空间。例如，南京各大景区开启“端午模式”，大报恩寺遗址景区上演传统端午祭仪式，在南京民俗博物馆开设“金陵工巧”非遗展线，在溧水美丽乡村欢乐汇暨“非遗”文化旅游月开幕上演溧水传统民俗“水秋千”，等等。诸多富有南京特色的端午与“非遗”元素，像龙舟绳结、艾叶香包、葫芦画五彩吉缯、缤纷绒花等，在端午节日空间随处可见，以立体式活态展示来对民众潜移默化地开展端午“非遗”文化教育。而为了进一步做到活态传承，南京市还结合线上线下开展民俗“非遗”活动，在线上提供丰富多彩的民俗“非遗”活动，在线下开辟熙南里等端午“非遗”点，由数十名“非遗”传承人身着“我们的节日”端午限定工作服装，同游客互动体验端午时令的“非遗”作品及“非遗”文创，活态呈现端午节俗文化和“非遗”技艺特色；并以端午“非遗”为依托来发展夜间地摊经济，汇聚文创、表演与仪式，策划“夜端午”系列活动，培育文商旅融合业态，创新传播模式。

总体而言，南京端午“新民俗”活动形式上较为活泼新颖，富于年轻化，内容上又不失端午文化的精神内核，在端午文化回归与重构上迈出探索创新的步伐。这些众彩纷呈的端午文化实践赋予了传统端午节日以现代鲜活生命力，增添了诸多节庆欢乐氛围，在某种程度上使得端午节走向了大众更乐于接受体验的嘉年盛会。

结　语

从古老避瘟消灾的民俗记忆到如今的端午嘉年华，南京端午民俗的发展、传承与变迁折射出传统文化的不朽精神与异彩魅力。这种深刻的端午文化精神与民俗记忆将重新回到当下的文化空间中，发挥滋养民族心灵、提升地域文化认同的重要作用。